gradiva

EUROPA

1943–1944

IRLANDA

GRÃ-BRETANHA

HOLANDA

BÉLGICA

O C E A N O   A T L Â N T I C O

Orleães

FRANÇA

SUÍÇA

ITÁLI

Hendaye

Logroño

PORTUGAL

ESPANHA

Madrid

Ceuta
Dar Riffien

MARROCOS   ARGÉLIA

OBRAS DO AUTOR

ENSAIO

Comunicação, Difusão Cultural, 1992; Gradiva, 2015
Crónicas de Guerra I — Da Crimeia a Dachau, Gradiva, 2001
Crónicas de Guerra II — De Saigão a Bagdade, Gradiva, 2002
A Verdade da Guerra, Gradiva, 2002; Círculo de Leitores, 2003
Conversas de Escritores — Diálogos com os Grandes Autores da Literatura Contemporânea, Gradiva/RTP, 2010
A Última Entrevista de José Saramago, Usina de Letras, Rio de Janeiro, 2010; Gradiva, 2011
Novas Conversas de Escritores — Diálogos com os Grandes Autores da Literatura Contemporânea II, Gradiva/RTP, 2012

FICÇÃO

A Ilha das Trevas, Temas & Debates, 2002; Gradiva, 2007
A Filha do Capitão, Gradiva, 2004
O Codex 632, Gradiva, 2005
A Fórmula de Deus, Gradiva, 2006
O Sétimo Selo, Gradiva, 2007
A Vida Num Sopro, Gradiva, 2008
Fúria Divina, Gradiva, 2009 *(Prémio Clube Literário do Porto 2009)*
O Anjo Branco, Gradiva, 2010
O Último Segredo, Gradiva, 2011
A Mão do Diabo, Gradiva, 2012 *(Prémio Portal da Literatura Melhor Romance do Ano de 2012)*
O Homem de Constantinopla, Gradiva, 2013
Um Milionário em Lisboa, Gradiva, 2013
A Chave de Salomão, Gradiva, 2014
As Flores de Lótus, Gradiva, 2015
O Pavilhão Púrpura, Gradiva, 2016
Vaticanum, Gradiva, 2016
O Reino do Meio, Gradiva, 2017
Sinal de Vida, Gradiva, 2017
A Amante do Governador, Gradiva, 2018 *(Prémio Livro do Ano Bertrand 2018 Ficção Lusófona)*
Imortal, Gradiva, 2019 *(Prémio Livro do Ano Bertrand 2019 Ficção Lusófona)*
O Mágico de Auschwitz, Gradiva, 2020
O Manuscrito de Birkenau, Gradiva, 2020

JOSÉ RODRIGUES DOS SANTOS

O MÁGICO
de Auschwitz

romance

gradiva

© José Rodrigues dos Santos/Gradiva Publicações, S. A.

Revisão de texto
Helena Ramos e Mônica Reis (português do Brasil)

Capa
Armando Lopes (*design* gráfico)/© TopFoto/Fotobanco.pt (imagem)

Sobrecapa
Armando Lopes (*design* gráfico)/© Science H. Images/
Alamy/Fotobanco.pt (imagem)

Fotocomposição, impressão e acabamento
Multitipo — Artes Gráficas, L.da

Reservados os direitos para Portugal por
Gradiva Publicações, S. A.

Rua Almeida e Sousa, 21– r/c esq.–1399-041 Lisboa
Telef. 21 393 37 60 – Fax 21 395 34 71
geral@gradiva.mail.pt

1.ª edição setembro de 2020
7.ª edição janeiro de 2021
Depósito legal 472 593/2020
ISBN 978-989-616-884-1

Este livro foi impresso em Coral Book Ivory (Torraspapel)

gradiva

Editor
GUILHERME VALENTE

O autor é o escritor preferido dos portugueses
segundo os estudos do Prémio Cinco Estrelas
e das Selecções do Reader's Digest.

Visite o site **www.gradiva.pt** Oportunidades fantásticas!

A Werner Reich,
o meu amigo de Auschwitz

Ficção inspirada em factos reais

Tudo o que se passa
no mundo onde vivemos
é em nós que
se passa.

Tudo o que cessa
no que vemos
é em nós
que cessa.

FERNANDO PESSOA

Prólogo

O som cadenciado das botas no alcatrão dava a impressão de que o mar chegara a Praga. E que mar! As passadas pareciam ondas, tão insistentes e furiosas que se diria fustigarem rochas. Herbert Levin decidira não ver. Recusava-se a dar importância ao que acontecia lá fora; não aceitava aquele rumo da história. Queria acreditar que se nada visse o mundo se manteria como sempre fora e não aquilo em que se estava a transformar. Mas a realidade não se inclinava aos seus desejos.

Abeirou-se da janela a contragosto e do segundo andar espreitou a rua com o despeito de um espectador contrariado. Lá em baixo, ignorando os flocos de neve que salpicavam o ar de branco, os soldados marchavam em formação. Um retângulo perfeito, sete homens de um lado ao outro da rua, vinte de frente para trás, um espaço, outro retângulo de soldados, outro espaço, outro retângulo de soldados. Pernas estendidas como se não tivessem joelhos, para cima e para baixo, a marcha compassada como um relógio, para cima e para baixo, os movimentos sincronizados, botas para cima, botas para baixo, a neve a cair, o branco a amontoar-se. Neve branca e corações negros. Capacetes de aço, baionetas nas espingardas, reflexos no metal, as espingardas fixas nas costas. Apenas as pernas e as botas se moviam, para cima e para baixo, para cima e para baixo; não eram homens mas máquinas, retângulos atrás de retângulos, uma marcha de autómatos. Não queriam saber da elegância, o que importava era a eficácia, a imponência, a ordem. A força.

Aí estava então a famosa Wehrmacht. Eram aqueles os soldados que no ano anterior haviam ocupado a Áustria e os Sudetas. Nesse momento marchavam sobre o que restava da terra dos checos. O exército que aterrorizava a Europa e pusera a Inglaterra em sentido aparecera enfim, as ameaças feitas atos, para esmagar o único estado democrático da região. O que a Levin pareceu assustador naqueles soldados que se anunciavam como o futuro da humanidade é que não eram homens; diziam-se a raça superior mas pareciam-lhe os robôs de Karel Čapek, o escritor checo que morrera a tempo de ser poupado ao funeral da sua pátria.

"Bertie!", chamou Gerda, que se fechara na sala da costura para não ver. "Tem cuidado."

Não respondeu. Observava os soldados, hipnotizado; dir-se-ia que se recusava a acreditar. As formações lá em baixo não tinham fim; atrás de um retângulo vinha sempre outro e depois outro. Era assim havia uma hora. A Alemanha inteira parecia marchar diante do apartamento só para lhe mostrar, a si e à sua família, o imenso poder às ordens do senhor Hitler.

"Que'o o papá!"

"Bertie, ajuda-me aqui com o Peter!"

"Papá! O Pete' que' b'inca' à boua!"

Um lençol vermelho, com um círculo branco e a suástica no meio, foi hasteado no prédio em frente e os soldados, como um só, estenderam os braços direitos em saudação mas sem nunca pararem de marchar. Marchavam de braço estendido, as pernas alongadas como os braços, botas para cima e botas para baixo, os tacões a embaterem no asfalto sempre ao mesmo ritmo. Troavam em uníssono como se fossem os tacões a decidir a cadência, os tacões e não os soldados.

Sentiu algo agarrar-se à sua perna esquerda e, como se despertasse de um transe, estremeceu e olhou para baixo. Era Peter, com o ar bonacheirão das crianças de quatro anos, que lhe puxava as calças.

"Papá, vamos joga' à boua..."

Afagou-lhe distraidamente os caracóis do cabelo.

"Agora não, Peter. O papá está ocupado, não pode jogar à bola."

"Eu que'o joga' à boua!"

Lançou um olhar à porta da cozinha, à procura de ajuda.

"Ivanka!"

A empregada checa veio à porta, o avental vestido, numa mão uma faca e na outra um recipiente cheio de batatas, algumas já descascadas.

"Sim, senhor Levin?"

"Será que pode contar uma história ao Peter?"

"Uh... está bem, senhor Levin."

"Ó Bertie, a Ivanka não pode tratar do menino", atirou Gerda da salinha da costura. "Ela está a cozinhar!"

O avental, a faca e o recipiente com as batatas confirmavam o que a dona da casa acabara de dizer.

Voltou-se para o filho.

"Queres um biscoito?"

Peter arregalou os olhos.

"Que'o!"

"Ó Ivanka, leve o menino para a cozinha e dê-lhe um biscoito."

A empregada pegou na criança ao colo e levou-a. De novo à vontade, Levin regressou à janela. A multidão agitava-se nos passeios e enchia as varandas. Havia cada vez mais gente e viam-se mais bandeiras alemãs. Muitas pessoas reagiam aos braços estendidos dos soldados com saudações: *"Heil Hitler!"*, *"Heil Hitler!"* Praga parecia acolher a Wehrmacht de coração aberto, *"Sieg Heil!"*, *"Sieg Heil!"* Dir-se-ia um exército de libertadores. Seria possível que os checos estivessem contentes? Não podia ser. Desde que a crise com a Alemanha rebentara, no ano anterior, a ansiedade e a consternação eram gerais. Aquela multidão só podia ser de alemães da Checo-Eslováquia, eles que tanto suspiravam por integrar o Reich.

De olhar fixo no exército que entrava na cidade, Levin sentia-se estupefacto com a rapidez com que tantas mudanças radicais se haviam processado. Em 1933 ainda vivia na Alemanha. Com a subida de Hitler ao poder, fora despedido da Bolsa de Berlim e viera para Praga. Mas a Alemanha não parara. No ano anterior os Acordos de Munique tinham começado a desmembrar o país dos checos e dos eslovacos e nesse momento os alemães completavam o trabalho. Haviam cruzado a fronteira na véspera e a rádio de Praga passara o dia a emitir de meia em meia hora apelos à população para que mantivesse a calma. Os checos tinham mantido a calma; tinham-na mantido a tal ponto que viam nesse momento os soldados alemães entrar triunfantes em Praga. Tanta calma para dar naquilo. Áustria, Sudetas, Boémia e Morávia conquistadas em menos de um ano sem que este exército disparasse um único tiro. Era obra.

"Bertie!", chamou Gerda. "Olha as notícias!"

Depois do frenesim dos apelos à calma na véspera, a telefonia passara toda essa manhã de 16 de março de 1939 a emitir música clássica, decerto *requiems* pelo país que acabava de morrer. Mas pelos vistos o defunto ainda mexia porque havia novidades. Ou então era a oração fúnebre. Abandonando a janela, Levin encaminhou-se apressadamente para o quarto da costura, onde a mulher preparava os trajes especiais para os espetáculos de magia. Gerda terminava o vestido dourado da princesa Karnac, um número espetacular que ele andava a planear para a nova temporada. Sentou-se ao lado dela, junto a um enorme aparelho de rádio de cujos altifalantes jorrava a voz de um locutor checo. O casal, que só começara a aprender a língua quando para ali fora viver, tinha de se concentrar para compreender o que era dito.

"... *depois de o presidente Hácha ter assinado em Berlim um documento a solicitar ao exército alemão que ponha o destino do país e do povo checo nas mãos do* Führer", noticiou o locutor no tom monocórdico de quem não se queria comprometer com nada. "*O senhor Hitler prepara-se para anunciar a transformação do nosso país num protetorado da Alemanha, o Protetorado da Boémia e da Morávia. O primeiro-ministro britânico, Neville Chamberlain, reagiu em Londres para sublinhar que não houve nenhuma agressão alemã, uma vez que a invasão teve a aquiescência da Checo-Eslováquia. No entanto, o senhor Chamberlain observou que pela primeira vez a Alemanha ocupa o território de uma população que não é germânica. Vários membros do Parlamento britânico perguntaram ao governo do senhor Chamberlain se manterá a política de apaziguamento em relação às novas exigências alemãs sobre a Polónia, dizendo que à luz destes acontecimentos a minoria alemã em Danzig poderá ser tentada a seguir o exemplo dos alemães dos Sudetas e...*"

Os Levin seguiam as notícias e os comentários sobre as ramificações geoestratégicas dos acontecimentos, mas o que verdadeiramente os preocupava eram as implicações para as suas vidas. Sendo judeus, não ignoravam as ideias dos nacional-socialistas. Fora por isso que tinham saído de Berlim e ido viver para o único país democrático da Europa Central. E agora aquela mesma gente seguira-os até ali. Tentavam convencer-se a si mesmos de que a perseguição aos judeus aconteceria só na Alemanha; nos outros países não haveria problemas pois os nazis apenas não queriam os judeus na Alemanha. O que lhes importava que houvesse judeus na Checo-Eslováquia ou em qualquer outra terra?

Decerto tudo iria correr bem.

PARTE UM

O GRANDE MÁGICO

Eu sou o Mágico e o Exorcista.
Eu sou o eixo da roda
E o cubo no círculo

ALEISTER CROWLEY, *The Book of the Law*

I

Depois de pentear o filho com um pente molhado, Levin vestiu-lhe o casaco e olhou para o relógio; eram dez e meia da manhã. Passara duas horas no Hokus-Pokus, a loja de ilusionismo que abrira anos antes, mas o movimento nesses dias era lento. Tudo por causa da guerra. Havia já alguns meses que os alemães tinham entrado em Praga e ali estavam eles outra vez ao ataque. Dessa feita o alvo fora a Polónia, invadida havia dois dias. Ansioso com as novidades, fora buscar Peter para um passeio que o pusesse na rota das notícias.

"Onde vamos, papá?"

"Queres ir ao Reino dos Comboios?"

O menino arregalou os olhos, como se lhe prometessem um chocolate.

"Que'o, que'o!"

Levin sorriu. Não havia melhor sítio em Praga para entreter uma criança que o grande parque temático da cidade. Abotoou o casaco ao filho e pegou-lhe ao colo. Quando se dirigia para a saída passou pela cozinha e espreitou para o interior. A mulher estava de avental à roda dos tachos a preparar o almoço.

"Vamos dar uma voltinha", anunciou. "Voltamos daqui a pouco, está bem?"

"Tenham cuidado."

Apesar de ainda ser setembro, soprava uma brisa fresca pelo bairro de Holešovice. Dando a mão ao filho, encaminhou-se para a Veletržní mas lembrou-se que as autoridades tinham acabado de interditar a circulação de judeus por essa rua. O melhor seria seguir pela bem mais discreta Šimáčková. Que soubesse, ainda podia caminhar por ali. Teria era de ser cuidadoso quando cruzasse a rua, porque de um dia para o outro os alemães haviam mudado o sentido da condução e os carros vinham da direção contrária; da esquerda, a condução passara para a direita.

Quando viraram para a Šimáčková cruzaram uma pastelaria com pastéis na montra; viam-se cestos de *trdelník*, *medovník*, *koláče* e outras iguarias, e sabiam que no interior havia ainda *strudel* e crepes *palačinky*.

"Que'o um bouo."

O olhar de Levin desviou-se para a tabuleta na porta a dizer *Für Juden verboten*. Os judeus estavam proibidos de entrar. Aquilo era outra novidade trazida pelas forças de "proteção". Então também já não se podia entrar nas pastelarias? Em boa verdade, as primeiras iniciativas contra os judeus tinham surgido ainda antes de os alemães marcharem sobre o país. No meio da crise, o governo democrático de Edvard Beneš demitira-se e fora substituído por um executivo autoritário que estabelecera a censura e afastara os judeus da função pública e do quadro médico dos hospitais. Novas medidas surgiram dois dias depois da entrada dos alemães em Praga, quando o governo checo, já tutelado pelos nazis, limitara a atividade de advogados e gestores judeus. Poderia pensar-se que estas ações teriam agradado a Konstantin von Neurath, nomeado pelo Reich para representar o poder alemão na Boémia e na Morávia, mas não fora assim. O *Reichsprotektor* achou o governo checo demasiado mole e, assumindo diretamente o poder legislativo, aprovou legislação inspirada nas leis raciais de Nuremberga. Daí em diante, as arianas não puderam trabalhar em casas de judeus, o que deixara os Levin sem a sua Ivanka. Isso e a proibição de casamentos ou relações amorosas entre judeus e arianos fazia parte da nova legislação racial imposta pelo *Reichsprotektor*. Outras leis iam entretanto pingando sem cessar. Todos os dias surgia uma nova. A última era a proibição de os médicos judeus tratarem pacientes arianos. E entretanto já nem se podia comprar um simples bolo na pastelaria.

"Agora não, Peter", disse. "Daqui a pouco vamos almoçar e não quero que comas porcarias."

O pequerrucho fez beicinho.

"Que'o um booouo!"

"Olha, vamos fazer assim", propôs. "O papá vai passar pelo Unionka e compra-te um bolinho, está bem?"

Não era necessariamente uma proposta desinteressada. O Café Union, que os habitantes da cidade conheciam por Unionka, era dos sítios onde circulavam mais notícias em Praga. É certo que os jornais ocidentais, uma das imagens de marca do café, já ali não apareciam, mas isso não impedia que se soubessem as novidades através da imprensa alemã ou das emissões de rádio, incluindo as da BBC escutadas às escondidas. Daí o pastel no Unionka. Desde o início que o passeio até ao Reino dos Comboios não passara de um pretexto para ir ao café saber as últimas.

Cruzaram o rio Moldava e entraram na cidade velha. Quando viera viver para Praga, em 1933, Levin começara por frequentar os cafés alemães da cidade, em particular o Arco, que fora poiso habitual de Franz Kafka, e o Continental, onde se concentravam fregueses de língua alemã. Visitava-os porque sentia nostalgia de Berlim. A deterioração da situação política na Alemanha, todavia, envenenara o ambiente nesses dois estabelecimentos. Uma parte importante da clientela parecera-lhe excessivamente entusiasmada com os êxitos de Hitler. A gota que fizera transbordar o copo da sua paciência fora um dos clientes, um alemão dos Sudetas, que se sentara à sua mesa e se referira ao *Führer* como "um messias".

"Então não vê como ele tem a capacidade mística de ver o futuro?", perguntara o homem. "Disseram que não nos podíamos rearmar e que se o fizéssemos a França nos invadiria por violarmos o Tratado de Versalhes e isso seria o fim da Alemanha. Pois o *Führer* rearmou-nos e não aconteceu nada. A seguir disseram que não podíamos reocupar a Renânia e que se o fizéssemos dessa vez é que era, a França invadir-nos-ia mesmo por violação do Tratado de Versalhes e viria o fim do mundo. O *Führer* fez ouvidos de mercador, ocupou a Renânia e nada aconteceu. Depois disseram que não podíamos unir-nos à Áustria porque então é que seria mesmo, mesmo, mesmo a sério, as potências ocidentais e a Itália vinham aí e seria uma hecatombe e o diabo a quatro. Pois o *Führer* fez o *Anschluss* e... nada. Tudo sem disparar um único tiro. Agora dizem que as exigências sobre os Sudetas são uma loucura, as potências ocidentais nunca autorizarão que os Sudetas se juntem à Alemanha e virão em socorro da Checoslováquia, será a guerra e sei lá mais o quê. Pois verão que o *Führer* conseguirá de novo o que quer. O diabo do homem é um predestinado. Já o viu a discursar ao vivo?"

"Nunca tive esse prazer."

"*Ach*, eu vi. Até fiquei com pele de galinha. *Herr* Hitler é emissário da Divina Providência, o instrumento de um poder superior. Um messias! Os deuses falam-nos pela voz dele. Com o *Führer* ao leme, a Alemanha emergirá na luz e o nosso povo recuperará o seu estatuto de raça divina, guiando a humanidade para um nível superior de evolução!"

Ao escutar esta conversa lembrou-se que já a ouvira em Berlim quando da ascensão dos nazis e percebeu que não aguentava mais. Transferira-se por isso para os estabelecimentos checos. Os seus cafés passaram a ser o Nárkav, o Montmartre e o Slavia, que se orgulhava de ter sido frequentado por Albert Einstein e Thomas Mann. O preferido, no entanto, tornara-se o Unionka. Por causa dos jornais.

Uma névoa acinzentada de fumo de cigarro acolheu-os quando entraram no Café Union, em cujas mesas Karel Čapek chegara a escrever o seu jornal. O ambiente, que preservava alguma da velha elegância apesar da decadência evidente, era animado por *The Way You Look Tonight*, a música de Billie Holiday entoada num gramofone. Um pequeno empregado careca saltitava pelas diferentes salas com a sua bandeja, levando café e cerveja a jogadores de xadrez ou recolhendo copos e gorjetas de intelectuais diletantes que liam a imprensa ou discutiam "a situação".

No Unionka já não havia o *Le Figaro* nem o *The Times*, como noutros tempos, mas sempre era possível encontrar um qualquer *Zeitung* chegado da Alemanha com as últimas proezas do *Führer* e mais uma catrefada de revistas do oculto como o *Der Zenit* e outras publicações de astrologia, parapsicologia, espiritismo, quiromancia, necromancia, geomancia, cartomancia, tarologia, radiestesia, grafologia, telepatia, agricultura

biodinâmica, medicinas alternativas, terapia magnética, vege-
tarianismo e demais disciplinas das *Grenzwissenschaften*, as
chamadas "ciências de fronteira" tão em voga no estado nazi,
onde alguns desses títulos tiravam mais de cem mil exemplares.
A sua influência na Alemanha era tão grande que Levin já tinha
ouvido falar em empresas que despediam diretores porque
a sua letra suscitara reticências a um grafologista.

Pai e filho acomodaram-se numa sala de segunda classe e o
empregado careca veio logo ter com eles.

"Senhor Levin!", exclamou o homem ao reconhecê-lo, uma
expressão perturbada a nublar-lhe o rosto. "Já cá não aparecia
há algum tempo..."

"Agora sou pai, Patera", disse o ilusionista, passando a mão
pelos cabelos encaracolados de Peter. "Já não posso andar nos
copos como antigamente." Fez um gesto largo a indicar o café.
"Então o Unionka? Como vai isto?"

"Mal, senhor Levin. Muito mal. Fala-se em fechar. Tínhamos
muita esperança na campanha do senhor Čapek para salvar o
café, pois não é com facilidade que se diz não ao nosso maior
escritor, não é verdade? Mas, ai de nós!, ele morreu, talvez
para se poupar a esta tristeza de ver a pátria também finar-se,
e ficámos órfãos. E agora vieram os nossos... uh... protetores,
com todas as suas proibições, e..."

"Pois é, Patera, isto está difícil." Pigarreou. "Já sabe da última
sobre o nosso querido presidente?" O presidente em causa era
evidentemente Emil Hácha, o velho estadista checo que assinara
a rendição imposta por Hitler. "Quando o Hácha foi a Berlim,
os nazis levaram-no a um restaurante para jantar. Sentaram-se
à mesa e Göring entregou-lhe o menu. O velhote olhou para a
ementa e perguntou: onde é que assino?"

A graçola foi recebida com um sorriso embaraçado do
empregado; estavam num lugar público.

"Tem de ter cuidado com o que diz, senhor Levin..."

"Tem razão, Patera." Indicou Peter. "Olhe, traga-me um cafezinho e um bolinho aqui para o meu menino, que é um lambão de primeira. Talvez um *medovník*." Desviou os olhos para os jornais. "O que tem aí de imprensa?"

A pergunta escondia uma certa ansiedade. Os judeus tinham sido proibidos de comprar publicações alemãs, de maneira que os jornais disponibilizados nos cafés eram imprescindíveis para Levin se manter atualizado. Ao ouvir o pedido, contudo, o empregado ficou imóvel, olhando-o com a mesma expressão perturbada.

"Eu... lamento muito, senhor Levin. Receio que não vá ser possível."

"Pois, bem sei que o Unionka já não tem jornais ocidentais. Deixe estar, contento-me com o que houver."

Patera permaneceu quieto.

"Não é isso, senhor Levin", disse, encabulado. "É que saiu esta nova lei que... enfim, restringe os clientes dos cafés e... está a ver, não podemos desagradar aos alemães."

A atenção de Levin desviou-se para a porta do Unionka. Lá estava pregada a tabuleta em que não reparara quando entrara.

Für Juden verboten.

Como lhe escapara uma coisa daquelas? Pôs-se de pé e pegou no filho ao colo, preparando-se para sair. O empregado mostrava-se genuinamente constrangido.

"Peço imensa desculpa, senhor Levin." Baixou a voz. "Isto é um disparate, não faz sentido nenhum, mas temos de ter cuidado. Se os nossos protetores entrarem aí, e há alguns que às vezes vêm ao Unionka ver se está tudo de acordo com as regras, o senhor terá problemas sérios. O senhor... e nós."

"Eu sei, Patera. Não se preocupe."

O olhar do checo animou-se.

"Já sabe das notícias, não sabe?"

"Da Polónia?"

Patera inclinou-se, como se partilhasse um segredo.

"O senhor Chamberlain acabou de falar. A Inglaterra e a França declararam guerra à Alemanha."

"A sério?"

O cliente quase deu um pulo de felicidade, mas era suficientemente avisado para não o fazer num sítio público.

"Sabe o que lhe digo, senhor Levin? Qualquer dia os nossos protetores vão precisar de proteção!"

"Deus o oiça, Patera", devolveu o freguês, encaminhando-se para a porta. "Deus o oiça!"

"Isto agora é a sério", disse o empregado. "Acabaram-se as conquistas fáceis. Os alemães já não estão perante países pequenos a que podem fazer o que lhes dá na real gana, mas diante da Inglaterra e da França. É outro mundo. Quando levarem uma coça a sério, aí é que quero ver os nossos protetores. Vão meter o rabinho entre as pernas e voltar lá para a terra deles. Sabe o que lhe digo? Não estamos num *Protektorat*, mas num *protentokrat!*"

O cliente riu-se com o trocadilho; em vez da palavra alemã que significava protetorado, Patera usara a palavra checa *protentokrat*, "por enquanto". Ah, sim. Agora é que os alemães iam ver...

II

O bafo quente ventava rasteiro, com violência, elevando uma nuvem de areia que deslizava pela terra avermelhada como um tapete difuso. As dunas erguiam-se em fúria, cada grão transformado num chicote; dir-se-ia um tornado que açoitava homens e animais como se os punisse por ousarem atravessar o deserto sem pagar tributo ao *haboob*, a temível tempestade cuja ira caprichosa se levantava como um deus cioso dos seus domínios para lhes lembrar que era ela a senhora do Sara, ela e mais ninguém.

Os dois homens, embrulhados num *bisht*, a larga capa árabe do deserto brutalmente sacudida pelo vento, encolheram-se sobre os cavalos e ajeitaram o *shumag* de modo que o tradicional lenço negro e branco que lhes cobria a cabeça também protegesse os olhos da poeira. O *haboob* soprou mais forte e mais forte ainda. A areia fustigava-os com redobrada violência e, empertigando-se, atingiu um pico de raiva. De repente, sem aviso, como se estivesse cansado, abrandou. Sentindo a pausa momentânea, o cavaleiro da frente abriu uma nesga no *shumag* e espreitou. Através da névoa amarelada vislumbrou o vulto que emergira da areia.

"Juanito", chamou, virando-se para trás. "Dar Riffien."

A sentinela abandonou com relutância o casinhoto e, mal-humorada por ter de sair do abrigo em dia tão agreste, aproximou-se dos dois desconhecidos de espingarda em riste; pelos trajos pareciam-lhe cavaleiros berberes.

"Documentos?"

Curvando-se nas montadas, os recém-chegados estenderam-lhe papéis que o vento tentava arrancar-lhes das mãos. A sentinela pegou neles com firmeza, para não os deixar voar, e logo se desenganou. Os documentos mostravam que os cavaleiros não eram berberes, mas camaradas.

"*Bueno*", assentiu a sentinela, com pressa de voltar ao casinhoto. "Apresentem-se ao graduado."

Os dois legionários desmontaram, o longo *bisht* sempre sacudido pelo *haboob* violento do deserto, e passaram por baixo do portão de entrada a puxar os cavalos. No topo do portão encontrava-se uma placa a anunciar *Legión Extranjera* e sobre um arco estava inscrito o lema da unidade, *Legionarios a luchar, legionarios a morir*. Mas nenhum dos dois se sentia nesse momento disposto a *luchar* e muito menos a *morir*. Queriam apenas descansar.

Depois de passarem pelo graduado de serviço foram encaminhados para o gabinete do comandante do quartel, o coronel Vázquez. Na pequena antecâmara do gabinete o ajudante de campo verificou-lhes os documentos e mandou-os esperar na sala ao lado. Ao fim de meia hora ouviram uma voz rugir no interior do gabinete. O ajudante de campo, solícito, veio ter com eles.

"Entrem", ordenou. "O nosso comandante já vos pode receber."

Os legionários penetraram no gabinete e plantaram-se em sentido a aguardar ordens. Um homem de bigode e cabelo grisalho nas têmporas estava sentado atrás de uma enorme secretária a consultar papelada. O silêncio prolongou-se, apenas quebrado pelo refolhar das páginas e pelo zumbido suave de uma ventoinha. Na parede estava pregada uma fotografia do *Caudillo*, o general Francisco Franco, e uma bandeira de Espanha ao lado da bandeira da Legião. A mobília era de madeira escura e a secretária do comandante estava imaculadamente arrumada. Da janela viam-se as águas azul-claras do Mediterrâneo.

O coronel Vázquez levantou enfim os olhos dos documentos de transferência e encarou-os.

"Quem é o Juan?"

"Às suas ordens, meu comandante", identificou-se o legionário espanhol. "Juan Escoso. Mas toda a gente me conhece por Juanito."

"Isto é a Legião, *hombre*", rosnou o coronel. "Não estamos num bando de escuteiros. Aqui para teres nome tens de ter história. Que fizeste tu para achares que tens direito a escolher o teu nome, *maricón?*"

"A guerra, meu comandante." Fez um gesto a indicar a fotografia do general Franco na parede. "Combati com o *Caudillo* contra os *rojos* desde a primeira hora."

A referência ao generalíssimo refreou o coronel Vázquez.

"*Bueno, bueno.*" Voltou-se para o segundo homem. "E tu?" Espreitou o documento. "Francisco Latino, não é? Isso significa que queres ser conhecido por Paco, presumo eu."

"Francisco", corrigiu-o. "O único que me chama Paco, meu comandante, é o Juanito. E fá-lo contra a minha vontade. Se não fosse meu amigo, já o tinha morto à pancada."

Surpreendido com o sotaque, o coronel espreitou o documento. "*Coño!*", exclamou. "És português?"

"Afirmativo, meu comandante."

"E também combateste na guerra civil?"

"Desde a primeira hora, meu comandante. Fiz toda a campanha com o Juanito, de Marrocos à fronteira com a França. Apenas falhei a campanha de Madrid porque fui ferido em Badajoz."

"Se não tomámos logo a capital, meu comandante, é porque o Paco estava na cama de uma enfermaria", interveio Juanito com uma gargalhada. "*Ay, madre mía!* O meu comandante havia de o ver em combate. Um *toro!*"

"Quando voltei, transferiram-nos para a VII e fizemos a campanha da Catalunha", acrescentou o português. "Depois de vencermos os vermelhos e a guerra acabar, fomos com a nossa *bandera* para Larache."

O comandante verificou com maior atenção os papéis da transferência, confirmando o que acabava de ouvir.

"*Muy bien*", assentiu, visivelmente impressionado com o currículo dos seus novos homens. "Já vi que estou perante veteranos." Voltou a encará-los. "Então porque quiseram vir para aqui? Larache não vos agradava?"

Larache era a sede do Tercer Tercio, o terceiro corpo da Legião Estrangeira, que integrava a VII Bandera.

"Larache é um lugar simpático, meu comandante", devolveu Juanito. "O que não nos agradava era a VII Bandera."

"Porquê? As *muchachas* da VII porventura têm bigode?"

O coronel Vázquez riu-se da sua própria graçola, obrigando os dois legionários a rirem-se também.

"O problema não são as mulheres, meu comandante", explicou Juanito. "Começámos a servir a Legião na IV Bandera e queríamos voltar."

"*Bueno, bueno*", assentiu o coronel Vázquez. "Não nego que a vossa experiência nos poderá ser útil. Nunca se sabe se voltaremos a ser chamados a servir Espanha, *verdad?*"

Juanito aquiesceu.

"Veja o que se passa na Europa, meu comandante. Os alemães tomaram agora a França. Talvez o *Caudillo* nos chame."

O oficial cofiou pensativamente o bigode.

"É possível, é possível."

"O problema é esta aliança entre os alemães e os *rojos*. Espero que, depois de tudo o que aconteceu aqui em Espanha, não tenhamos também de nos aliar aos *rojos*. Seria *una vergüenza!*"

O comandante da IV Bandera não teceu comentários ao embaraçoso pacto germano-soviético. A experiência dos dois homens interessava-lhe, mas um oficial não discutia política com subordinados, muito menos o comandante. Olhou para a porta e ergueu a voz.

"Tenente Moncada!"

A porta abriu-se, revelando o ajudante de campo do comandante.

"Chamou, meu comandante?"

O coronel pegou na caneta e assinou as guias de apresentação, formalizando a entrada dos dois legionários na unidade.

"Mostra-lhes o quartel e os aposentos", ordenou. A seguir devolveu os documentos aos seus novos homens. "Bem-vindos à IV Bandera."

O comandante decidira que não seriam tratados como a ralé, mas como os veteranos que efetivamente eram, pelo que Juanito foi promovido a sargento e Francisco a sargento-adjunto e ficaram encarregados de chefiar uma secção da 12.ª companhia, a sua velha companhia de metralhadoras. Havia aí dois portugueses, fugitivos da justiça da sua terra, mas Francisco prestou-lhes pouca atenção. Os laços que o uniam a Juanito, forjados no forno da guerra civil espanhola, revelaram-se mais fortes do que as afinidades nacionais.

Quando o primeiro dia em Dar Riffien terminou, os dois sentaram-se num canto do bar com vista para o Mediterrâneo a beber um copo de *pacharán*. Com o final da guerra civil, sete *banderas* da Legião Estrangeira haviam sido suprimidas e a preocupação entre os legionários era geral.

"Diz-me, Juanito", murmurou Francisco. "Achas que vamos entrar na guerra?"

"*Bueno*, não há dúvidas de que o *señor* Hitler nos quer. E já ouvi oficiais dizerem que sim. Afinal os alemães ajudaram-nos a vencer os *rojos*, não foi? Como poderemos recusar-lhes ajuda?"

O português levantou o copo de *pacharán* ao nível dos olhos e contemplou o líquido alaranjado.

"Se vamos entrar na guerra, para que estão a cortar na Legião?"

"Não há dinheiro, *hombre*. Se não fosse esta guerra, ainda acabavam com a Legião. Não acabaram porque não sabem o que vai acontecer. Ainda podemos vir a ser muito úteis."

"A guerra salvou-nos o emprego?"

Juanito riu-se.

"Acho que sim, *caray!*"

Francisco ergueu o copo de *pacharán* bem alto.

"Bendita guerra!"

"Bem o podes dizer, *hombre*", devolveu o espanhol, erguendo também o seu copo de bagaço. "*Salud!*"

Esvaziaram os copos num trago e pediram mais uma dose ao taberneiro.

"E a Espanha?", quis saber Francisco. "Vai mesmo entrar?"

"*Ay, hombre!* Deixa isso! Bebe mas é o *pacharán* e..."

"Diz-me", insistiu o português. "A Espanha vai ou não entrar?"

Juanito bufou.

"*Bueno*, desejoso disso está o exército. Já ouvi oficiais dizerem que temos uma dívida a pagar aos alemães e mais não sei quê..." Apontou para Francisco. "Se não entrámos já, bem podes culpar o teu Olivera."

"Olivera?"

"Salazar, *hombre!* Dizem que é esse *tío* que está a convencer o generalíssimo a não se aliar ao *señor* Hitler." Contraiu o nariz, numa careta. "O pior é que o *Caudillo* lhe dá ouvidos."

"Só me interessa perceber se tenho emprego", resmungou o português. "O resto é conversa."

Calaram-se ambos. De olhos sempre pregados no azul do mar, Francisco ficou a meditar no que acabava de ouvir. O que faria se a unidade fosse extinta? Tinha sempre a alternativa de voltar a Portugal, claro. O problema era o crime que cometera anos antes em Castelo de Paiva, quando matara o caseiro Tino. Fora por isso que fugira para Espanha e se alistara na Legião. Provavelmente estava tudo esquecido, mas não era um risco que quisesse correr. Não para já.

Respirou fundo, tentando descontrair-se. Juanito tinha razão. Não valia a pena preocupar-se com o futuro; havia demasiados imponderáveis. Estava na IV Bandera, segurava um copo de *pacharán*, o Mediterrâneo estendia-se diante dos seus olhos, a guerra lavrava na Europa e ele tinha emprego. Para quê ralar-se? Levantou o copo e fitou o amigo com um sorriso trocista.

"*No pacharán!*"

A vida em Dar Riffien decorria com modorra. Os dois homens, unidos por um passado comum que as experiências na guerra civil espanhola haviam cimentado, viviam uma existência quase à parte dos restantes legionários. Os únicos contactos regulares de Francisco para além de Juanito eram os dois portugueses da unidade, por razões óbvias, e Rolf, um legionário alemão que se gabava de ter conhecido o líder nazi Heinrich Himmler nos seus tempos do Freikorps. As histórias de Rolf fascinavam-no, mas as limitações do subordinado na língua espanhola constituíam um problema, pelo que, descobrindo que tinha um jeito natural para as línguas, deixou-o nos tempos livres ensinar-lhe alemão.

O português depressa ganhou fama de sargento duro, prolífico nos insultos e brutal na disciplina. Não admitia falhas, que punia a murro ou à coronhada, e era frequente vê-lo mandar legionários faltosos limpar latrinas ou fazer marchas forçadas. Nos casos mais graves atirava os homens para a solitária ou para o temido pelotão de castigo, uma unidade de trabalhos pesados feitos com metade da ração diária. Ninguém brincava com o sargento-adjunto Francisco Latino, *El Toro* da guerra civil.

Nas casernas de Dar Riffien a reputação de Francisco ficou firmada logo na primeira semana. Um legionário chileno com especial fama de brutalidade recusou-se a ser servido no refeitório, alegando que a comida só era própria para cães. O oficial de serviço, um tenente, comunicou-lhe que a refeição teria de ser servida, mas que se ele não quisesse comer não comesse. A ração foi posta no prato do legionário, e este, em resposta, atirou-o ao oficial, sujando-lhe a farda. Francisco, que assistira à cena e percebera que envolvia um homem da sua secção, ergueu-se de pronto.

"Meu tenente, dá licença?"

Ainda surpreendido com a reação do legionário, o tenente sacudia desajeitadamente o arroz espalhado sobre os ombros.

"Faça o que tiver de fazer."

Francisco encarou o chileno. Era um homem grande e rude. Dizia-se que tinha violado e assassinado uma rapariga e fora por isso que fugira à justiça do seu país e se alistara na Legião.

"Ouviste o nosso tenente?"

O legionário chileno cruzou os braços, numa pose de desafio a roçar a rebelião.

"Essa comida não se dá nem aos cães."

"Preferes caviar?"

O homem esboçou um sorriso desagradável, exibindo buracos na dentadura, decerto resultado de muitas rixas.

"*Por qué no?*"

"Primeiro lembra-me o lema da Legião."

Perante o silêncio do subordinado, Francisco virou-se para trás e encarou Juanito como se lhe endereçasse a pergunta.

"*Cumplirá su deber, obedecerá hasta morir.*"

O português voltou-se para o chileno.

"Obedecerá até morrer", repetiu, ecoando a segunda parte do credo. "É esse o lema do legionário. Pois o nosso tenente deu-te uma ordem e tu o que fizeste? Obedeceste?"

"O rancho não presta."

Sem aviso, e com um movimento rápido, Francisco desferiu um soco no abdómen do legionário. Atingido de surpresa pelo golpe súbito, e sem ar, o chileno dobrou-se para a frente num movimento mecânico aproveitado pelo sargento-adjunto para lhe assentar uma violenta joelhada na cara. O homem caiu para trás e encolheu-se no chão em posição fetal, agarrado ao rosto, golfadas de sangue a jorrarem-lhe pela cara e a salpicarem o chão. O português pegou-lhe pelos cabelos e ergueu-o.

"Que tal o caviar?"

Com a cara empapada em sangue, o legionário abriu os olhos.

"*Ca... cabrón!*"

Francisco pontapeou-o com violência entre as pernas, atingindo-o em cheio nos testículos, e o chileno soltou um novo urro de dor e voltou a cair no chão, encolhendo-se sobre si mesmo. O sargento-adjunto fez um sinal aos dois legionários mais próximos.

"Levem-me esta merda para a solitária", ordenou. "Fica a pão e água até amanhã."

Quase assustados, os dois homens carregaram o chileno para fora da cantina enquanto um legionário limpava o sangue no chão.

"Guarde a comida que este animal recusou", ordenou Francisco ao responsável da cantina. "Quando amanhã sair da solitária e vier almoçar, volta a dar-lha. Se recusar mais uma vez, não comerá nada enquanto não engolir isso, mesmo que já esteja podre. Entendeste?"

"*Sí, señor.*"

Depois de fazer continência ao tenente, o português regressou calmamente à mesa onde Juanito o esperava.

"Achas que quando sair da solitária o *tío* irá mesmo comer o arroz?"

Francisco pegou no garfo e mergulhou-o no seu prato.

"Vai saber-lhe a caviar."

III

Depois de assinalar a lápis as medições com a fita métrica, Levin pousou a régua sobre a tábua e traçou uma linha reta a unir os pontos que marcara. A seguir encaixou a tábua num instrumento mecânico e pegou no serrote. Assentou os dentes do instrumento no ponto onde se iniciava a linha a lápis e começou a serrar.

"Mestre!"

Virou a cabeça; era Ondrej que entrara na oficina com um exemplar do *Lidové noviny*.

"Hmm?"

"Já ouviu os boatos? Os nossos queridos protetores vão lançar mais uma invasãozinha."

"Já sei." Fez um gesto para a primeira página do jornal. "Entraram na Jugoslávia."

"Uma coisa maior."

O ilusionista riu-se.

"Só se for a América..."

O ajudante abeirou-se dele com um brilho nos olhos.

"A Rússia."

"A Rússia?! Onde diabo ouviste esse disparate?"

"Passei há pouco pelo Unionka e toda a gente falava nisso. Corre por Praga inteira."

"Não pode ser, Ondrej. Sem os ingleses no bolso, os alemães não vão abrir uma frente com a Rússia. Não são doidos."

"Eu sei que é incrível, mestre, mas os checos que trabalham na administração dizem que o *Reichsprotektor* anda a avisar que haverá uma grande invasão. O Instituto de Cartografia Militar de Praga está a imprimir mapas da Rússia a todo o vapor."

O olhar de Levin tornou-se sonhador.

"Será possível?", interrogou-se. "A Rússia?" Abanou a cabeça. "Não pode ser! Seria bom de mais! Os nazis não vão cometer um erro desses."

O rapaz suspirou, dececionado. O mestre só podia ter razão. Os boatos no Unionka só podiam ser mesmo isso. Boatos.

A primeira peça estava já toda serrada e Levin contemplou o trabalho. Iria dar um grande número. A sua paixão pela magia nascera aos seis anos, quando os pais o tinham levado ao Circo Busch e vira o grande Houdini escapar do tanque da tortura da água. Ficara de tal modo fascinado que, quando aos treze anos fizera o *bar mitzvah*, como prémio o pai levara-o a Londres para ver um espetáculo no Maskelyne's Theatre of Mystery. Vira aí o mágico Selbit cortar uma mulher ao meio e o fascínio transformara-se em paixão. Seguira a carreira de corretor na Bolsa de Berlim, mas quando se vira sem emprego decidira fazer da paixão uma profissão. Tornara-se mágico.

"Bertie, nem imaginas quem está na loja!"

Gerda espreitava pela porta da oficina e parecia excitada.

"Houdini?"

A pergunta foi lançada em tom brincalhão, pois o trabalho de carpintaria estava a correr bem e o dispositivo para o novo número parecia promissor.

"Frabato."

O ilusionista, que se preparava para traçar novas marcas na madeira, parou e fitou a mulher.

"Estás a brincar..."

"Juro!", assegurou ela. "Está na loja. O que faço?"

Pelos vistos não era brincadeira. Levin despiu a bata à pressa e foi ao armário buscar roupa.

"Diz-lhe... diz-lhe que já vou."

A mulher desapareceu e o ilusionista vestiu o melhor fato, um *tweed* acastanhado. Não era todos os dias que uma figura importante do ocultismo como Frabato entrava na loja. Frabato era um mágico de renome na Alemanha e na Checoslováquia. Chamava-se na realidade Franz Bardon e ganhara reputação como perito em Cabala, hermetismo e magia evocatória, a magia que não era arte mas ciência, a do oculto. Em suma, um *magus*.

Apareceu ao balcão ainda a apertar o nó da gravata e deu com o visitante a analisar os baralhos de cartas na vitrina.

"*Magus!*", cumprimentou-o Levin. "Que prazer recebê-lo na minha humilde loja!"

"O prazer é meu, caro Nivelli", disse Frabato, apertando--lhe a mão. "Vinha a passar e quando vi a montra não resisti a dar-lhe uma palavra de apreço. Têm-me falado muito dos seus espetáculos."

"Obrigado, *magus*. As coisas corriam bem... até a política estragar tudo."

"Sendo o senhor italiano e a Itália amiga do Reich, presumo que não tenha problemas..."

Levin sorriu; o seu nome artístico suscitava o equívoco.

"Pegue em Nivelli e inverta as letras", sugeriu. "A primeira letra torna-se última, a segunda letra penúltima, e assim sucessivamente. Desvendará desta forma a minha verdadeira identidade."

O visitante fez o exercício mental.

"Illevin?"

"Levin. O i serve apenas para dar um ar italiano."

Frabato encarou-o, surpreendido.

"Levin? Então o senhor é..."

"Um judeu alemão de origem sefardita portuguesa. Espero que isso não o incomode."

"Não, de modo nenhum. Não sou nazi, meu caro."

"Folgo em sabê-lo", disse o anfitrião. "Toma um café?"

O *magus* consultou o relógio.

"Bem... daqui a pouco tenho o comboio. Está a ver, há já algum tempo que não vou à minha terra visitar a família e..."

"É só um cafezinho."

Frabato decidiu-se.

"E porque não?"

Em condições normais, Levin teria levado o visitante ao Unionka ou a qualquer outro café da moda, mas com as intermináveis interdições que cerceavam os movimentos dos judeus as opções não eram muitas. Acabou por arrastá-lo para a oficina, calculando que os bastidores do ofício lhe interessassem. Não se enganou. A atenção de Frabato foi de imediato atraída pelo cartaz de um dos espetáculos do Grande Nivelli pregado à parede, mostrando o mágico envolto numa capa e com um certo ar de Rasputine. A visão arrancou um suspiro ao visitante.

"Ah, o oculto, o desconhecido, o secreto! O místico fascina-me. A si também?"

"Não passo de um simples ilusionista", lembrou Levin. "Não sou propriamente um Alisteir Crowley, que aliás conheci pessoalmente."

O visitante abriu a boca, quase incrédulo. Alisteir Crowley era o *magus* dos *magus*, um gigante do ocultismo, a grande autoridade em fenómenos do paranormal.

"Conheceu Crowley?!"

Levin não conseguiu reprimir um sorriso. O nome do grande *magus* não deixava ninguém indiferente nos círculos da magia. Fundador da seita de Thelema e autor de uma vasta obra esotérica, o místico inglês tinha pertencido à Ordem Hermética da Madrugada Dourada antes de se tornar o responsável da secção britânica da Ordo Templi Orientis, uma ordem ocultista sediada na Alemanha.

"Foi-me apresentado numa cervejaria em Berlim", contou. "Nunca esquecerei aqueles olhos penetrantes e hipnóticos."

"Sabe que ele tem ligações demoníacas?"

O anfitrião riu-se.

"Nada que eu notasse. Pareceu-me até simples e simpático."

"Mas Crowley afirma ser a pessoa mais maligna do mundo", insistiu Frabato. "Até foi expulso de França."

"A mim não me fez nada de maligno."

"E a magia sexual dele?", quis saber. "Falaram nos ritos de sexo mágico que o tornaram famoso?"

"Infelizmente não." Levin fez um esforço de memória. "Se bem me lembro, Crowley tinha acabado de vir de umas férias em Lisboa, onde foi acolhido por um esotérico português chamado Ferdinand Pessoa ou coisa que o valha. Quando nos conhecemos, o primeiro comentário que Crowley fez sobre os nazis foi que não compreendia o ódio aos judeus. Disse que as únicas pessoas na Alemanha acima da bestialidade, da brutalidade, da crueldade e do servilismo éramos nós, os judeus."

"Bem, bem..."

A alusão pareceu ter beliscado o orgulho germânico do *magus* e o ilusionista percebeu que pusera o pé em falso.

"As ideias dele sobre ciência e ocultismo são fascinantes", apressou-se Levin a dizer, afastando a conversa dos temas perigosos. "Crowley contou-me que tinha conhecido Einstein e Schrödinger e estava muito excitado com as recentes descobertas na física quântica e o seu impacto sobre a magia e as ciências ocultas. Sobretudo o entrelaçamento quântico, que como sabe significa que cada partícula está associada às outras partículas do universo. Crowley acha que o entrelaçamento prova que no cosmos tudo está ligado. Ou seja, a ciência dá como verdadeira a ideia da magia de que o universo é orgânico e de que tudo se encontra associado a tudo. Lembro-me que insistiu que a magia não tem a ver com o sobrenatural, mas com o natural que desconhecemos."

"Crowley tem toda a razão!", exclamou o *magus*, excitado. "A nova física está a recuperar a visão mágica do mundo. O que vemos não passa de uma criação dos instrumentos de observação desenvolvidos pela mente humana, e consequentemente o universo é uma criação da mente. É isso que a física quântica está a mostrar. A magia é a ciência que lida com as leis da natureza ainda desconhecidas. Coisas como a gravidade ou a força elétrica ou os neutrões, por exemplo, não existem por si mesmas, independentemente de tudo o resto, mas em contexto. Fazem parte de um todo, desempenham um papel no grande esquema das coisas, embora o sentido último desse esquema permaneça oculto. Esse é o papel do esoterismo. Determinar o *que* existe é o trabalho da ciência, determinar *porque* existe é o trabalho do místico. Neste sentido, e como demonstra a nova física de Einstein e Schrödinger, a consciência não pode ser separada do cosmos. Se ela emergiu é porque faz parte do cosmos e nele desempenha um papel. É isso que torna o misticismo tão importante."

A conversa foi nesse instante interrompida pelo aparecimento de Gerda com o café, na verdade um sucedâneo a que os checos chamavam *cikorka*. O verdadeiro café desaparecera das lojas.

"Sabe que ele me falou sobre Hitler?", atirou Levin de chofre. "Chamou-lhe um mestre em magia negra."

O *magus* reagiu com uma expressão de choque.

"Magia negra?", admirou-se. "Crowley disse isso do *Führer?*"

"Sem tirar nem pôr", respondeu o seu interlocutor. "Um mestre em magia negra. Avisou-me de que tivéssemos cuidado com ele."

Frabato pegou na chávena e, lívido, engoliu de um só trago quase todo o café.

"*Mein Gott!*"

Dir-se-ia que o assunto não era desconhecido de Frabato. Levin sabia que a magia negra não dizia apenas respeito ao domínio de forças paranormais potencialmente malignas, tratava-se antes de uma forma de magia ritual destinada a dominar os outros e a criar e impor um mundo à imagem dos mágicos que a ela recorriam. A reação de Frabato indicava que sabia algo mais sobre o assunto.

"Sente-se bem, *magus?*"

"Sim, sim", devolveu o visitante, estremecendo. "Conte-me tudo. O que lhe disse Crowley sobre o *Führer?*"

"Contou-me que consultou o *I Ching* para perceber o futuro do regime nazi. Sabe o que lhe saiu em resposta? O hexagrama número vinte e oito."

"O *ta kuo?*"

"Sim."

Com os olhos fixos no vazio, a vasculhar nos arquivos da mente, Frabato fez um esforço para atualizar o que sabia sobre esse hexagrama do *I Ching*.

"O *ta kuo* é uma espécie de aviso", disse, esfregando pensativamente o queixo. "Significa literalmente um grande excesso. A expressão é interpretada como um ponto de rotura. A situação ficou fora de controlo e o desastre está iminente. É essa a mensagem do *ta kuo*."

"O que Crowley me revelou levou-me a estudar com mais atenção os *magi* em quem os nazis se inspiravam. Pus-me a ler Helena Blavatsky."

"Ah, *A Doutrina Secreta!* Grande *opus!*"

Quem não conhecia a famosa *magus* russo-americana e a sua obra? Helena Andreyevna Blavatsky criara um salão do oculto em Nova Iorque, onde, em vez das habituais *séances* de espiritismo repletas de comunicações com o além e "aparições" de ectoplasmas, inventara a figura do guru e discutia os enigmas do Oriente misterioso. Fundara assim o movimento teosófico e publicara um livro, *Isis Unveiled*, uma tirada contra o materialismo que lhe teria sido ditada por um sábio hindu. Fora aí introduzida a Grande Irmandade Branca, uma entidade superior com quem a autora dizia estar em contacto telepático. Depois *Madame* Blavatsky partira para a Índia e escrevera *A Doutrina Secreta*, uma obra em dois volumes

sobre a origem e o destino da humanidade, publicada em
1888 com uma suástica budista na capa. Misturando suposta
sabedoria tibetana com evolucionismo, *A Doutrina Secreta*
estabelecia que os seres humanos descendiam de sete raças
originais, a primeira das quais eram essências espirituais e
a terceira os lemurianos, caídos em desgraça por se terem
misturado com seres inferiores. Já a quarta eram os atlantes, uma raça de gigantes espiritualmente muito avançados
que tinham feito grandes invenções e construído templos e
pirâmides gigantescas. Quando a Atlântida desaparecera num
cataclismo, os sobreviventes haviam escapado para os Himalaias. Refugiaram-se no reino perdido de Shambhala, onde
transmitiram a sua sabedoria aos arianos, uma raça que teria
emigrado depois para o Norte da Europa. Esta obra tivera um
enorme impacto no Ocidente, e em particular na Alemanha
e na Áustria, onde fora acolhida quase como se de ciência se
tratasse, e inspirara uma série de sucedâneos.

"Não li apenas Helena Blavatsky", sublinhou Levin. "Con-
sumi tudo sobre Rudolf Steiner, Guido von List, Lanz von Liebenfels e a Sociedade Thule, mais todo esse esoterismo sobre a
Atlântida, os arianos, os Armanen, a Liga dos Artamanen,
a Ordem Germânica e mais nem sei o quê." Estremeceu. "Brrr...
tenebroso."

"Foi por isso que saiu da Alemanha?"

"Graças a essa conversa com Crowley, percebi muito cedo
a direção que as coisas iam tomar no país. Iriam ser cometidos
grandes excessos e a Alemanha caminharia para o desastre.
A minha posterior expulsão da Bolsa de Berlim confirmou-me
que o futuro dos judeus não seria brilhante. De modo que vim
para Praga. Pensava que me tinha livrado dessa gente mas...
eles aí estão."

"Porquê Praga?"

"A minha mulher tinha aqui família. Além disso, não se esqueça de que, com o Golem, mais Mefistófeles, Kafka e tudo o resto, esta cidade é uma das mais místicas da Europa. Que melhor sítio haverá para um mágico viver?" Levin bebericou da sua chávena. "A propósito de misticismo, há uma coisa que me intriga nos nazis. Apesar de eles próprios abraçarem o ocultismo, pelos vistos declararam guerra ao esoterismo..."

A resposta de Frabato foi dada com um gesto ambíguo da mão direita.

"Sim e não", disse. "É verdade que na Alemanha tomaram medidas contra os quiromantes, os astrólogos e os videntes, mas os nazis só tocam em quem os pode ameaçar. A linha oficial é que apenas se opõem aos charlatães e aos que usam a astrologia para explorar a credulidade das pessoas para fins comerciais. Porém, os nazis reconhecem que existe ocultismo científico. A parapsicologia, a telepatia, a radiestesia e a cosmo-biologia são domínios que eles sabem ser científicos."

O ilusionista fez uma careta.

"Cosmobiologia?"

"É o novo nome da astrologia na Alemanha", explicou o *magus*. "Também lhe chamam astrologia científica. O pró-prio Himmler já admitiu que a astrologia tem fundamento científico, embora defenda que ela deve ser expurgada do fatalismo judaico. O *Reichsführer-SS* acredita que a cosmo-biologia liga as forças cósmicas aos processos raciais e bio-lógicos."

"E esta história de que Hitler é um mestre em magia negra?", perguntou Levin. "Reparei que ficou perturbado quando falei nisso."

Frabato baixou a voz e, apesar de se encontrarem a sós, olhou em volta antes de responder.

"*Herr* Hitler é de facto um homem místico. É possível que tenha sido escolhido pelas forças ocultas como uma espécie de messias, digamos assim. Um homem com uma missão transcendental."

"Ora, ora..."

"A sério. Não vê que o *Führer* é um xamã? Não admira, pois é adepto de Schertel."

Falou tão baixo que Levin teve de se inclinar para o ouvir.

"Quem?"

"Ernst Schertel, o parapsicólogo. Lembra-se que Schertel descobriu que a alma humana é a soma de todas as energias do planeta e que são as ilusões do mundo sensório que nos impedem de usar os nossos poderes mágicos? Schertel compreendeu que a magia está encerrada dentro de nós e parece que *Herr* Hitler anda a tentar libertar essa energia para a usar. Daí que eu suspeite que seja mesmo um iluminado ou alguém com acesso à magia negra. Basta vê-lo falar."

"Para ser franco, se não fossem os graves efeitos de tudo o que ele diz e faz, achá-lo-ia cómico", retorquiu Levin. "O homem é ridículo. Ridículo. Parece o Charlot com aquele bigodinho idiota. Não sei como um palerma destes fascina tanta gente."

"É um predestinado, um homem tocado pelo destino que irá salvar a Alemanha e conduzi-la à vitória da luz sobre a treva. Repare só na maneira como *Herr* Hitler fala. Dá a sensação de estar em transe, de que é um médium e o espírito da Alemanha se revela pela sua voz. O *Führer* é a boca dos deuses, um instrumento da vontade divina, um clarividente guiado por uma força sobrenatural, um homem transcendente. Domina o poder mágico da palavra falada, é um *magus* a executar um encantamento, um arauto da salvação. Não é um político, é um profeta. Um profeta! O sumo sacerdote da nação! Ninguém exprime a alma da Alemanha como ele. É a voz que vem da noite dos tempos, a voz que nos traz Wotan, que nos traz Thor! Os seus discursos são feitiçaria em massa, um poema gótico transformado em ato político. Já viu como as pessoas reagem quando ele sobe ao púlpito?"

"Pf! Ficam histéricas."

"Magia negra, meu caro! Magia negra!"

"Pois, mas na magia negra há sempre um preço a pagar", lembrou Levin, decidindo jogar no tabuleiro esotérico do interlocutor. "Quando se faz um pacto com o Diabo até podemos começar por receber o que pedimos, mas o dia virá em que o Diabo apresentará a fatura. Quando esse dia vier não será bonito. Leia Goethe e a história do doutor Fausto."

"É verdade que não é impunemente que alguém acede à magia negra", concedeu o *magus*. "Mas o facto é que *Herr* Hitler parece dominar poderes sobrenaturais. Com os seus intensos olhos hipnóticos, à Crowley, o diabo do homem vê coisas que mais ninguém vê. Veja como acertou nas questões do rearmamento da Alemanha, da reocupação da Renânia, do *Anschluss* da Áustria e da ocupação aqui da Checoslováquia. Isso é coisa de clarividente. Sabia que ele recebe sinais de forças ocultas?"

"Não exagere."

"Um dos meus amigos, um místico reputadíssimo que é o astrólogo pessoal do *Reichsführer-SS*, contou-me que na..."

"Heinrich Himmler tem um astrólogo pessoal?!"

"Claro que tem. Não se esqueça de que o *Reichsführer-SS* está profundamente imbuído de misticismo. Himmler não só é um crente fervoroso na astrologia como estuda herbalismo, homeopatia, mesmerismo e naturopatia. Além disso acredita nos deuses nórdicos, Wotan e Thor, e nos lobisomens. O *Reichsführer-SS* chegou ao ponto de criar a

Hexen-Sonderauftrag, a unidade das SS para estudar bruxaria e feitiçaria germânica."

"Ainda acaba montado numa vassoura..."

"Dizia eu que o astrólogo do *Reichsführer-SS* me contou que na noite de 24 de agosto de 1939, um dia depois da assinatura do pacto de não agressão com a Rússia, *Herr* Hitler se reuniu no Ninho da Águia, em Berchtesgaden, com o seu círculo mais próximo. A certa altura formou-se uma aurora boreal e todos foram banhados por uma luz avermelhada. O *Führer* disse que isto significava que dessa vez haveria mesmo guerra, ao contrário do que acontecera com a Renânia, a Áustria e a Checoslováquia, e que o sinal certificava que o ataque à Polónia constituía uma decisão irreversível. Uma semana depois, a Wehrmacht avançou e a guerra rebentou."

Ao escutar estas palavras, o ilusionista judeu fitou Frabato numa tentativa de o ler. Tinha plena noção de que estava perante um místico e de que o *magus* acreditava piamente na existência de forças sobrenaturais no universo e de poderes mágicos enclausurados dentro dos seres humanos. De resto, esse tipo de crendice parecia generalizado entre os alemães, sobretudo os nazis. Assim, e tratando-se de um homem de etnia alemã, era inevitável que considerasse seriamente a possibilidade de o líder nacional-socialista aceder a esse poder oculto.

Já Levin não tinha a certeza de nada e duvidava de tudo. Sabia que no seu negócio de ilusionista o feitiço era aparente. O desaparecimento de um burro num palco pode parecer produto de artes mágicas, mas na verdade não passa de um simples truque. A magia está nos olhos do espectador, não em poderes paranormais do mágico. Um pouco como a telefonia. Do rádio saem vozes humanas com notícias e música; dir-se-ia magia. Quando se abre a caixa da telefonia, todavia, apenas se veem fios elétricos; parece que o aparelho guarda homens minúsculos no seu interior, homenzinhos que leem o noticiário ou se juntam em grandes orquestras liliputianas, mas afinal lá dentro só há fios. A magia não passa de ilusão. A sua essência radica na exibição do efeito e na ocultação da causa, e a mestria de um mágico depende da capacidade de fazer o efeito confundir-se com a causa. A magia é prosa com vestes de poesia.

Contudo, admitia a possibilidade de existirem coisas para além do entendimento humano, pois o universo era estranho e seguramente encerrava um imenso desconhecido. A sua alma de mágico levava-o a acreditar que, para lá da ilusão que era a sua arte, havia algures magia verdadeira, o natural incompreensível. Daí que a preocupação do seu convidado o tivesse inquietado. Teriam mesmo Frabato e Crowley razões fundadas para acreditar que Hitler era um mestre místico?

"Se Hitler domina a magia negra, como acede ele às forças ocultas?"

Frabato voltou a pegar na chávena.

"O meu amigo já ouviu falar na Ahnenerbe?"

Ahnenerbe queria dizer "herança ancestral" e o nome pareceu familiar a Levin.

"Isso não é o instituto de arqueologia das SS?"

"A Ahnenerbe foi criada pelo *Reichsführer-SS* para estudar a história do povo ariano e descobrir formas místicas de o guindar à supremacia. Inspirados em grupos esotéricos como a Sociedade Thule, em *magus* como Guido von List, Lanz von Liebenfels, Karl Maria Wiligut e *madame* Blavatsky, do movimento teosófico, e em teorias como a *Welteislehre*, a teoria do mundo de gelo, Himmler e Hitler acreditam que nós, os alemães, descendemos dos sobreviventes da Atlântida. *Madame* Blavatsky foi a primeira proponente da *Welteislehre*, a teoria de Hans Hörbiger segundo a qual antigamente havia seis luas geladas e foram elas que, ao cair na Terra, destruíram a Atlântida e deram origem à idade do gelo. Os atlantes sobreviventes dessa catástrofe são hoje conhecidos como arianos. Estando em relação mágica com o cosmos, o seu destino é elevar a humanidade a um novo patamar e criar o homem-deus. A origem deste povo seria então a Atlântida, que outros místicos designam Ultima Thule."

"Tudo isso já eu sei", disse o ilusionista. "Não se esqueça de que, por causa de Crowley, me pus a ler os místicos que inspiraram os nazis."

"Têm ideias apaixonantes, não acha?"

A crendice de muitos alemães, incluindo o seu interlocutor, não deixava de surpreender Levin. Precisavam de explicações simples para problemas complexos, e o esoterismo fornecia-as.

"Apaixonantes?", quase se escandalizou. "São uma tolice pegada! Repare na teosofia de *madame* Blavatsky. Essa senhora andou a pregar aos quatro ventos que estava em comunicação telepática com os *mahatmas* invisíveis da Grande Irmandade Branca, seja isso o que for, e que a civilização perdida da Atlântida, essa Thule mitológica, tinha uma perfeição racial e espiritual de origem divina e mais não sei quê, mas quando chegou a hora de apresentar provas... népias."

"Oh, provas, provas... Há verdades para além das provas, meu caro."

"Não digo que não, mas convinha mostrar algo mais sólido do que umas supostas conversas telepáticas com essa dita Grande Irmandade Branca, da qual nunca ninguém ouviu falar, mais umas historietas parvas sobre Thule", retorquiu o ilusionista judeu. "Essa conversa de Thule só mesmo para thulinhos!"

"Brinque, brinque..."

"Gostaria de brincar, mas quando vejo os disparates da teosofia até me arrepio. Depois há as inanidades da antroposofia de Rudolf Steiner. Os arianos são descendentes dos atlantes e contêm por isso a centelha divina, enquanto as raças de pele escura são de origem demoníaca e através da miscigenação andam a destruir o que há de divino nos arianos? Mas onde raio foi o homem desencantar uma coisa dessas? Onde estão as provas?"

"Já lhe disse que há verdades para além das provas. Não se esqueça de que o ocultismo contém ciência, mesmo que a ciência tradicional não o queira compreender. Os cientistas tradicionais são demasiado reacionários para entender a revolução científica que o esoterismo representa para a humanidade, mas o facto é que as ciências ocultas estão a desbravar caminhos novos."

Levin suspirou.

"Como queira, mas quando vemos Steiner dizer que os casamentos entre arianos e pessoas de raças escuras estão em conflito com a correta evolução da humanidade e que é preciso separar os arianos dessas raças malignas para permitir a passagem dos seres humanos para um patamar superior de evolução, essas ideias esotéricas estão a converter-se em leis e a afetar a vida de pessoas não só na Alemanha como aqui na Checoslováquia... ou Protetorado da Boémia e da Morávia, como lhe chamam agora. Para se fazerem leis dessas é preciso ter absoluta confiança nas ideias em que elas se baseiam. Não se pode conduzir toda uma política com base em delírios místicos sem a mínima sustentação empírica."

"Quer uma demonstração empírica? Então olhe para nós, para as nossas sociedades avançadas, para as nossas artes e ciências, para a nossa tecnologia e filosofia, para as nossas descobertas e o nosso modo de vida sofisticado, e depois olhe para os povos não arianos e veja como são atrasados. Olhe para os pretos a viverem como selvagens nas palhotas em África, olhe para os índios que andam nus nas florestas da América, olhe para os asiáticos colonizados pelos brancos. Olhe e veja. Nós erguemos uma civilização enquanto eles ainda caçam com setas, incapazes de criar o que quer que seja, a viverem quase como animais ou como parasitas à custa do que nós inventamos e descobrimos."

"Então e a civilização egípcia, que ergueu pirâmides? E a árabe? A chinesa? E a maia e a asteca? Não me vai dizer que estas civilizações foram todas arianas..."

"Foram arianos que criaram essas civilizações. Não sei se sabe, mas quando a Atlântida foi destruída os seus sobreviventes, os arianos originais, espalharam-se pelas zonas frias e pelas montanhas geladas, como os Himalaias e os Andes. Isso significa que essas civilizações também descendem da civilização da Atlântida. Não se esqueça de que *madame* Blavatsky descobriu que foi a sabedoria ariana dos tibetanos que permitiu a evolução dos chineses e dos indianos."

Levin não conteve uma risada; a superstição de muitos alemães parecia não ter limites.

"Acredita mesmo nisso?"

O *magus* pareceu atrapalhado.

"Bem... é o que dizem."

"Não se pode engolir a primeira patranha que um doido qualquer deita pela boca fora só porque o faz com ar seráfico", protestou o ilusionista. "Mais ainda quando essas palermices têm consequências reais na vida das pessoas. Nesse aspeto, a ariosofia desses idiotas do Guido von List e do Lanz von Liebenfels, que dizem que os antigos arianos eram *Gottmenschen*, os homens-deuses, e tinham poderes sobrenaturais e mais não sei quê, é ainda pior do que a teosofia e a antroposofia. Onde é que o Von List foi buscar a ideia de que os adoradores de Wotan, esses arianos a quem chamou

Armanen, viram a sua civilização ruir por causa da mistura racial com não arianos? Em que se baseia ele para dizer que é viável ressuscitar os Armanen através de procriação seletiva? Como é possível que Von Liebenfels tenha chegado ao ponto de propor a proibição de casamentos inter-raciais e a eliminação de raças inferiores, dos aleijados ou dos atrasados mentais e dos judeus, com base na ideia de que isso permitirá ressuscitar a centelha divina dos arianos? E sobretudo como se explica que haja governantes que acreditam piamente nestes disparates e façam aprovar as leis de Nuremberga, perseguindo fatias inteiras da população? É que eu tive de sair da Alemanha por causa dessas ideias, percebe? Onde estão as provas de que elas são verdadeiras?"

Todas estas perguntas retóricas e a irritação crescente do interlocutor, cuja vida fora moldada por aquelas crenças na Alemanha, remeteram Frabato por momentos ao silêncio.

"Himmler criou a Ahnenerbe justamente para provar estas teorias", acabou por dizer. "Não se esqueça de que o *Führer* era leitor da *Ostara*. Foi para encontrar provas das descobertas aí apresentadas que a Ahnenerbe organizou expedições aos quatro cantos do mundo."

Ambos sabiam que a *Ostara*, publicação com o subtítulo de *Revista dos Loiros e Másculos*, era a revista esotérica de Von Liebenfels, onde se escrevia sobre o poder místico da suástica, a importância da pureza do sangue nórdico e a necessidade de eliminar as raças inferiores para impedir a miscigenação e assim recuperar o caráter divino dos *Gottmenschen* nórdicos. A revista chegara a tirar cem mil exemplares e os textos de Von Liebenfels nela publicados mostravam o mundo dividido entre bem e mal, luz e trevas, loiros e morenos, brancos superiores e escuros sub-humanos, arianos divinos e não arianos demoníacos, heróis e vilões.

"A *Ostara* não apresentou descobertas, apenas fantasias."

"Não sei se será bem assim. Uma das expedições realizadas há dois anos pela Ahnenerbe partiu da Índia, atravessou os Himalaias e chegou ao Tibete, onde se encontra Shambhala, a mítica cidade atlante."

Haviam na verdade sido os tibetanos quem primeiro mencionara a existência de Shambhala, um reino nos Himalaias supostamente situado entre florestas de sândalo e lagos de lótus brancos, com um palácio de ouro e prata no centro do qual estava a mandala de Buda. Os reis de Shambhala eram conhecidos como os senhores da casta e os budistas acreditavam que os Panchen Lama eram as suas reencarnações. O mito de Shambhala chegara ao Ocidente sobretudo graças a *madame* Blavatsky. Os ocultistas, incluindo os nazis, estavam obcecados pela sua localização.

O judeu olhou para o seu interlocutor com mal disfarçado sarcasmo.

"Descobriram essa tal Shambhala?"

"É possível." Sem perceber o escárnio no tom da pergunta, Frabato esboçou uma expressão enigmática, como se o assunto estivesse envolvido em grande mistério. "Querem manter a informação secreta."

"Secreta? Para quê?"

"Para... para... sei lá! É um segredo de estado ou coisa assim. Pode ser que os sacerdotes de Shambhala, sendo atlantes originais e consequentemente arianos de origem divina, dominem poderes sobrenaturais que o Reich queira manter escondidos do inimigo. Enfim, há muitas explicações para que nada seja dito sobre Shambhala."

"Se calhar não disseram nada porque não descobriram nada. Não é possível encontrar um reino que não existe."

"*Ach*, você é um cético", exasperou-se Frabato. "Mas olhe, sei que a expedição descobriu que os tibetanos de facto usam suásticas. Ao contrário da cruz ou do círculo, que por assentarem em formas geométricas elementares surgiram simultaneamente em várias alturas, a suástica tem um desenho tão particular que a sua descoberta em pontos diferentes do globo denuncia uma origem comum. Quando compareceram perante o líder tibetano Pinpoches, por exemplo, os arqueólogos da Ahnenerbe viram o trono dele decorado com uma suástica. Também se depararam com suásticas em templos budistas. Além do mais trouxeram para a Alemanha uma antiga estátua de Buda, esculpida a partir de um meteorito com quinze mil anos, com uma suástica talhada na barriga. Onde acha que os budistas foram buscar a suástica? Aos arianos que fugiram da Atlântida para o Tibete após o colapso das luas geladas, claro! Os exploradores da Ahnenerbe confirmaram mesmo que Siddharta Gautama, Buda, tinha origem ariana, pois não foi gerado pelos nativos indianos mas por uma raça real ariana de origem atlante."

Levin revirou os olhos; não havia dúvida, as pessoas acreditavam naquilo em que queriam acreditar.

"Com que base chegaram esses génios a tão brilhante conclusão?"

"Com base nas teorias de *madame* Blavatsky e de *Herr* Hörbiger e nas descobertas feitas ao longo da expedição, presumo eu. Repare que houve elementos da equipa que tiraram cursos de geomancia só para essa viagem ao Tibete. Os exploradores da Ahnenerbe trouxeram com eles histórias do antigo épico tibetano *Gesar*, desenhos dos deuses tibetanos, cópias dos calendários e quadros astrológicos tibetanos, informações sobre os lugares sagrados da antiga religião xamanista do Tibete e até ritos mágicos dos tibetanos."

"E para que serve esse folclore?"

"Para detetar as muitas semelhanças entre a cultura tibetana e o paganismo germânico, ora essa!" Voltou a falar num tom misterioso. "Pensa que essas semelhanças são uma coincidência? Não são! Provam que os arianos foram para o Tibete e descendem mesmo dos atlantes! Os arqueólogos da Ahnenerbe perceberam que os lamas tibetanos tinham acesso a um mundo místico mágico e conheciam segredos esotéricos ur-germânicos, como a leitura das mentes, que as SS também querem dominar. Os ensinamentos dos arianos da Atlântida estão aliás preservados nos textos sagrados budistas e até nos textos hindus. Basta ver as semelhanças entre os *Cânone Pali* budistas e os *Vedas* e *Bhagavad Gita* hindus por um lado e a mitologia nórdica por outro. Tudo isso é prova mais que provada de que a raça ariana não evoluiu a partir dos primatas, como pretende esse atrasado mental do Darwin, ele sim um macacóide de terceira categoria, mas desceu diretamente dos céus e povoou a Atlântida."

A expressão no rosto do ilusionista tornou-se quase trocista.

"Descobriram tudo isso com base numa visitinha ao Tibete?"

"Já vi que o meu amigo não crê nas ciências de fronteira", devolveu Frabato com reprovação. "Mas faz mal. Fique sabendo que a Ahnenerbe também enviou expedições aos Andes e à Islândia e a muitos outros lugares em busca de confirmação da teoria do mundo de gelo." Estreitou as pálpebras, de modo a acentuar a importância do que ia revelar a seguir. "Houve outras expedições ainda mais extraordinárias."

Fez uma pausa, como se hesitasse em falar no assunto, o que acicatou a curiosidade de Levin. O que mais viria aí?

"Tais como..."

Frabato recostou-se e o seu olhar desviou-se para uma *menorah* judaica que decorava a oficina do Hokus-Pokus.

"A Cabala judaica", disse o *magus*. "A Cabala contém a chave dos maiores segredos do universo, como o da comunicação com o divino através de canais próprios. A arca da aliança, por exemplo. O que sabe o meu amigo sobre a arca da aliança?"

A mudança de direção da conversa pareceu desconcertante a Levin.

"Bem, tudo o que sabemos a propósito desse assunto é o que está escrito na Bíblia", lembrou. "No Êxodo, Deus ordenou que as tábuas da lei fossem guardadas na arca, a qual, segundo consta em Reis, ficou depositada no Templo de Salomão. Quando os babilónios destruíram o Templo, no entanto, a arca ter-se-á perdido."

"Diria que se trata de um artefacto poderoso?"

"Como poderia não o ser? O livro de Josué revela que a arca contém o poder divino. Aliás, foi precisamente esse poder que derrubou as muralhas de Jericó. Quem domina a arca domina o mundo."

Frabato manteve-se alguns segundos em silêncio, muito hirto, os olhos fixos no interlocutor.

"E se eu lhe revelar que a Ahnenerbe anda neste momento à procura da arca da aliança?"

A afirmação apanhou Levin de surpresa.

"Perdão?"

"Ainda não sei pormenores, mas fui informado de que o *Reichsführer-SS* mandou os arqueólogos da Ahnenerbe localizar a arca e trazê-la para o Reich. Himmler está convencido de que o poder da arca será decisivo para desvendar os maiores mistérios do universo e assegurar a supremacia da raça ariana."

"Isso não faz sentido nenhum", retorquiu o judeu. "A arca é um artefacto mítico, nem sequer sabemos se alguma vez existiu. Mesmo que tenha existido uma arca no primeiro templo, com toda a certeza não tinha nenhum poder divino no interior. Era apenas um símbolo, um pouco como os crucifixos nas igrejas cristãs. Mas, ainda que contivesse esse tal poder divino, conforme diz Josué, é importante não esquecer que a arca assinala a aliança entre Deus e os judeus. Os *judeus*, não os arianos. Para que haveriam os nazis de a querer?"

"Para se apropriarem dela."

Levin abanou a cabeça.

"Esses tipos são é doidos varridos."

"Lá está o meu amigo a desdenhar destas descobertas..."

"Desdenho justamente porque sou mágico e sei que por detrás de cada número há um truque. A magia é ilusão e é por isso que se chama ilusionismo."

"Talvez a sua magia seja mero truque, o senhor lá saberá, mas isso não impede que exista uma verdadeira magia, a que acede aos poderes esotéricos e sobrenaturais e os domina", disse Frabato. "É por isso que a Ahnenerbe anda a esquadrinhar o planeta à procura de artefactos. As SS, e através delas os nazis, estão a tentar penetrar no mundo do hermético e controlar o poder do oculto. Não é só a arca da aliança. Buscam também outros artefactos com grande poder místico que lhes permitam manipular as forças sobrenaturais e usá-las em seu benefício." Pôs um ar misterioso. "O Santo Graal, por exemplo."

O ilusionista, que erradamente acreditara terem-se esgotado as grandes surpresas, abriu a boca de espanto.

"O quê?!"

"A Ahnenerbe anda à procura do Santo Graal, o recipiente por onde Cristo bebeu vinho na última ceia e que depois foi usado para colher as suas gotas de sangue na cruz. Alguns arqueólogos das SS estão convencidos de que a Igreja Católica exterminou na Europa os últimos representantes arianos da Atlântida, acusando-os de heresia e bruxaria, e de que os ensinamentos desses atlantes foram preservados pelos monges tibetanos, mas também pelos templários, que terão encontrado o Graal nas ruínas do Templo de Salomão e descoberto que ele é o fiel depositário dos ensinamentos atlantes. O Santo Graal contém poderes mágicos que a Alemanha pode usar na luta contra a treva. Daí a importância desta busca da Ahnenerbe."

Levin sacudiu a cabeça, baralhado.

"Mas que raio de trapalhada vem a ser esta?", interrogou-se. "Como se mistura o cálice de Jesus com os tais arianos da Atlântida? O que tem uma coisa a ver com a outra?"

"Não se esqueça de que Jesus era ariano."

"Ariano? Jesus?", quase se escandalizou o judeu. "Toda a gente sabe que Jesus era judeu! Deixe-me recordar-lhe que o Novo Testamento o descreve como rabino. Chamava-se Yehoshua e era conhecido pelo diminutivo Yeshu. Jesus nasceu judeu, viveu judeu e morreu judeu."

"Está enganado, meu caro", corrigiu-o o *magus*. "Jesus era ariano. Não vê que ele era loiro e tinha olhos azuis? A Ahnenerbe já determinou que Jesus tinha antepassados germânicos, mais precisamente os arianos da Atlântida, que como sabe eram de origem divina. Daí que chamassem filho de Deus a Jesus. O próprio *Führer* observou que Jesus era provavelmente um renegado de uma tribo ariana perdida. A sua verdadeira missão foi distorcida pelos judeus da época, a começar por São Paulo."

Na verdade o ilusionista não sabia o que o surpreendia mais, se o facto de os nazis acreditarem nestas teorias extravagantes próprias de lunáticos, se a constatação de que até ocultistas que não eram nazis, como o seu interlocutor, pareciam aceitá-las acriticamente, como se tivessem necessidade de crer em tudo o que fosse apresentado sob a capa do mistério transcendente.

"Pois, está bem, está bem", condescendeu, sem querer iniciar uma discussão. "Em que mais pesquisas estão esses crânios das SS empenhados?"

Estava perante um cético que jamais seria convencido, percebeu Frabato. Não valia a pena perder mais tempo. Consultando o relógio, pôs-se bruscamente de pé.

"Oiça, tenho de apanhar o comboio."

Apertaram as mãos e, tão depressa como aparecera, o mágico germano-checo volatilizou-se pela porta da oficina que dava para a loja de magia. Claramente a conversa não lhe agradara.

IV

Os legionários juntaram-se para o pequeno-almoço nesse amanhecer quente de junho de 1941. De repente Rolf irrompeu na cantina a balbuciar que a rádio alemã acabara de anunciar que "Alemanha *joder Russland*". Após alguma confusão quanto ao sentido destas palavras, alguém ligou a telefonia e ali estava a grande notícia. A Alemanha invadira a União Soviética.

Ao quarto dia de ofensiva, quando à noite todos se juntaram à volta da telefonia da messe, o noticiário abriu com a informação de que Brest-Litovsk já tinha caído.

"Ninguém os trava", observou Juanito. "*Hombre*, os alemães vão..."

O sargento foi interrompido por um coro de protestos.

"Chiu!"

Ninguém queria perder pitada. Os alemães avançavam pela União Soviética e o Exército Vermelho desmoronava-se perante o rolo compressor da Wehrmacht. Quando o noticiário acabou, uma algazarra irrompeu na messe.

"Temos de dar uma ajuda aos alemães!", disse com grande ênfase o tenente Moncada, rodeado de legionários. "Ajudaram-nos na guerra civil a derrotar os *rojos* e ficámos com uma *deuda de sangre* para com eles. Chegou a hora de a pagar. A honra o exige!"

"O que pensa o exército disso, meu tenente?"

"Pensa o que todos pensamos, ora essa! Não leram as palavras de Yagüe? Não ouviram o que disse Asensio? Os nossos generais consideram imperativo assistir a Alemanha nesta grande cruzada da civilização contra a barbárie!"

As palavras do ajudante de campo do comandante desencadearam um burburinho entre os legionários. A entrada da Espanha na guerra assegurava o futuro da Legião Estrangeira.

"Peço desculpa, meu tenente", interveio um legionário inglês. "O que dirá a Inglaterra de uma coisa dessas?"

O tenente Moncada percebeu que teria de ser diplomático. A Legião misturava homens de nacionalidades diferentes e alguns poderiam ficar melindrados.

"Tratando-se de salvar a civilização ocidental, quem sabe se a Inglaterra não se juntará a nós?"

A ideia parecia agradar a todos.

"E a Espanha, meu tenente?", quis saber Juanito. "O que ganharia a Espanha com isso?"

"A honra, *hombre.*"

"A honra não nos enche a barriga, meu tenente."

O ajudante de campo do comandante olhou-o com um sorriso malicioso.

"E se forem as *muchachas* da *casbah* de Argel?"

Juanito abriu a boca, percebendo onde o oficial queria chegar.

"*Joder!*", exclamou. "O meu tenente acha possível a Espanha ficar com... com a Argélia?"

O tenente Moncada fez um gesto vago com a mão.

"A França rendeu-se. Se nos aliarmos aos alemães, o que nos impedirá de ficar com os despojos? A glória é dos vencedores."

"*Madre mía!*", exclamou um espanhol, já a sonhar com um novo império. "Vamos ficar com a Argélia!"

Um outro inclinou-se para o tenente.

"E Gibraltar?"

A pergunta era certeira, pois Dar Riffien ficava perto do rochedo que controlava o acesso ao Mediterrâneo e a presença britânica aí constituía uma ferida permanente no orgulho de Espanha. O tenente ia responder mas, desviando os olhos para o legionário inglês, conteve-se a tempo.

"Isso... isso é uma questão a ver em altura oportuna."

Ou seja, perceberam todos nas entrelinhas, Gibraltar era um alvo.

"*Y Portugal?*", quis saber outro espanhol, embalado pelo entusiasmo. "*Coño!*, porque não aproveitamos e tomamos também Portugal?"

O olhar do tenente Moncada dessa vez desviou-se para Francisco e para os outros dois portugueses da unidade.

"A seu tempo tudo isso se verá", disse, cauteloso. "O que interessa é ajudar a Alemanha na cruzada contra a barbárie asiática."

Os três portugueses entreolharam-se, perturbados. O seu país também fazia parte da equação espanhola.

A fila de rapazes estendia-se por mais de meia centena de metros na Calle Real e entrava pela Plaza de Azcárate, no coração de Ceuta. Francisco gostava de deambular por aquelas *calles*, não só para espairecer mas também pela oportunidade de apreciar as *guapas* a abanarem o rabo. Além do mais, as armas da cidade, exatamente iguais às da bandeira portuguesa, faziam-no sentir-se em casa. A primeira vez que entrara em Ceuta, anos antes, fora-lhe explicado que aquela praça-forte tinha sido durante séculos do império português e que as quinas eram um legado desse tempo. Nessa tarde, contudo, quando ali foi na companhia do seu inseparável Juanito para gozar uma folga, o que lhe chamou a atenção foi o ajuntamento de mancebos.

"*Chaval, qué pasa?*", perguntou Juanito a um deles. "É El Gordo?"

O mancebo pareceu intimidado com a farda de legionário do homem que o interpelava; ninguém em Espanha ignorava a ferocidade daqueles homens nem o seu papel na recente guerra civil.

"*Que nada, señor*", devolveu em tom respeitoso. "É o recrutamento para a *división española de voluntarios*. Estamos aqui para nos alistar, *señor*."

"Alistar para quê?", quis saber. "Para ir às meninas?"

"Para a Rússia, *señor*."

Juanito contemplou de novo a fila, e em especial a sua extensão, e fez um gesto apreciativo.

"*Coño!*", praguejou, fingindo-se chocado. "Preferem as russas às nossas?"

Os mancebos forçaram um sorriso, pouco à vontade com aquele humor agreste. Muitos tinham a farda azul da Falange e o rosto banhado por uma expressão sonhadora, como se a Divina Providência os tivesse escolhido, e não compreendiam como uma missão tão sagrada podia suscitar o escárnio de combatentes como os legionários.

"Temos de salvar a civilização, *señor*", disse o voluntário com a intensidade dos idealistas. "É preciso enfrentar a barbárie. Se não formos nós a ajudar os alemães, quem o fará? Há que pagar a *deuda de sangre*."

"Salvar a civilização? *Hombre*, não fazes a coisa por menos?!"

"Venha connosco, *señor*. Seria uma honra combater ao lado dos homens da Legião. Porque não se alista *usted* também?"

Abanando a cabeça, Juanito juntou-se a Francisco e retomaram ambos o caminho, subindo a Calle Real em ritmo de passeio em direção à Calle Peligros, onde se encontrava um dos prostíbulos de Ceuta, o verdadeiro destino da passeata pela cidade.

"Porque não sou tonto."

V

As lâmpadas apagaram-se sem aviso e a sala mergulhou na escuridão completa. O burburinho distraído da multidão emudeceu. Ainda na treva, uma música oriental, melodiosa e com um ritmo indolente e repetitivo, quase hipnótica, rompeu maciamente o silêncio. Um poderoso foco de luz acendeu-se sobre o palco e desvendou uma figura envolta numa capa; dir-se-ia um fantasma. O Grande Nivelli.

Palmas calorosas. Quando a ovação se desvaneceu e o silêncio regressou, o mágico libertou-se da capa e ficou de *smoking* negro, luvas brancas nas mãos e uma cartola preta sobre a cabeça.

"No sétimo dia de cada sétimo mês em Alahabad, em Agra e em Deli, o alto sacerdote dos templos do amor eleva uma jovem no ar", disse numa voz cavernosa com a autoridade de um guardião dos grandes segredos do misterioso Oriente. "É então que os amantes, dilacerados pelo amor não correspondido pelas suas amadas e em busca dos segredos místicos que as enfeiticem e as contaminem com o seu amor por elas, se juntam nesses templos cuja memória se perde no tempo e procuram a bênção dos altos sacerdotes. Entre as enfeitiçadas estão mulheres do povo mas também mulheres da nobreza, mulheres de todas as estirpes, pois o amor não escolhe classes, mulheres anónimas e mulheres famosas, mulheres como... sua alteza, a princesa Karnac."

Uma harpa tocou nesse momento, como se a sua melodia fosse ela própria um feitiço, e o foco de luz alargou-se, desvendando no palco uma mulher com um vestido dourado e um lenço escarlate de seda a envolver-lhe o cabelo negro. O público recebeu-a com novos aplausos.

"Sua alteza, princesa Karnac, senhora de Alahabad, está preparada para o feitiço do amor?"

"Estou."

A voz da mulher era suave, quase um sopro, como convinha a uma princesa oriunda do exótico Oriente. O Grande Nivelli fez um gesto majestoso a indicar uma esteira no chão, mesmo em frente dele, e a princesa Karnac, com movimentos lânguidos e pausados, estendeu-se nela. A música tornou-se mais lenta, mais profunda, mais hipnótica, anunciando o início do feitiço.

"Descanse, princesa", murmurou ele devagar, a voz sedativa. "Durma, princesa." Deixou a música envolvê-la como um narcótico. "Sonhe, princesa..."

A multidão estava mergulhada num silêncio absoluto, as respirações quase suspensas, os corações a baterem ao ritmo lento da harpa. Com a princesa Karnac adormecida e hipnotizada sobre a esteira, o mágico ajoelhou-se diante dela e passou-lhe as mãos enluvadas por cima do corpo.

"Surakabaia, surakabaia", entoou, enunciando a fórmula do velho feitiço. "Que Kamadeva, o deus do amor, ou a sua reencarnação em Pradyumna, filho de Krishna, te eleve aos céus e faça crescer em ti a paixão por aquele que te ama." As mãos voltaram a ondular sobre ela. "Surakabaia, surakabaia..."

De repente o corpo estendido da princesa Karnac ergueu-se da esteira e devagar, mas sem hesitações, começou a ascender no ar, as pontas a ondularem, os cabelos a pairarem.

Um burburinho de desassossego percorreu a assistência.

"Silêncio, por favor", pediu o Grande Nivelli num tom muito tranquilo. "Este é o momento mais delicado do feitiço. Qualquer som pode quebrar o encantamento e derrubar sua alteza, a princesa Karnac."

Ouviram-se "chiu!" e os espectadores voltaram a fazer silêncio. O mágico não os via, uma vez que a única luz acesa era o foco intenso que incidia sobre ele, mas era impossível não sentir a vibração que percorria a sala. O Grande Nivelli pôs-se lentamente em pé, acompanhando a ascensão, e passou mais uma vez as mãos sobre o corpo da princesa Karnac, como se o puxasse.

"Surakabaia, surakabaia", voltou a entoar. "Eleve-se, alteza. Ascenda ao reino dos céus. Abra-se ao amor e deixe que ele a envolva. Surakabaia, surakabaia."

A princesa Karnac, sempre adormecida, deteve-se e ficou a flutuar. O mágico extraiu da sombra um grande arco e passou-o devagar por ela, demonstrando assim que nada havia por cima nem por baixo do corpo suspenso nas alturas. Fez uma segunda passagem, confirmando aos espectadores a primeira demonstração. Cumprida a sua função, o arco desapareceu. O corpo mantinha-se alongado no ar.

"Escutem-me, escutem-me", disse o Grande Nivelli, dirigindo-se para a mancha de escuridão onde se encontravam os espectadores, como se lhes quisesse estender a magia. "Cada um de vós que me escute. Trago-vos o feitiço do amor que os altos sacerdotes desvendaram na distante Índia. Que o amor também vos toque como esta tarde diante dos vossos olhos tocou sua alteza, a princesa Karnac. Surakabaia, surakabaia."

O corpo começou então a descer, ainda devagar, as pontas do vestido dourado sempre a flutuarem, tal como o cabelo, até por fim a princesa tocar no chão e regressar à esteira de onde se erguera. O mágico voltou a ajoelhar-se. Pousou a mão sobre o rosto da princesa Karnac e produziu um estalido com os dedos.

"Desperte do sono hipnótico."

Com um estremeção suave, a princesa abriu os olhos e fitou-o, surpreendida. Apoiando-se nos cotovelos, soergueu-se e, estendendo a cabeça, beijou-o nos lábios, como se o feitiço a tivesse feito apaixonar-se pelo feiticeiro. O Grande Nivelli deu-lhe a mão e ajudou-a a levantar-se. A seguir voltou-se de novo para o público.

"Senhoras e cavalheiros, foi a levitação da princesa Karnac."

As luzes acenderam-se na sala e, num salto, os espectadores levantaram-se e ovacionaram o mágico e a princesa, ambos curvados numa vénia. Ao fim de um longo instante sob a vaga de aplausos entusiásticos os dois endireitaram-se e encararam enfim a multidão. Foi então, e só então, que viram as pessoas que enchiam a plateia e as fardas cinzentas que entre elas se multiplicavam, fardas sinistras com caveiras nos colarinhos.

Quando chegou aos camarins, a primeira coisa que Levin fez foi atirar a cartola para o chão e deixar-se cair sobre a cadeira, ainda a tremer de nervosismo. Fechou os olhos e começou a massajar as têmporas com a ponta dos dedos. Ouviu um ruído atrás dele e virou a cabeça; fora a mulher, ainda com o vestido dourado da princesa Karnac, que se estendera no sofá, evidentemente também a recuperar das emoções do espetáculo.

"Isto hoje foi de mais, Bertie", gemeu Gerda. "Não sei se amanhã serei capaz de voltar a subir ao palco."

"Não temos outro remédio", devolveu o marido num tom resignado. "Isto é a nossa vida."

"Mas tu viste a plateia? Estava cheia de alemães!"

"Nós próprios somos alemães..."

"Militares alemães", corrigiu ela. "De farda com caveiras. Sabes quem são, não sabes?"

Levin sabia, claro.

"Temos de nos habituar", disse ele. "O país é um protetorado alemão e os ocupantes estão em toda a parte. É natural que frequentem as casas de espetáculos. Não há volta a dar. Até é positivo. Compram bilhetes, enchem a casa, ajudam a tornar o nosso espetáculo um êxito."

A mulher, contudo, não desarmou.

"Tínhamos a plateia cheia de fardas com caveiras, Bertie! Fardas com caveiras!"

Era verdade e não havia maneira de contornar o assunto.

"Quanto mais tempo passar, mais e mais dessas fardas haverá", lembrou Levin. "Não te esqueças de que a substituição do *Reichsprotektor* pelo número dois das SS na prática transformou o protetorado num estado SS."

Levin referia-se ao recente afastamento de Von Neurath do cargo de *Reichsprotektor* e à sua substituição pelo *Obergruppenführer* Reinhard Heydrich, o braço-direito do *Reichsführer-SS*, Heinrich Himmler. A mudança significava que quem então mandava no Protetorado da Boémia e da Morávia eram as SS. Não que isso de certo modo não se passasse já anteriormente, mas, ao que se dizia por Praga, Von Neurath, a Wehrmacht e a Abwehr ainda conseguiam travar alguns dos excessos dos homens das SS. A troca de Von Neurath por Heydrich significava que esse travão desaparecera.

"Mas o homem é... é um carniceiro!"

Quem em Praga não o sabia? No próprio dia em que chegara à cidade e iniciara funções, o novo *Reichsprotektor* proclamara a lei marcial e criara tribunais especiais para aplicar uma justiça sumária a todos os que fossem acusados de pôr em causa a segurança política e económica do protetorado. O primeiro-ministro checo, Alois Eliáš, fora detido nesse mesmo dia e condenado à morte, pena entretanto suspensa na condição de o governo checo se portar bem. Muitos dos opositores já detidos haviam sido imediatamente executados, a maior parte oficiais do exército e intelectuais. Outras quatro mil pessoas tinham acabado também nas masmorras da Gestapo e das SS. Parecia claro que o plano de Heydrich passava por privar os checos dos seus líderes, de modo a desorganizar a população e reduzi-la a um rebanho obediente.

Cobrindo a cara com as mãos, Gerda começou a chorar baixinho; estava à beira de um ataque de nervos. Tornou-se evidente para o marido que de futuro dificilmente poderia contar com ela para fazer o papel de princesa Karnac. O melhor seria talvez falar com o dono do Bio Konvikt e desencantar uma rapariga checa qualquer, de preferência uma beldade loira de traços arianos que agradasse à clientela alemã. Perder-se-ia o requintado toque oriental, é certo, mas talvez pudesse reescrever o texto de maneira a descrevê-la como uma ariana do Tibete ou qualquer outra balela que os nazis comprassem.

"Nunca imaginei vir a dizer isto, mas com o anterior *Reichsprotektor* estávamos melhor", murmurou Gerda. "Ao pé deste novo tipo, o anormal do Von Neurath até parecia um *mensch*." No jargão do ídiche judaico, *mensch* era um homem decente. "Achas que isto vai acalmar?"

"As pessoas em posição de poder estão dispostas a fazer o que for preciso para satisfazer as suas ambições pessoais",

retorquiu Levin. "A invasão da Rússia criou novas oportunidades de carreira."

"O que tem a Rússia a ver com isto?"

"Na vida tudo está ligado, querida. Os alemães invadiram
a Rússia para terem terras para onde possam enviar as suas
populações. Para quem está no topo isto abre horizontes.
Para que há de este Heydrich ser eternamente o número dois
das SS se pode vir a ser o número um da Ucrânia, por exemplo? Quer subir na vida e para isso tem de mostrar serviço no
protetorado. Se conseguir..."

Calou-se ao ouvir a porta do camarim abrir-se. Ondrej
espreitou da entrada com cara de caso; dir-se-ia assustado.

"Sabem quem estava na assistência?"

"Os SS", respondeu Levin, levantando-se para enfim tirar
o *smoking* de ilusionista. "Impossível não reparar."

"Viu-o no camarote central?"

"Se o vi? Vi quem?"

"O *Reichsprotektor*, mestre."

Ao ouvir a notícia, Levin pareceu encolher-se.

"Von Neurath veio cá?"

"O novo *Reichsprotektor*. O novo."

O ilusionista ficou paralisado.

"Heydrich?!"

"Sim. Não o viu?"

"Aqui?!"

"Sim, mestre. Assistiu ao espetáculo no camarote central.
Não viu?"

Gerda arregalou os olhos, horrorizada.

"Meu Deus!"

"Não, não vi", disse Levin. Tinha uma expressão incrédula, ainda a digerir a novidade. "Tens a certeza de que era
mesmo ele?"

Ondrej assentiu com um movimento da cabeça.

"O *Reichsprotektor* quer vê-lo, mestre. Pediu para ir ter com ele ao camarote."

"Como?"

"Heydrich quer falar consigo."

À beira do pânico, o mágico trocou com a mulher um olhar estarrecido. Não era só o problema de saber o que lhe quereria o *Carniceiro de Praga*, coisa que em si já seria assustadora. O maior problema era serem judeus. Se havia algo de que Heydrich se orgulhava era de ter olho para topar judeus. É certo que Levin tinha uma tez clara e olhos azuis que o tornavam indistinguível dos restantes europeus e que Gerda, embora morena, facilmente podia ser confundida com uma indiana, sobretudo no contexto da levitação da princesa Karnac. O problema é que ele tinha lido anos antes textos dos acólitos do ocultista protonazi Lanz von Liebenfels a sustentar que as várias raças exalavam diferentes cheiros, o que levara alguns nazis, como Julius Strecher, a argumentar que "um bom olfato pode sempre cheirar um judeu". Um disparate, claro, mas havia tanta gente na Alemanha que acreditava nisso que ele próprio se perguntava se não seria verdade. Considerou por isso a possibilidade de inventar uma desculpa; alegaria que adoecera ou qualquer coisa do género, mas acabou por perceber que poderia ser pior. Os SS eram homens suscetíveis e desconfiados. Uma desculpa, qualquer que ela fosse, estava destinada a levantar suspeitas.

Respirando fundo, Levin rendeu-se ao inevitável. Teria mesmo de ir ter com o *Carniceiro*.

VI

Depois de dar ordem aos homens para suspenderem o tiro, Francisco encaminhou-se para o alvo e apreciou os efeitos do fogo nutrido. O boneco fora cortado ao meio pelas rajadas, o tronco e a cabeça deitados no chão. Voltou-se para trás e fez um sinal de aprovação.

"Boa pontaria!"

Regressou ao ponto de observação para dar continuidade ao exercício de tiro com as *Hotchkiss*. No momento em que se preparava para dar uma nova ordem de disparo, ouviu a voz de Juanito.

"Todos à parada!", ordenou o sargento, aproximando-se da carreira de tiro. "O comandante vai fazer uma comunicação."

O português franziu o sobrolho. Que raio de comunicação seria aquela que não podia esperar pelo fim da jornada?

"Secção!", gritou com voz de comando. "À parada!"

O grupo de oito homens arrumou as metralhadoras e, sem perda de tempo, caminhou para o quartel atrás do sargento e do sargento-adjunto. Ao chegarem ao destino, os legionários formaram e ficaram à espera do comandante. Corria o mês de maio de 1942 e uma brisa quente incendiava os rostos suados.

"Atenção!"

À ordem de Juanito, os legionários puseram-se em sentido. O comandante da IV Bandera passou diante da secção com olhos perscrutadores, como se inspecionasse o aprumo da unidade, e plantou-se diante dela.

"*Caballeros legionarios*", começou por dizer o coronel Vázquez. "*Hay gente que dice que antes de que vinierais erais... yo no sé qué, pero cualquier cosa menos caballeros. Unos erais asesinos, otros ladrones.*" Ergueu a voz, exaltado. "*Pero aquí, desde que estáis aquí, sois caballeros! Quiénes sois vosotros? Los novios de la muerte! Los caballeros de la Legión!*" Parou um instante, a face ruborizada, deixando os seus gritos ecoarem na parada. "Sois a elite das elites, os mais bravos entre os bravos, os homens que não conhecem o medo." Fez uma pausa dramática. "*Verdad?*"

A resposta veio em coro.

"*Sí, mi comandante!*"

"Chamei-vos aqui porque a Espanha precisa de vós. Estamos de novo numa cruzada contra o comunismo. Mas desta vez não combatemos os lacaios espanhóis dos *rojos*, esses *tontos* levados ao engano por outros, mais maliciosos, que vieram do estrangeiro. Não. Desta vez, *caballeros legionarios*, estamos a combater os *rojos* mais *rojos* que há, os animais que lançaram em Espanha a semente da mentira, os verdadeiros responsáveis pela guerra em que o nosso país mergulhou, os culpados do caos e da miséria em que a nação se encontra." Respirou fundo. "*Los rusos.*" Nova pausa. "*Verdad?*"

"*Sí, mi comandante!*"

"Chegou o momento de lhes pagarmos na mesma moeda. Os russos trouxeram a guerra para cá, nós levamos-lhes a guerra para lá. Olho por olho, dente por dente. Chegou a hora da vingança." Ergueu um braço e gritou: *"Rusia es culpable!"*

"Rusia es culpable!", devolveram os legionários em coro, entoando a palavra de ordem do momento. *"Rusia es culpable!"*

"Caballeros legionarios, a Espanha precisa de vós!" Passou os olhos pelos homens em sentido diante de si. "Há aqui porventura algum *maricón* que não tenha *cojones* para se voluntariar para combater os *rojos* pela Divisão Azul?"

O coronel Vázquez calou-se um longo momento, à espera da resposta. Ninguém falou. Plantado na parada, Francisco sentia-se confuso. Divisão Azul? Sabia que se tratava do novo nome da força de voluntários que combatia na Rússia ao lado dos alemães, mas o que pretendia o comandante exatamente? Que se alistassem na Divisão Azul? Mas o que tinha a Legião a ver com a Divisão Azul? Aquele assunto não era para a Falange?

"Não há *maricones?*", insistiu o oficial. "Sois todos *hombres muy hombres?* Sois todos voluntários para a Divisão Azul?"

Tudo dentro de Francisco lhe dizia que levantasse a voz e anunciasse que não era voluntário para coisa nenhuma. Havia feito a guerra civil espanhola e não tinha vontade de se meter noutra igual. A forma como o comandante pusera as coisas, no entanto, impedia-o de falar. Dele ninguém alguma vez diria que era um *maricón*, muito menos na Legião.

"Muy bien", exclamou o coronel Vázquez ao fim de um minuto, satisfeito com o silêncio. "Estão todos de parabéns." Voltou a erguer o braço. *"Arriba España!"*

"Arriba!"

"Arriba la Legión!"

"Arriba!"

"*Viva la muerteeee!*"

"*Vivaaaa!*"

O coronel apontou para o edifício ao lado e, baixando a voz, concluiu em jeito de aparte:

"Preencham na secretaria os formulários de voluntariado."

Agarrado ao *kif* de fumo aromático, que aspirava amiúde, Francisco contemplou a parada deserta e abanou a cabeça. Não queria acreditar que apenas dez minutos antes fizera o impensável e entregara na secretaria os papéis para se alistar na Divisão Azul.

"Cabrões", murmurou, agastado. "Apanharam-me."

"Apanharam-nos", corrigiu Juanito. "O coronel pôs as coisas de tal maneira que não podíamos fugir." Fez um trejeito de boca, a voz a imitar o coronel Vázquez. "*Verdad?*"

O português riu-se sem humor.

"Esse gajo é tramado. Chama-nos cavalheiros e depois manda-nos para a Rússia." Fungou e escarrou para o chão. "Mas para que nos querem eles lá? A Divisão Azul não é para falangistas?"

"Era", sublinhou o espanhol, palitando os dentes. "Os *tíos* da Falange já perderam a tusa."

"Mas não foram eles que acorreram aos milhares aos centros de recrutamento? Não os viste em fila ali em Ceuta, mortinhos por se alistarem para defender a civilização e coisa e tal? Quase se vinham nas cuecas, tal o entusiasmo..."

"Isso foi no ano passado, Paco. Na altura havia aquela gana toda e o pessoal quis ir lá dar uma mãozinha aos alemães e pagar a famosa *deuda de sangre*." Tirou o palito da boca e mirou-o, inspecionando os restos de comida na ponta. "Agora é diferente. A gana já se foi. Com os mutilados a chegarem da Rússia e a América a meter-se na guerra, a coisa pia mais fino. Isto de combater os *rojos* é muito bonito, mostra que são muito homens e mais não sei quê, mas agora..."

Francisco aspirou mais uma lufada de tabaco pelo *kif* e fitou a parada deserta; um remoinho de vento rodopiava no perímetro, como um pião, erguendo uma nuvenzinha seca de poeira.

"Afinal a Espanha entrou na guerra?"

"*Hombre*, claro que não."

"Então o que está a Divisão Azul a fazer na Rússia?"

"A Divisão Azul não é uma unidade das forças armadas espanholas, *hombre*. É uma força de voluntários falangistas."

"Mas eu não sou falangista..."

"*Bueno*, somos voluntários."

"Voluntários à força, queres tu dizer. Mas não respondeste à minha pergunta. Se a Divisão Azul é dos falangistas, por que razão temos de ir nós para a Rússia?"

"Porque os falangistas já não querem ir, *caray!*"

"Então é como eu digo, porra! Somos uma unidade do exército espanhol na guerra."

"Tecnicamente não."

"Tecnicamente? Estás a reinar comigo?"

"Na prática sim, tens razão. A Divisão Azul é como uma unidade do exército espanhol envolvida na guerra ao lado dos alemães. Mas em teoria continua a ser uma unidade de falangistas."

Francisco contraiu o rosto numa careta.

"Para quê essa conversa da treta? Decidam-se! Ou estamos na guerra ou não estamos."

"*Coño!* É por causa dos ingleses e dos americanos. Temos de manter as aparências, para esses *tíos* não se aborrecerem connosco. Não te esqueças que estão em guerra com os alemães."

O português riu-se.

"Mas que disparate vem a ser esse? Então a Espanha quer combater ao lado da Alemanha e anda com medo de ferir os sentimentos da Inglaterra e da América? Está tudo louco ou quê?"

O espanhol remexeu-se no banco, desconfortável.

"Pois, é um pouco estranho, lá isso..."

"Um pouco? É muito estranho!" Sublinhou o *muito*. "É como se quiséssemos lutar pelo general Franco na guerra civil e tivéssemos medo de ofender os comunistas! Se a Espanha pretende entrar na guerra, que entre e assuma as consequências. Assuma, porra!"

"Não estás a perceber, Paco. Se entrarmos na guerra, os ingleses e os americanos fazem-nos um bloqueio naval e cortam--nos o abastecimento de cereais e combustíveis. Sem isso, o país não sobrevive."

"Se é assim, a Espanha que não entre na guerra!"

"E não entrou."

"Então o que está a Divisão Azul a fazer na Rússia?"

"São voluntários, já te disse."

O sargento-adjunto revirou os olhos de enfado, como se tivesse desistido de compreender, ou talvez porque tivesse compreendido bem de mais.

"Quando chega a merda, quem se lixa é a Legião."

VII

Ao passar pelos homens fardados de cinzento com calças de cavaleiro, todos altos, com botas reluzentes de cano até aos joelhos e enormes caveiras a decorar os bonés, o mágico não pôde deixar de se sentir horrivelmente intimidado. Não podia permitir que o medo transparecesse. Não importava o ser, importava o parecer; era assim no ilusionismo e era também assim na vida. Daí que tivesse voltado a pôr a cartola na cabeça e se encaminhasse para o camarote central não como Levin, o judeu que trabalhara na Bolsa de Berlim e fazia ilusionismo, mas como o Grande Nivelli, o mágico, o guardião dos mais profundos segredos esotéricos do longínquo e místico Oriente que tanto fascinava os alemães.

Os oficiais das SS que enchiam o átrio do primeiro andar bebiam profusamente e soltavam grandes gargalhadas; via-se que a vida lhes corria bem. Alguns sorriram quando o mágico passou por eles, cumprimentando-o pelo espetáculo dessa noite sem que pelos vistos notassem pelo olfato o seu judaísmo, e a todos o Grande Nivelli devolveu um sorriso confiante e até enigmático. Os homens de Himmler queriam mistério e mistério teria de lhes dar.

"... so plano é germanizar metade da população checa", dizia em alemão uma voz aflautada proveniente do interior do camarote central. "A outra metade, a de sangue inferior, será enviada para leste. Quanto aos judeus, não há lugar para eles no protetorado. Vamos usar Theresienstadt para..."

Um oficial indicou-lhe a porta do camarote e o mágico, sem a menor hesitação, entrou como se fosse dono e senhor do mundo. Havia duas senhoras e três oficiais das SS à conversa; todos fumavam e bebiam. Quando o viram, as conversas suspenderam-se e um dos oficiais de costas, justamente o que falava, voltou-se e encarou-o com um olhar analítico.

Heydrich.

"*Ach*, o nosso mágico!"

O Grande Nivelli tirou a cartola e a luva e estendeu o braço direito, como se tornara obrigatório.

"*Heil Hitler!*"

O chefe nazi analisou-o da cabeça aos pés.

"Que categoria, sim senhor", disse na sua voz estranhamente aguda. "O seu espetáculo tem nível."

"Obrigado, *Herr Reichsprotektor*", disse o mágico com uma curta vénia, os pés sempre unidos como no palco. "Fico honrado por vossa excelência apreciar as minhas artes."

O *Obergruppenführer* era um homem anormalmente alto. Seco, muito louro, a testa elevada, olhos azuis pequenos e irrequietos, o nariz partido como o bico de um pássaro. Voltou-se para uma das mulheres no camarote.

"A minha mulher", apresentou. "Lina, tinhas uma pergunta a fazer ao nosso mágico, não é verdade?"

Com uma pose aristocrática, ou pelo menos com pretensões a tal, a alemã soltou uma baforada de fumo e estendeu a mão enluvada para o recém-chegado beijar, o que o Grande Nivelli fez sem hesitar.

"Muito prazer, *Herr* Nivelli", disse ela. "Pedi ao meu marido que o chamasse porque gostaria de saber se aquilo que disse logo no início, sobre os templos do amor da Índia, é mesmo verdadeiro. Esses encantamentos realmente existem?"

"*Madame*, a sua pergunta embaraça-me", respondeu com um floreado da mão. "Como mestre do esotérico e senhor das artes ocultas, sou detentor de muitos e profundos segredos e sobre todos estou obrigado à maior discrição. Certas coisas só são acessíveis aos iniciados e, por muito que me custe, sobre tais mistérios não estou pelos poderes superiores autorizado a falar, sob pena de atrair sobre mim, e sobre com quem tenha a infelicidade de partilhar esses enigmas, a mais terrível das maldições."

"Que galante!", riu-se Lina Heydrich. "Não me conta para me proteger?"

"Assim é, *madame*."

A mulher deu uma palmada no braço do *Reichsprotektor*.

"Não se preocupe comigo, senhor mágico. O meu marido é o homem mais poderoso da Boémia e da Morávia e em breve voará mais alto ainda. Ele proteger-me-á."

"O seu marido é sem dúvida tremendamente poderoso, *madame*, mas só nas coisas terrenas. Creia-me quando lhe digo que existem no cosmos, em esferas para lá do nosso entendimento, outros círculos, forças invisíveis que não podemos dar-nos ao luxo de provocar, poderes terríveis que agem nas sombras e nos manipulam como marionetas. Eles tudo ouvem e tudo sabem e qualquer passo em falso seria pago com a maldição eterna."

"Verdade, verdade", assentiu Heydrich com um sorriso condescendente. "Ouve o que o nosso mágico te diz, Lina. Ele sabe do que fala. Há segredos que não podem ser revelados."

"Mas eu não quero saber como hipnotizou a princesa indiana e a ergueu pelos ares", argumentou ela. "Isso são as artes ocultas que todos respeitamos e tememos, conhecimentos arianos do budismo e do hinduísmo que se materializam através dos poderes paranormais da suástica. O que quero saber, senhor mágico, é se os tais templos do amor existem mesmo e se o feitiço dos seus sacerdotes tem realmente o poder de fazer as pessoas apaixonarem-se. O que descobriu nas suas viagens pelos orientes?"

O Grande Nivelli sabia que não podia mentir, mas também não seria aconselhável quebrar a ilusão que criara no espetáculo; não era manifestamente isso o que aquela gente queria ouvir. O caminho era estreito e teria de responder sem nada responder, urdindo pela habilidade das palavras a magia das ilusões.

"A Índia esconde muitos segredos, *madame*", murmurou. "Compreendo a sua curiosidade, natural em seres delicados e tão sensíveis aos problemas do coração como o são as senhoras, mas devo preveni-la, *madame*, de que o conhecimento de certos mistérios pode despertar forças poderosas e incontroláveis, poderes que melhor nos serviriam se permanecessem adormecidos. Deixemos as coisas terrenas aos poderes terrenos e os mistérios do espírito nos círculos próprios."

Os ombros da mulher do *Reichsprotektor* descaíram um tudo-nada perante a evidência de que nunca viria a saber se os ditos templos do amor e o fascinante feitiço da paixão existiam mesmo, mas neste ponto foi o próprio Heydrich quem pareceu interessar-se.

"Ao escutá-lo não posso deixar de constatar que o senhor sabe mais do que parece", disse. "Estarei certo se o considerar um *magus* do oculto?"

Sempre com ar de mistério, como se a representação em palco não tivesse ainda terminado, o mágico fez uma vénia.

"Estou ao seu serviço, *Herr Reichsprotektor*."

Nada confirmou nem negou, deixando a dúvida pairar, mas para Heydrich a resposta foi pelos vistos considerada positiva.

"*Ach*, excelente! Sabe, essa área interessa muito ao nosso *Führer* e sobretudo ao *Reichsführer-SS*." Arqueou os olhos, assumindo uma expressão perturbadoramente ambígua. "Não sei se tem conhecimento disso, mas antes de vir para Praga, e por causa daquela fuga disparatada para Inglaterra do idiota do Rudolf Hess por acreditar em conselhos estúpidos de astrólogos charlatães, o *Führer* ficou muito desapontado com a astrologia e encarregou-me de uma ação contra as doutrinas e ciências ocultas. Através da chamada *Aktion Hess*, mandei deter centenas de ocultistas e apreendi milhares de publicações."

Sentindo de repente o calor invadi-lo, o Grande Nivelli engoliu em seco. Só nesse momento percebeu que a recente ofensiva do Reich contra o ocultismo não alinhado com o nazismo tinha sido entregue justamente a Reinhard Heydrich.

"Uh... espero que... que..."

Ao vê-lo gaguejar, o *Reichsprotektor* percebeu o receio do mágico.

"*Ach*, não se preocupe!", riu-se. "Não vou mandar prendê-lo. A campanha acabou e quase todos os ocultistas detidos já foram libertados. O *Reichsführer-SS* deu-me instruções claras para distinguir o charlatanismo do ocultismo científico e eu disse ao meu pessoal que não podemos interferir com os ocultistas que pesquisam as forças cósmicas com recurso a métodos científicos." Inclinou-se para o seu interlocutor. "É o seu caso, naturalmente."

A linha divisória entre ilusionismo e magia diluía-se ainda mais e o Grande Nivelli sentiu que pisava terrenos talvez demasiado pantanosos. Qualquer passo em falso poderia acabar mal, o que o deixava perante um dilema. Deveria assumir abertamente a natureza ilusionista do seu trabalho, como estava aliás implícito em todo o espetáculo, ou seria melhor manter a linha ambígua que o guiara até ali, por acreditar que seria aconselhável dizer aos SS o que eles queriam ouvir? Em bom rigor, o que queriam eles ouvir? Que o feiticeiro que conduzira a levitação da princesa Karnac era um *magus* que dominava os poderes sobrenaturais dos atlantes que chegaram ao Tibete depois do colapso das luas geladas, ou que não passava de um mero ilusionista que fazia truques para ganhar a vida?

"Posso assegurar-lhe, *Herr Reichsprotektor*, que não falei com *Herr* Hess antes do seu famigerado voo."

Heydrich soltou uma gargalhada.

"*Ach*, gosto do seu sentido de humor!", disse. "Devo reconhecer que a levitação da princesa indiana também me impressionou muito. Esse seu número é uma ilustração especialmente feliz da natureza divina dos arianos. Quem sabe se a levitação não foi um segredo atlante que sobreviveu entre os arianos da Índia?"

"A levitação é um segredo divino, *Herr Reichsprotektor*."

"Está decerto a par dos estudos científicos que provam a ligação ariana entre os alemães e esses povos da Ásia, presumo eu."

Tratava-se de um teste, percebeu o Grande Nivelli, o que o obrigou a concentrar-se nos textos que haviam inspirado o misticismo nazi. Além de ser espantosa a importância que os alemães davam a semelhante banha da cobra, era estranho ver aquela gente, tão ciosa da sua superioridade racial, insistir nos laços que a unia a povos como os tibetanos, os indianos, os japoneses, os persas e até os índios dos Andes.

O mágico sabia que existia na Alemanha uma tensão entre os *Germanentum*, os místicos que defendiam o caráter exclusivo da superioridade alemã, e os *Ariertum*, ocultistas que alargavam esse estatuto a outros povos considerados arianos. É certo que qualquer das correntes era apenas uma variação da mesma crença na raça superior ur-germânica, mas os *Ariertum* transcendiam a germanidade restrita e mostravam-se mais inclusivos. Coisa desconcertante, era nesta segunda linha que se enquadrava o pensamento esotérico e racial dominante dos nazis, incluindo de Hitler e Himmler.

"Com certeza, *Herr Reichsprotektor*", respondeu com a segurança de um sacerdote do oculto. "Basta comparar o *Mahabharata* hindu com o *Nibelungenlied* nórdico e a antiga civilização da Índia com a civilização germânica pré-cristã para perceber que o *Bhagavad Gita* reflete as ideias indo-germânicas do heroísmo."

Ao ouvir isto, Heydrich pôs as mãos nos seus invulgarmente largos quadris, que lhe conferiam um toque feminino sinistro, e pôs-se a recitar na sua estranha voz esganiçada.

> Sou o todo-poderoso Tempo,
> destruidor de todas as coisas,
> e vim aqui para matar estes homens.
> Mesmo que não lutes,
> todos os guerreiros diante de ti
> irão morrer.

Os presentes no camarote, incluindo o mágico, aplaudiram. "Bravo! Bravo!"

O *Reichsprotektor* fez uma vénia.

"Como veem, não é só o *Reichsführer-SS* que conhece o *Gita* de cor e salteado", riu-se. "Eu também sei umas coisinhas."

"*Ach*, a semelhança entre as visões hindu e germânica do papel purificador da violência é espantosa!", exclamou um dos oficiais SS que ali estavam. "Não pode ser coincidência! É outra prova de que os dois povos partilham a origem ariana!"

"Sem dúvida", concordou Heydrich. "Isso vê-se em toda a simbologia germânica, budista e hindu, não é verdade *magus?*"

O Grande Nivelli assentiu, sempre a recapitular mentalmente as suas leituras dos textos místicos tão caros aos nazis.

"A suástica, *Herr Reichsprotektor!*", lembrou, apontando para a cruz gamada cosida na farda do interlocutor. "Usam-na os arianos na Alemanha mas também os arianos no Tibete, na Índia e no Japão. Haverá melhor exemplo de um símbolo que una o arianismo germânico ao arianismo hindu-budista e prove que têm uma origem comum?"

"Tem razão, *magus*", assentiu o novo responsável máximo da Boémia e da Morávia. "Não é por acaso que o *Reichsführer-SS* tem sempre à mão exemplares dos *Vedas*, do *Bhagavad Gita* e dos discursos de Buda, juntamente com o *Edda* germânico. Quantas vezes não o vi já ler esses textos sagrados nos intervalos das reuniões e assinalar os estranhos pontos em comum entre o hinduísmo e o nazismo?"

"Será certamente por causa da conversa de Krishna com Arjuna em Kurukshetra", aventou o mágico, exibindo os seus conhecimentos da matéria que tanto apaixonava os nazis. "O relevante dessa conversa reproduzida no *Bhagavad Gita* é que Arjuna questionou o recurso à guerra e à violência e Krishna respondeu-lhe que na verdade seria um pecado não combater porque isso violaria os deveres do *dharma*. É possível que *Herr* Himmler tenha ficado impressionado com esse diálogo."

"As suas leituras são impecáveis, *magus*", exclamou Heydrich. "Mas o mais importante é a história comum dos arianos.

Noutro dia o *Reichsführer-SS* revelou-me que a raça nórdica não resultou de um processo de evolução, antes desceu diretamente dos céus para se instalar em Thule, a Atlântida. Parece que isso está cientificamente provado, o que mostra o caráter divino dos arianos. Só não vê quem não quer. Foi a catástrofe que destruiu a Atlântida que obrigou os arianos a espalharem--se pela Europa e pela Ásia, incluindo o Tibete, a Índia e a Pérsia, onde fundaram civilizações avançadas. Os ariano-atlantes que criaram o hinduísmo indiano, em particular os brâmanes de pele clara, defenderam a pureza da raça, instituindo as castas e proibindo misturas com as inferiores, como os intocáveis, enquanto os ariano-atlantes que ergueram o império persa de Zoroastro enalteceram a luta de Ormuzd contra Ahriman, a luz contra a treva, até à vitória final do Sol, cujo símbolo é..." Voltou-se para o mágico. "Qual é o símbolo do Sol, *magus?*"

"Uh... a suástica?"

"A suástica!", confirmou Heydrich em estado de exaltação, a voz incendiada. "A suástica é o símbolo ariano universal da vitória da luz sobre a treva, de Ormuzd sobre Ahriman, dos brâmanes sobre os intocáveis, dos arianos sobre os semitas, dos super-humanos que vieram do céu sobre os sub--humanos que na terra evoluíram dos macacos, dos claros sobre os escuros, da raça superior sobre as raças inferiores, da centelha divina sobre a treva demoníaca, da alma sobre as carnes, do espírito sobre a matéria, do bem sobre o mal." Calou-se por um momento e quando recomeçou a falar foi numa voz baixa, quase num sussurro. "Infelizmente os arianos cometeram o terrível erro de se misturarem com raças inferiores, devido à influência nociva das ideias judaico-cristãs. Claro, a centelha divina foi-se apagando a cada nova geração e essas civilizações entraram em declínio. Estavam à espera de quê?"

"*Ach!*", exclamou um dos oficiais das SS. "Não podemos permitir que uma tragédia dessas volte a acontecer, *Obergruppenführer!* Seria um desastre para a humanidade! Temos de defender a luz e combater a treva! A centelha divina dos arianos não pode ser extinta pelos monstros semitas! Há que salvar a humanidade!"

"Fique descansado, meu caro Karl", assegurou Heydrich. "O Reich estará à altura de tão nobre missão. É para isso que as SS existem, não é verdade? Estamos cá para defender a raça e com ela o futuro da humanidade. Não se esqueçam de que os arianos hindus tinham a casta guerreira dos Kshatriya, que obedeciam às tradições lendárias do *Bhagavad Gita* e do *Mahabharata* e matavam em nome de um bem superior. Tal como eles, nós também temos uma casta de guerreiros que obedece às tradições lendárias do *Edda* e do *Nibelungenlied* e mata em nome de um bem superior. As SS. Não deixaremos apagar a centelha divina dos seres humanos e saberemos resgatá-la da treva em que o mundo inteiro mergulharia se esta loucura da miscigenação com as raças inferiores prosseguisse. Faremos tudo, mas tudo, para o impedir. Faremos o mais terrível, o indizível até, o mal em nome de um bem superior, pois são esses os deveres do nosso *karma*. Quando esta guerra acabar, meus senhores, juro-vos solenemente que já não haverá raças sub-humanas demoníacas e a humanidade será salva. Salva! A treva será rasgada e a luz brilhará como nunca."

Imbuídos de fervor religioso, os alemães que enchiam o camarote responderam a este juramento estendendo os braços direitos, em saudação romana.

"*Heil Hitler!*"

Heydrich voltou a encarar o visitante.

"Precisamos de si, *magus*."

"Estou ao seu serviço, *Herr Reichsprotektor*."

"O *Reichsführer-SS* já deu ordens para que a fábrica da *Škoda* aqui no protetorado produza armas secretas mágicas, incluindo sistemas de antigravidade, armas guiadas e raios de morte que aniquilem a aviação inimiga como o machado de Thor. Mas quero que, sob a minha chefia, o protetorado contribua ainda mais para a vitória final. Ao ouvi-lo falar pus-me cá a pensar que os seus conhecimentos sobre as áreas místicas poderão ser muito úteis à humanidade. Não sei se sabe, nós nas SS também estamos a pesquisar as ciências de fronteira."

Ciências de fronteira, o sinónimo de ocultismo.

"Já ouvi falar nisso, *Herr Reichsprotektor*. A missão está a cargo da Ahnenerbe, não é?"

O *Obergruppenführer* pegou no seu boné de SS, pousado na cadeira, e mostrou-lhe um dos dois símbolos pregados na parte frontal. Entre a pala e a águia imperial com a suástica estava a grande caveira com três ossos cruzados, um pouco como nas bandeiras dos piratas.

"Sabe o que isto é?"

O olhar assustado do mágico fixou-se na figura sinistra; para ele aquele símbolo das SS sempre representara a violência.

"Uma... uma caveira."

Heydrich pareceu ficar algo dececionado com a resposta.

"Claro que o *Totenkopfring* é uma caveira", disse. "Isso até uma criança sabe. Mas o que significa?"

A resposta veio num fio intimidado de voz, como se o mágico temesse estar perante uma ameaça velada.

"A morte?"

"O *Führer* gosta muito de citar as palavras de Ernst Schertel no seu livro *Magie*", respondeu o *Reichsprotektor*, concentrando-se para recitar as palavras em questão. "'Aquele que não transporta em si as sementes demoníacas nunca fará nascer um novo mundo.'" Voltou a indicar o *Totenkopfring* no boné. "Nesse sentido, claro que esta caveira é um símbolo da morte. As SS têm de matar o velho para fazer nascer o novo. Todos sabemos isso. Além do mais, a caveira serve para nos lembrar que temos de estar sempre preparados para o momento em que a nossa hora soar. Mas quando pergunto pelo significado do *Totenkopfring* estou a querer chegar a algo mais transcendente." Voltou a pousar o boné na cadeira. "Sabia que foi um *magus* que desenhou a caveira SS?"

O olhar do mágico regressou ao *Totenkopfring*, mas agora com curiosidade.

"A sério?"

"Já ouviu com certeza falar no vidente Wiligut."

Claro que já ouvira falar em Karl Maria Wiligut. Tratava-se de um dos ocultistas que mais haviam influenciado a ideologia nazi. Era admirado sobretudo por Himmler por causa das suas teorias ariosóficas e dos seus livros sobre os Armanen. O Grande Nivelli lera Wiligut depois de Crowley o alertar para Hitler em Berlim. Sabia que Wiligut alegava ser o último de uma longa linha de *magus* germânicos, os Uiligotis de Asa-Uana-Sippe, fosse essa lengalenga o que fosse, cuja ancestralidade poderia ser identificada até aos tempos pré-históricos. Wiligut dizia que entre os seus antepassados estava Arminius, o chefe tribal germânico que vencera três legiões romanas, e o próprio deus nórdico Thor. O ocultista alemão afirmara ter poderes psíquicos que lhe permitiam recordar as experiências da sua tribo ao longo de trezentos mil anos, recuando até à época em que, segundo ele, no céu brilhavam três sóis e a Terra era povoada por gigantes, anões e outros seres míticos. Defendia também que o ioga libertava energias cósmicas ligadas a corpos astrais como o "sol negro", uma outra bizarria, e era dele a teoria de que a Igreja Católica distorcera a verdadeira missão racial do Jesus ariano. Em suma, um alucinado. O *Reichsführer-SS* pelos vistos engolira aquelas patranhas.

"Foi o *magus* Wiligut que desenhou a caveira das SS?"

Heydrich derramou um olhar enternecido sobre o *Totenkopfring* pregado ao seu boné.

"Desenhou a caveira e concebeu as insígnias e até alguns rituais da nossa gloriosa força", confirmou. "O *Reichsführer-SS* tinha-o em tão elevada estima que o tornou responsável pelo Departamento de História Antiga do Gabinete da Raça e Povoamento até... até... enfim, até deixar de o ser."

A hesitação do *Reichsprotektor* era compreensível. Wiligut tivera de ser afastado de funções nas SS por ter dado entrada numa instituição para doentes mentais, coisa que o Grande Nivelli sabia mas que, para não embaraçar o seu poderoso interlocutor, fingiu desconhecer.

"Pois, há muito que não ouvia falar no grande *magus*."

"O importante não é Wiligut", disse o *Obergruppenführer*, passando adiante. "O que realmente importa é perceber por que razão ele escolheu o *Totenkopfring* para símbolo das SS. Sabe qual foi, *magus?*"

O Grande Nivelli considerou a questão. Tendo lido Wiligut oito anos antes, o que recordava dos seus textos que envolvesse caveiras?

"Certas caveiras eram produzidas pelos artesãos da Atlântida", disse, repetindo o relambório esotérico que estudara em 1933. "Se bem me lembro, Wiligut descobriu que elas tinham propriedades mágicas que poderiam tornar imensamente poderoso quem as dominasse."

Um brilho de satisfação faiscou no azul dos olhos de Heydrich; o *magus* diante dele tinha pelos vistos um conhecimento profundo da obra do grande místico que tanto influenciara o *Reichsführer-SS* e toda a mitologia que animava a organização de Himmler.

"*Ach*, não há dúvida!", exclamou. "Os seus conhecimentos gnósticos são notáveis. Era bem capaz de nos ser muito útil. Diga-me, *magus*, não gostaria de fazer parte da Ahnenerbe?"

A proposta foi tão inesperada que apanhou o mágico desprevenido.

"Eu? Da Ahnenerbe?"

"Sim, claro."

"Mas... nem sequer sou arqueólogo."

"Iria para a secção do oculto", foi a resposta pronta. "A Ahnenerbe tem uma série de projetos a andar, como o estudo dos círculos atlante-germânicos, dos triângulos do espírito e do pentagrama ariano. Estamos ainda a pesquisar os ritos mágicos arianos da Carélia e a capacidade do martelo de Thor de dominar os relâmpagos. Alguns destes estudos já produziram resultados palpáveis. Por exemplo, os nossos cientistas investigaram as energias geomânticas subterrâneas e descobriram que a Alemanha e a Áustria ocupam o centro de uma vasta rede geomântica de pontos de referência usada pelas antigas civilizações indo-arianas para o transporte subterrâneo de enormes quantidades de energia. Espantoso, não é?"

O Grande Nivelli abriu a boca, fascinado; não de encantamento, mas de pasmo com tanta palermice junta.

"É... é extraordinário."

"O problema é que a charlatanice abunda neste ramo da ciência. Daí que o *magus* talvez nos fosse útil. Claro que teria de se inscrever nas SS, mas isso..." Uma sombra de dúvida perpassou nesse momento pelo rosto do *Reichsprotektor*, como se algo de elementar tivesse acabado de lhe ocorrer. "Não tem antepassados judeus, pois não?"

"Uh... eu..."., gaguejou o Grande Nivelli, apanhado de surpresa antes de reagir e a sua voz readquirir firmeza. "Claro que... que..."

A dificuldade em responder à pergunta levou Heydrich a considerar de forma mais atenta as circunstâncias que envolviam a presença do mágico em Praga. Pelo sotaque percebia-se que o Grande Nivelli era de Berlim mas não se entendia por que motivo saíra da Alemanha, a não ser que tivesse razões fortes para o fazer. Tudo isto fez Heydrich compreender subitamente a verdade.

"*Ach so*", disse, fechando o rosto. "Estou a ver." Passou-lhe os olhos pelo *smoking*. "Onde está a estrela de seis pontas que desde o passado dia 1 de setembro os judeus são obrigados a usar?"

"Foi-me... foi-me concedida uma autorização especial para não a usar durante o espetáculo, *Herr Reichsprotektor*."

Quase a bufar de irritação, o novo homem-forte do protetorado voltou-se para a porta que ligava o camarote ao átrio.

"Klein?"

Um homem com as insígnias de *Oberscharführer* apareceu de imediato à entrada do camarote central.

"Ao seu serviço, *Obergruppenführer*."

"Leva-me isto daqui para fora."

O corte foi brusco. Sem se despedir, e com o ar vexado de quem se sentia ludibriado como um principiante, Heydrich voltou as costas e ignorou o interlocutor. Foi a tremer e de cabeça baixa, intimidado e assustado, que o convidado seguiu o *Oberscharführer* Klein e regressou aos camarins, já não como o Grande Nivelli, o mágico alemão que tinha Praga a seus pés, mas simplesmente como o ilusionista judeu Herbert Levin.

VIII

Partiram numa manhã fria de setembro, a gare de Logroño pejada de gente aos gritos de *"arriba España!"* e *"muera Rusia!"* apenas interrompidos para se cantar a *Cara al sol*, o hino da Falange, com as suas estrofes sobre *"la camisa nueva que tú bordaste en rojo ayer me hallará la muerte si me lleva y no te vuelvo a ver"*.

Na fronteira francesa de Hendaye encontraram os primeiros soldados alemães, homens com fardas cinzento-azuladas com grandes sobretudos, uns com espingardas, outros com pistolas-metralhadoras, todos de capacete, e atravessaram França num clima de tensão. Aqui e ali viram mirones a vociferar insultos e a fazer gestos obscenos, alguns apedrejaram mesmo as composições, e ao passar por Orleães deram de caras com um grande cartaz afixado no topo de um prédio a dizer *"tontos españoles, vais muchos y volvéis pocos"*, decerto obra de comunistas espanhóis que para ali haviam fugido depois da guerra civil.

O ambiente só descontraiu depois de entrarem na Alemanha. Os semblantes carregados deram lugar a rostos acolhedores. Muitos populares acenavam à passagem do comboio, as bandas tocavam nas estações e abriam-se sorrisos por toda a parte. Nalgumas gares apareceram alegres *Fräuleins* loiras que lhes vieram entregar flores e chocolates. O seu destino era Hof, uma zona de aquartelamentos de instrução a menos de cem quilómetros de Berlim, onde os espanhóis receberam fardas alemãs iguais às da Wehrmacht, com exceção de uma bandeirinha espanhola no capacete.

A instrução terminou no início de outubro, na parada do quartel. Impecavelmente fardados com equipamento da Wehrmacht, os homens formaram para a cerimónia de juramento. Dois oficiais desceram do palanque e plantaram-se diante de um microfone; o coronel Fajardo, que todos conheciam, e um alemão que nunca por ali fora visto. Fez-se silêncio absoluto na parada. O alemão abeirou-se do microfone e falou na sua língua. Quando terminou foi a vez do coronel Fajardo.

"Juráis ante Dios y por vuestro honor de españoles absoluta obediencia al jefe del Ejército alemán, Adolfo Hitler, en la lucha contra el comunismo?"

A resposta veio em mil vozes, o eco ressoando pela esplanada.

"Sí, juro!"

"Y juráis combatir como valientes soldados, dispuestos a dar vuestra vida en cada instante por cumplir este juramento?"

Juraram todos, exceto Francisco, que, como sempre nestas ocasiões, permaneceu calado na formação. Se não prometera obediência a Espanha durante o juramento de legionário, oito anos antes, não o faria em relação à Alemanha. Francisco era um nacionalista, não um nacionalista espanhol, mas um nacionalista português. Combatia pelas armas de Espanha, é certo, mas fazia-o porque as circunstâncias o haviam forçado a refugiar-se na Legião. Se servia armas espanholas, não era menos verdade que não jurava em voz alta fidelidade a estrangeiros.

Partiram para a frente na madrugada seguinte, num comboio de mercadorias adaptado para o transporte de tropas. A partir de Vilna começaram a viajar só de noite, enquanto de dia a composição estacionava por baixo de árvores numa linha abandonada. Uma madrugada, depois de horas e horas a viajar no meio da escuridão, o sol revelou um novo território. "*Rusia!*", anunciou alguém. "Estamos na *Rusia!*"

Fez-se um silêncio que se prolongou por essa primeira hora. Os soldados observavam a paisagem que corria diante dos seus olhos, procurando indícios da guerra que até ali seguiam pela rádio e pelos jornais. Viam-se vastos espaços ao abandono, as árvores nuas de folhas, algumas casas de agricultores, povoações com edifícios carbonizados, prisioneiros a trabalhar em estradas, carroças, crateras rasgadas no chão, aqui e acolá feridas abertas pela tempestade devastadora que um dia por ali passara.

A composição embrenhava-se no território e a paisagem repetia-se. As conversas foram sendo reatadas, ao princípio em surdina, comentando isto ou aquilo, mas pouco depois alguns falangistas mais entusiásticos puseram-se a gritar repetidos "*Rusia es culpable!*" e a cantar a *Cara al sol*. O ambiente transfigurara-se e cheirava a vitória dentro da composição. A Divisão Azul acabara de chegar à Rússia e a guerra já estava ganha.

Quando nessa noite os sons da guerra fizeram a sua aparição, o silêncio voltou. Primeiro foi o zumbido dos aviões que rondavam as linhas, provavelmente da Luftwaffe. Depois o ar trouxe-lhes o reverberar sinistro de uma trovoada cavada e longínqua que os veteranos reconheceram; era a artilharia em ação.

Ao alvorecer do quarto dia, já muito próximo daquele rugido contínuo, o comboio deteve-se num descampado. Um oficial saltou para a linha.

"*Salid todos! A formar por compañías!*"

Os homens abandonaram a composição e alinharam-se no descampado. O troar das explosões era intenso do lado direito e todos voltaram para aí os olhos ansiosos. Viam-se vespas a zunir no alto e a mergulhar com um zumbido aflitivo sobre um imenso casario; eram *Stukas* que bombardeavam uma cidade. Da vasta urbe erguiam-se múltiplos fios de fumo negro e a terra tremia sob o ribombar cavado das explosões em série.

"*Mira, mira*", disse Juanito, puxando Francisco pela manga do casaco. "Sabes o que é?"

Falara em voz baixa, quase respeitosamente, apontando para as casas que se estendiam ao longe e para o fumo que ascendia no céu como se uma miríade de vulcões preenchesse o horizonte; dir-se-iam chagas abertas na terra e eram na verdade as feridas rasgadas pelos homens na cidade sitiada.

"Leninegrado."

IX

Não havia dúvidas de que, apesar da reputação sinistra, o edifício era bonito. A fachada barroca denunciava obra antiga, coisa com séculos. Sempre que por ali passava, Levin sentia-se tentado a bater à porta e pedir para espreitar, tal a curiosidade de ver as pinturas nas paredes que, ao que se murmurava, tinham origem alquímica. Nunca tivera coragem, muito menos com a estrela amarela de David cosida ao peito com *Jude* escarrapachado a negro.

"É aqui a esco'ua?"

O filho também observava o edifício.

"Não, Peter. Durante algum tempo não vais à escola."

"Pu'quê?"

"Porque... porque as férias este ano vão ser muito longas." Fez um gesto a indicar a Praça Karlovo, onde se encontravam. "Deixa lá. Aproveitamos para fazer os nossos passeios."

Não tinha maneira de lhe explicar que o *Reichsprotektor* proibira as crianças judias de irem à escola.

"Eu que'o i' à esco'ua..."

Para distrair o filho, apontou para o edifício.

"Estás a ver esta casa?", perguntou. "É um refúgio de mágicos."

A informação interessou Peter, que conhecia bem o tema devido às artes do pai. O pequeno perscrutou as janelas, como se buscasse algum feiticeiro.

"Como o papá?"

"Estou a falar de mágicos de verdade", disse, alçando as sobrancelhas para salientar o mistério. "Daqueles que fazem mesmo magia, estás a perceber? Bruxas e feiticeiros e duendes e coisas assim." Fez um gesto com as mãos, como se lançasse raios para a rua. "Abracadabra! Hocus-pocus, surakabaia, surakabaia!"

O pequeno agarrou-se à perna dele.

"Ai ai."

Levin sorriu e apontou para as duas palavras esculpidas sobre a grande porta oval da casa.

"Consegues ler o que está ali escrito?"

Com a interdição de ir à escola, o filho frequentava num anexo da Velha-Nova Sinagoga, em pleno bairro judeu, as aulas organizadas por Alfred Hirsch, um dos responsáveis do Maccabi Hatzair, uma organização de juventude ligada à Federação Sionista; fora aí que Peter aprendera a ler. O problema é que Fredy, como Alfred era carinhosamente conhecido na comunidade, já saíra de Praga e o seu substituto, o rabino Landau, não tinha o mesmo talento para a pedagogia.

"Fa... Faustu Du."

"*Faustův Dům*", corrigiu o pai. "A Casa de Fausto. Sabes quem era o Doutor Fausto?"

"Um máx'ico?"

"Um grande mágico. Dizem que nesta casa se faziam há muitos anos experiências de alquimia. O mais importante desses alquimistas era um tal doutor Fausto, que se dedicou à magia negra e fez um pacto com um homem chamado Mefistófeles. O doutor Fausto aceitou vender a alma em troca dos prazeres materiais. O problema é que Mefistófeles era o Diabo."

Peter olhava horrorizado para a casa.

"O Diabo veio aqui?"

"É o que dizem." Apontou para o telhado. "Quando chegou a hora de cobrar pelos seus serviços malévolos, o Diabo levou o doutor Fausto por um buraco no teto da casa, um buraco que pelos vistos ainda lá está. Diz-se que esta história é verdadeira e que o doutor Fausto existiu mesmo. Seria um tal doutor Sabellicus Georgius, conhecido por Faustus Junior, um estudante de magia sobrenatural que, ao que consta, praticava magia negra. A história foi contada pela primeira vez há quatrocentos anos e Goethe transformou-a numa peça de teatro."

"O dos elfos?"

Era natural que o menino conhecesse o escritor alemão, pois o seu nome era por vezes mencionado em casa quando se falava em literatura e poesia. Em bom rigor, Levin alimentava sentimentos ambivalentes em relação a Goethe. Reconhecia-o como o gigante das letras que era, o maior escritor que a Alemanha jamais produzira, e fascinava-o o uso que o grande autor romântico fazia de personagens sobrenaturais extraídas do folclore germânico, como o vampiro de *A Noiva de Corinto* ou o soberano das fadas em *O Rei dos Elfos*. Mas não esquecia que Goethe era um nacionalista alemão e, juntamente com Friedrich Schelling, iniciara um movimento literário de glorificação dos heróis mitológicos germânicos, movimento que envolvera os irmãos Grimm e Richard Wagner e contribuíra para criar o caldeirão cultural que enchia a psique do país e dos nazis. Schelling sugerira que a espiritualidade distinguia as raças superiores, como a alemã, das inferiores, dicotomia muito visível nas obras dos Grimm e de Wagner, onde os super-heróis germânicos guerreavam mágicos perversos, seres deformados, judeus malignos e demónios manipuladores. Wagner colocara o herói Siegfried e os deuses Wotan e Loge a enfrentar a raça escura dos monstruosos Nibelungen, ideias que estavam na génese de toda a mitologia dos grupos esotéricos que influenciavam o nacional-socialismo. Se muitos alemães acreditavam que os arianos representavam o bem e os judeus o mal e que estes tinham de ser erradicados para o bem da humanidade, a estes famosos escritores isso também se devia. Não era por acaso que Hitler elogiava tais histórias. Mesmo que inadvertidamente em alguns casos, as narrativas de Goethe, Schelling, Grimm e Wagner haviam estabelecido os fundamentos do pensamento *völkish* alemão.

"Papá..."

"Hmm?"

"Oi'ós soudados."

Despertando dos seus pensamentos, Levin voltou-se e viu dois camiões da Wehrmacht estacionados na Praça Karlovo a despejar soldados. Os homens corriam de espingardas nas mãos e tomavam posição em vários pontos da praça, como se se preparassem para entrar em combate. Assustado, o ilusionista pegou no filho e abalou dali.

Havia soldados por toda a parte e a prioridade de Levin era evitá-los, porque sabia que, devido às estrelas de seis pontas que ele e o filho traziam pregadas ao peito, havia uma alta probabilidade de serem intercetados, importunados e até detidos. Meteu por uma ruela estreita e discreta, mas deparou-se com dois homens da Wehrmacht, felizmente de costas para eles.

"Deixa que avancem e depois continuamos, está bem?"

Peter sentia-se assustado e, embora não percebesse os detalhes, sabia que os soldados eram uma ameaça.

"Que'o i' p'a casa..."

"Já vamos, tem calma."

Na verdade o caminho para casa não seria simples, embora não vivessem muito longe dali. Haviam abandonado no ano anterior o espaçoso apartamento em Holešovice e ocupado um quarto no sótão de um edifício perto da Praça Kozi, em pleno *ghetto*. Tudo por causa de uma nova lei que impedia os proprietários dos edifícios de renovarem os contratos com inquilinos judeus. Uma vez despejados, os judeus apenas podiam alugar alojamentos em zonas consignadas à comunidade hebraica, como o *ghetto*, na zona velha de Praga. A família Levin lograra encontrar o sótão e podia dar-se por satisfeita, uma vez que muitas outras pessoas não tinham onde ficar.

"Já se foram embora", constatou Levin. "Depressa."

De mão dada com o filho, internou-se pela ruela e contornou assim as vias principais, já congestionadas de soldados. O que quer que se passasse devia ser grave. Conseguiram progredir à custa do atalho, mas já perto do *ghetto* viram um destacamento das Waffen-SS aproximar-se, vindo de uma perpendicular, e, sem opções, enfiaram pela primeira porta. Várias pessoas estavam ao balcão e outras sentadas nas mesas, todas com cara de caso a falar baixo.

"Ei, os judeus não são permitidos!"

O homem que falara encontrava-se por detrás do balcão e apontava para a inevitável tabuleta *Für Juden verboten* pregada à porta.

"É... é só um minutinho."

"Não ouviu?", insistiu o checo, indicando repetidamente a saída. "Não podem ficar aqui! Rua!"

"Deixa-os, Damek", disse uma mulher ao lado dele. "Não vês o que se passa lá fora? Há soldados por toda a parte."

"Precisamente por isso. Se entrarem aqui e virem judeus, estamos tramados."

A mulher abandonou o balcão e, secando as mãos ao grande avental amarelo que trazia vestido, veio à porta. Espreitou a rua e fez aos recém-chegados sinal de que aguardassem.

"Aguentem só mais um minutinho", disse. "Quando eles passarem, digo-vos."

"Obrigado."

"Eles que se despachem", atirou o homem do balcão, nervoso e impaciente. "Não quero problemas com os alemães, ouviste? Não tenho nada contra os judeus, mas têm de se ir embora."

Todos os clientes os olhavam, mas só por alguns momentos. Depois retomaram as conversas, sempre em sussurros e em tom conspirativo, e o judeu e o filho acabaram por ser ignorados. Algo anormal estava a acontecer. A mulher mantinha-se atenta aos SS que circulavam na rua. Preocupado, Levin abeirou--se dela.

"O que se passa?"

A checa encarou-o com uma expressão de surpresa.

"Não sabe?"

"Só vi soldados a aparecerem por toda a parte e..."

"Foi o Heydrich. Tentaram matá-lo."

O ilusionista pensou ter ouvido mal.

"Como?"

"É o que corre. Houve confusão em Holešovice e o *Reichsprotektor* foi atingido."

"Mas... quem é que... que... ?"

"A rádio só dá música", disse ela. "Mas dois clientes que vieram do Hospital Bulovka disseram-nos que, quando esperavam por uma consulta, o Heydrich deu entrada de urgência."

"Eles viram-no?"

"Não, mas pouco depois apareceram os SS e mandaram toda a gente sair do hospital. O edifício foi evacuado. Isso mostra que o rumor pode ser verdadeiro. Outro freguês contou que ouviu estampidos quando passava por Holešovice. A cidade ferve de boatos. Não há certeza de nada, claro, mas basta ver os alemães para perceber que alguma coisa aconteceu."

A informação deixou Levin chocado. As implicações de um atentado contra o representante do *Führer* no protetorado eram enormes. As represálias pareciam inevitáveis. As pessoas apanhadas na rua seriam provavelmente fuziladas e nem precisavam de ser suspeitas. A sua execução daria o exemplo à população em geral. Se no ano anterior a morte de dois simples guardas alfandegários alemães em Domažlice levara as SS a enviar cem pessoas para um campo de concentração na Alemanha, o que fariam com um atentado contra o representante pessoal do próprio *Führer?*

"Meu Deus!", murmurou Levin, pálido. "E agora?"

"Temos de nos preparar para o pior." A mulher apontou para a estrela de seis pontas que ele trazia ao peito. "Se fosse a si, ia depressa para casa. Nós mesmos vamos fechar o café daqui a pouco, não vá o Diabo tecê-las."

Em bom rigor, Levin deveria sentir-se contente. Não só Heydrich mandara prender ou executar milhares de checos desde que assumira funções em Praga, como interviera pessoalmente para dificultar a sua vida enquanto ilusionista depois de se conhecerem quando do número da levitação da princesa Karnac. Na sequência do desagradável encontro no Bio Konvikt, no ano anterior, o *Reichsprotektor* dera instruções à casa de espetáculos para não autorizar judeus a apresentarem "charlatanices" a arianos. Os responsáveis da sala haviam sido obrigados a dispensar os serviços do

Grande Nivelli. Levin vira-se assim privado da sua principal fonte de rendimento e fora ainda obrigado a colocar uma tabuleta no Hokus-Pokus a marcar a sua loja de magia como um estabelecimento judeu. Por causa disso perdera clientela e tivera de a encerrar.

Não podia sobretudo esquecer as medidas crescentemente gravosas de Heydrich contra a comunidade judaica dos Sudetas, da Boémia e da Morávia. Desde que o *Reichsprotektor* entrara em funções não paravam de surgir novas proibições e obrigações. Todas as semanas havia mais uma regra. Os judeus não podiam entrar na Praça Venceslas nem na área do castelo e só estavam autorizados a comprar comida nas lojas entre as três e as cinco da tarde, mas não podiam adquirir fruta, hortaliças, peixe, vinho, alhos e tabaco. Também não podiam entrar em museus e exposições, não estavam autorizados a usar os transportes públicos entre as três da tarde de sábado e segunda-feira, não podiam usar serviços de lavagem de roupa, não podiam comprar instrumentos musicais nem chapéus, não podiam usar os telefones públicos e a interdição de comprarem jornais alemães fora estendida aos jornais checos... enfim, a lista só conhecia a imaginação como limite de arbitrariedade.

Mais grave ainda, muito mais grave, pouco depois daquele encontro com Heydrich no Bio Konvikt os judeus começaram a ser deportados para Terezín, uma cidade a que os alemães chamavam Theresienstadt e que fora transformada num *ghetto*. Desde então que os judeus estavam a ser periodicamente enviados de toda a Boémia e da Morávia para esse novo destino. Os Levin não tinham dúvidas de que, mais cedo ou mais tarde, a sua vez também chegaria. Nessas condições, como poderia não se regozijar com o atentado?

No entanto, o ilusionista não se sentia satisfeito. É que em causa não estava apenas a sua própria segurança, mas a da mulher e a do filho. Não via modo de os proteger. Alguém atacara a mais alta individualidade das forças ocupantes e uma coisa daquelas não iria passar em claro. Acontecesse o que acontecesse, a vingança era inevitável. Em nenhum lugar estariam em segurança, e sabia que o pior sítio para se encontrar naquele momento era a rua. Os alemães ainda pareciam confusos, mas em breve viria a fúria destrutiva. Quando isso acontecesse, ninguém os travaria.

"Quem acha que o atacou?"

A checa encolheu os ombros.

"Sei lá, senhor. Podem ter sido os comunistas ou os estudantes ou os democratas de Beneš. Ou os judeus. Tudo é possível. O certo é que seremos nós, o povo, a pagar."

A hipótese de terem sido judeus a atacar Heydrich deixou Levin à beira do pânico. Não lhe tinha ainda ocorrido essa possibilidade, mas fazia todo o sentido. Se viesse a confirmar-se, a retribuição seria terrível para a comunidade. Terrível. Se os alemães já lhes faziam o que faziam sem a menor provocação, como seria se descobrissem que o atentado contra o *Reichsprotektor* havia sido levado a cabo por eles? Uma catástrofe.

"Já passaram", disse de repente a checa, abrindo a porta. "Podem ir. Que Deus vos proteja, a vocês e a todos nós."

Sem uma palavra, Levin pegou no filho ao colo e saiu para a ruela quase a correr.

Ao fim de meia hora a palmilhar o centro histórico de Praga aos ziguezagues para evitar as múltiplas patrulhas que circulavam pela cidade, entraram enfim no *ghetto*. Quando já estavam a um quarteirão do prédio onde viviam, uma voz em alemão travou-os.

"*Halt!*"

Sentindo-se tão perto de casa e com tanto medo, Levin ainda teve a tentação de desatar a correr e escapulir-se, mas conteve--se. Não só não iria longe, uma vez que levava Peter ao colo e o filho já não era tão leve como isso, como de certeza seria abatido pelas costas. Lívido e a tremer, o coração a ribombar como se lhe quisesse saltar do peito, encarou o homem que o mandara parar. Um soldado da Wehrmacht. Na verdade eram dois, um cabo e um soldado raso.

"*Papiere!*", ordenou o cabo. "Documentos!"

Preferia que tivessem sido polícias checos, ao menos com esses conseguia-se falar, mas os homens do exército alemão sempre eram menos maus do que os fanáticos das SS. Pousou o filho no chão e extraiu a *Kennkarte*, o documento passado pelas autoridades de ocupação ao chefe de cada família após o recente recenseamento de toda a população da Boémia e da Morávia. O alemão pegou na *Kennkarte* e inevitavelmente a primeira coisa em que reparou foi no *J* estampado na capa.

"*Ach! Jude!*"

Estariam aqueles alemães ali emboscados para apanhar os primeiros desgraçados que lhes aparecessem e fazer deles um exemplo? Os nervos tomaram conta de Levin, ciente da gravidade da situação. O seu treino de palco, todavia, permitiu-lhe dominar-se.

"Sepp, já viste quem é?"

O soldado que falara puxava o braço do cabo que inspecionava o documento.

"Hã?"

"Este tipo é o mágico", insistiu o soldado. "Aquele que pôs a indiana a flutuar, não te lembras? Fomos vê-lo no ano passado."

O homem com a *Kennkarte* nas mãos, o tal Sepp, que pelo diminutivo e pelo sotaque era certamente bávaro, fitou Levin com mais atenção.

"*Ach so!*"

"Ei, senhor mágico!", interpelou-o o soldado. "Faça-me voar."

Como se atendia um pedido destes lançado por um rapaz de vinte e poucos anos com uma espingarda na mão e o poder de vida e de morte sobre ele e o filho?

"Espero que tenha apreciado o espetáculo", disse Levin, forçando um sorriso a fingir confiança. "Se gostou da levitação da princesa Karnac, tenho a certeza de que ficaria impressionado com um outro número de grande sucesso nos meus espetáculos, o burro que desaparece. Já viu o que é meter um burro no palco e fazê-lo desaparecer diante dos espectadores?"

"Faça-me voar!", insistiu o soldado. "Vá lá, senhor mágico. Quero voar como a gaja."

"Tá calado, ó parolo!", repreendeu-o o cabo. "Não vês que aquilo é ilusionismo? Ele não põe ninguém a voar, isso não se faz assim. É tudo truque."

"Não é nada, pá. Os mágicos conseguem mesmo fazer coisas sobrenaturais. Noutro dia li no *Der Zenit* que no Tibete existem uns lamas arianos de origem atlante que conseguem fazer que uma pessoa se levante no ar e..."

"Cala-te!", cortou Sepp, que ainda analisava o documento. "Sobrenatural é a tua burrice!"

"*Ach!* Lá estás tu!"

Depois de se certificar de que a fotografia na página de rosto correspondia à do homem à frente dele, Sepp devolveu a *Kennkarte* a Levin e fez-lhe sinal de que se podia ir embora.

"Se aceita um bom conselho, faça como o seu burro e desapareça da rua o mais depressa possível."

Com o fantasma de um sorriso a esconder a ansiedade que o sufocava, o judeu guardou o documento, pegou no filho e correu em direção à Praça Kozi e ao sótão onde Gerda os esperava com o coração nas mãos.

O resto do dia não foi fácil. Deu com a mulher à beira de uma crise de nervos e o ambiente contagiou o filho. Levin percebeu que teria de os acalmar, e depressa. Depois de uma conversa com Gerda, abeirou-se de Peter; tinha passado com ele quase duas horas muito difíceis nas ruas de Praga e precisava de o distrair.

"E se cantássemos um bocadinho?", propôs. "O que queres ouvir?"

A ideia era de resultado certo; se havia coisa de que o pequeno gostava era de música. O olhar de Peter iluminou-se.

"Aque'ua que não pe'cebo."

Sabendo muito bem a que canção ele se referia, o pai afinou a voz.

> Era en un bodre de mar
> Ke yo empesi a amar
> Una ninya kon ojos pretos
> Sin puederme deklarar
>
> Eya m'izo muncho sufrir
> Noche 'ntera sin durmir
> I yo yorando en la kama
> Sin puederme deskuvrir.

Quando a canção acabou, Peter bateu palmas e Gerda também. Era espantoso como a música tinha a capacidade de animar as pessoas nos momentos difíceis.

"O que 'tava a dize', papá?"

Levin riu-se; o filho perguntava sempre o mesmo quando o ouvia a cantar *Amores en el mar*.

"Era o que a minha mãe me cantava quando era pequeno."

"A vó e'a máx'ica?"

"Não, a vovó não era mágica. Sabia era cantar em ladino. A mãe dela ensinou-lhe esta música quando viviam em Amesterdão e depois a vovó ensinou-ma a mim em Berlim quando eu era pequeno. Agora sou eu que vou ensinar-ta a ti aqui em Praga. Queres aprender?"

"Que'o."

"Muito bem. Ora presta atenção. Primeiro tens de dizer: *era en un bodre de mar.*"

"*E'a u bod'e de ma'.*"

Aquela maneira trapalhona de falar não ajudava. Mas não podia desistir. Mesmo ainda a falar à bebé, haveria de decorar toda a letra como ele fizera com a ajuda da mãe e ela da mãe dela. Aquela tradição da sinagoga portuguesa de Amesterdão, onde a mãe fora educada, era para continuar, custasse o que custasse. Quem esquecia as tradições esquecia a sua identidade e no fundo eram essas tradições que faziam deles judeus.

"Outra vez", disse. "*Era en un...*"

Um toque na porta calou-os. Trocou um olhar alarmado com Gerda antes de ganhar coragem e levantar-se para ir ver quem era. Destrancou o ferrolho e abriu. No último degrau das escadas estava o senhor Redlich, o encarregado do edifício.

"Desculpe incomodar, senhor Levin", disse o vizinho. "O rabino mandou informar que foi decretado o estado de emergência e o recolher obrigatório. Por ordem do *Gruppenführer* Frank, não se pode andar na rua."

"Mas há anos que não podemos andar na rua a partir das oito da noite, senhor Redlich."

"Hoje a proibição é válida para todo o dia."

"Agradeço-lhe, senhor Redlich. Há mais notícias?"

"Infelizmente pouco se sabe", foi a resposta. "Os alemães bloquearam as entradas e saídas da cidade. Estradas, caminhos de ferro... está tudo parado. Foram oferecidos dez milhões de coroas a quem fornecer pistas que conduzam à detenção dos autores do atentado. Quem os tiver ajudado ou... ou os esteja a esconder será executado. Essa pessoa e toda a família."

O ilusionista destrancou o ferrolho e escancarou a porta, exibindo todo o interior do sótão onde viviam, com Gerda e Peter sentados na cama.

"Como vê, só aqui está a minha família, senhor Redlich. Mais ninguém."

O vizinho corou.

"Só estou a passar a informação."

"Com certeza", devolveu. "E Heydrich, senhor Redlich?"

"Está internado no Bulovka, mas é tudo o que se pode dizer. As SS tomaram conta do hospital e não deixam ninguém aproximar-se dos aposentos do *Reichsprotektor*. Consta que mandaram vir médicos da Alemanha para o operar, mas pode ser apenas boato. O certo é que já foi nomeado um *Reichsprotektor* interino, um general qualquer, o que significa que os ferimentos de Heydrich são suficientemente graves para o manter afastado de funções durante algum tempo."

"Como foi ele ferido?"

"Parece que foi uma explosão. Ia a passar perto da ponte Troja e alguém atirou uma bomba contra o carro. É o que dizem. Se foram comunistas ou... ou mais alguém, não sei."

Para quem não tinha notícia nenhuma a dar além da declaração do estado de emergência e do recolher obrigatório, o vizinho estava a revelar-se uma verdadeira mina de informações.

"Não haverá aqui nenhuma telefonia no prédio?"

O senhor Redlich baixou os olhos; dir-se-ia comprometido. Era evidente que fazia escutas clandestinas. Mesmo com a proibição, muitas pessoas compravam no mercado negro aparelhos de ondas curtas por mil e seiscentas coroas e ouviam as notícias às escondidas, por vezes usando auscultadores para que o som não fosse escutado pelos vizinhos. O hábito estava espalhado por todo o país e as ruas esvaziavam-se perto das seis e meia da tarde, hora a que começava o boletim noticioso dos serviços checos da BBC.

"Ora, ora, senhor Levin. Sabe muito bem que é proibido os judeus terem telefonia. A única informação que existe é a que vai chegando ao prédio por pessoas com quem cada um dos moradores fala."

"Claro, claro", assentiu Levin, fingindo acreditar. "Então se houver mais novidades diga-me, está bem?"

"Com certeza. Esperemos que corra tudo pelo melhor e não haja problemas." Deu meia volta e começou a descer as escadas. "Passe bem, senhor Levin."

Quando o vizinho desapareceu, o ilusionista fechou a porta e encarou a mulher com cara de caso. Nenhum dos dois tinha a menor ilusão. Os dias seguintes iam ser muito difíceis.

X

Um guincho metálico, sinal de que o altifalante acabava de ser ligado, levou os soldados da Divisão Azul a erguerem as cabeças das trincheiras e dos *bunkers*. Não havia quem não reconhecesse o som, pois já se tornara uma rotina matinal na frente de Leninegrado.

"Olá!", soltou Francisco, parando de limpar a sua MP 40 para perscrutar o setor inimigo. "Vêm aí discos a pedido..."

Como em resposta, o ar encheu-se com uma voz familiar ao altifalante.

"*Buenos días, españoles*", cumprimentou a voz. "*En honor a la gloriosa batalla de Stalingrado, verdadero cementerio de alemanes, esta mañana vamos a escuchar la canción preferida de Stalin.*"

De imediato soaram os acordes e ouviu-se um coro a cantar *Kalinka*, evidentemente uma gravação.

Kalinka, kalinka, kalinka moya!
V sadu yagoda malinka, malinka moya!
Hej! Kalinka, kalinka, kalinka moya!
V sadu yagoda malinka, malinka mo...

Irritado, o soldado Morlán abriu fogo de metralhadora e varreu as linhas russas, abafando a canção com rajadas sucessivas.

"Cessar-fogo!", gritou o capitão Ulzurrum. "Cessar-fogo!" Morlán suspendeu o tiro.

"Foste tu outra vez, Morlán?"

"*Sí, mi capitán.*"

"*Coño!*, quantas vezes tenho de te dizer que não respondas a estas provocações?"

"*Sí, mi capitán.*"

Os homens nas trincheiras sorriram; já conheciam aquela conversa quase de cor; repetia-se sempre que o altifalante russo se punha a debitar.

"Se voltares a desobedecer dou cabo de ti, *cabrón!*"

"*Sí, mi capitán.*"

Nada daquilo, nem a música, nem a voz inimiga em espanhol, nem a altercação entre o capitão Ulzurrum e o soldado Morlán, constituía novidade para os soldados da Divisão Azul. Desde que a segunda companhia do batalhão 250 da Reserva Móvel se instalara na ala esquerda do setor de Krasny Bor, uma povoação diante de Leninegrado, que os russos não cessavam as provocações. Os espanhóis, em particular o soldado Morlán, respondiam a tiro, para desespero dos oficiais, sempre preocupados com poupar as preciosas balas e não denunciar posições. Mas as provocações eram mais fortes do que os nervos de Morlán, um falangista dos quatro costados que não suportava a propaganda comunista. O inimigo voltara altifalantes para os sitiantes e periodicamente apresentava um boletim informativo, umas vezes em alemão, outras em castelhano. Os russos iam dando notícias derrotistas sobre o que se passava na retaguarda alemã e noutros setores da frente, sobretudo em Estalinegrado, onde a Wehrmacht e o Exército Vermelho estavam nesse momento enlaçados num abraço de morte.

Em certas ocasiões, contudo, os russos preferiam passar música em altos berros. Punham canções mexicanas, como *Allá en el rancho grande* e *Vuela, vuela, palomita*, e também folclore russo. Não se podia negar que a ideia animava as linhas e conferia um ambiente surreal de *fiesta* à zona da frente. Nessa manhã, a escolha dos russos pelos vistos recaíra na *Kalinka*, ao som da qual, sentado na trincheira ao lado de Juanito, Francisco recomeçou a limpar a MP 40.

"O que achas?", quis saber o português. "Este tipo do altifalante é mesmo espanhol ou é um russo que fala bem espanhol?"

"É espanhol", foi a resposta pronta do amigo, entretido com um cigarro que enrolara minutos antes. "Não vês a maneira de falar?"

"De que região?"

O sargento exalou uma baforada.

"Andaluzia."

"Não noto sotaque nenhum."

"*Hombre*, os cês e os zês são diferentes. E engole os dês. Noutro dia, quando começou a gozar connosco por causa do rancho que nos dão, em vez de dizer *pescado* disse *pescao*."

"Os andaluzes falam assim?"

Juanito aspirou mais uma baforada.

"Até a falar são preguiçosos."

O português calou-se, voltando a concentrar-se na limpeza da sua MP 40, a Maschinenpistole 40 que a Wehrmacht distribuíra aos homens da Divisão Azul. Adoraria usá-la numa surtida, melhor ainda se fosse numa grande ofensiva que o tirasse daquele buraco, mas desde que ali chegara com os seus camaradas, em outubro de 1942, limitara-se a segurar terreno. A verdade é que as forças alemãs já tinham esgotado o avanço pela Rússia e passado para a defensiva. Não só Leninegrado não caíra como parte importante da Wehrmacht se envolvera mais a sul no pântano urbano de Estalinegrado, cidade do Volga com um nome simbólico que a tornara o epicentro inesperado de um braço-de-ferro entre as duas partes.

Poderia pensar-se que a situação de Estalinegrado nada tinha a ver com a de Leninegrado, mas o setor de Krasny Bor, onde Francisco e a Divisão Azul se encontravam, depressa sofreu as consequências deste brusco volte-face, com alemães e espanhóis a cavarem posições para resistir a qualquer tentativa soviética de romper o cerco. Para os soldados ibéricos a vida tornara-se uma agitada rotina defensiva. O batalhão 250 entrincheirara-se numa meseta coberta de neve, no cruzamento entre o rio Ishora e o subúrbio industrial de Kolpino, e aguardava novas ordens.

Da esquerda de Kolpino, quase paralela ao rio Neva, vinha uma estrada que fazia a ligação entre Leninegrado e Moscovo, e cabia à Divisão Azul assegurar que o inimigo não passaria por ali. Os dias eram vividos a trabalhar, cavando buracos, reforçando trincheiras, melhorando *bunkers*, estendendo lonas, sempre a preparar a batalha que não havia meio de ocorrer. A espera prolongava-se, acentuando um desconforto que foi tomando conta dos soldados. A solidão.

Do velho samovar jorrou um fio líquido negro e aromático que prontamente aqueceu a chávena de Francisco. Os alemães chamavam café à mistela que enchia a chávena, mas o português, que conhecia o café do Brasil, de Angola e de Timor, habituais na sua pátria, só tinha vontade de atirar aquela zurrapa à cara dos fornecedores da Wehrmacht.

"Que tristeza", resmungou, espreitando o líquido com uma expressão de desalento. "Como se atrevem os Fritz a chamar café a esta bosta?"

"*Hombre*, é café *Ersatz*. Uma imitação feita a partir de bolotas."

"Café merda, é o que é."

Ao seu lado, Juanito parecia tão desconsolado como ele. A diferença é que o espanhol, embora amante do café da Colômbia, era mais paciente. Resignando-se, o português sorveu um trago. Que remédio tinha ele. Por muito mau que fosse, e era, o café *Ersatz* alemão ao menos vinha quente, o que, considerando o clima da região de Leninegrado, o tornava precioso. Além do mais, os permanentes bombardeamentos noturnos dos russos impediam que nas linhas se dormisse mais de três horas seguidas, o que produzia o seu efeito na Divisão Azul. Se não fosse o café, mesmo *Ersatz* e intragável como aquele, não se manteriam acordados.

Depois de sub-repticiamente meter ao bolso um saquinho de café *Ersatz*, pois talvez precisasse de aquecer uma chaleira nas trincheiras, Francisco fez sinal ao amigo e deu meia volta. Ao saírem da tenda chocaram com um soldado que aparecera a correr, derrubando as chávenas e espalhando o líquido negro quente pelo chão.

"Cuidado!", protestou Francisco. "Deste-me cabo do café, grande camelo!"

Olharam para o soldado e perceberam que se tratava do sargento Gómez, outro legionário de Dar Riffien.

"*Hombres*, andava à vossa procura!", disse o recém-chegado, levantando-se e sacudindo a farda. "Desculpem o cafezito, mas estão preparados para entrar em ação?"

"*Coño!* Vamos atacar os russos?"

"As russas, *hombre*. As russas."

"Quais russas?"

Gómez inclinou-se para Juanito, o olhar carregado de subentendidos.

"O Rolf esteve à conversa com um tipo da Wehrmacht e contou-me que há por aí umas meninas que, bem conversadinhas, até se põem de joelhos e rezam o terço." Consultou um papel que trazia na mão. "São as irmãs Tsuko... uh... Tsukanovas."

Juanito alçou o sobrolho.

"Irmãs... Coñokovas?"

Sem perceber o trocadilho, Gómez verificou a anotação.

"Tsukanovas."

"Quando dizes irmãs... estás a falar de freiras?"

"A missa das manas é outra. Que tal fazermos-lhes uma visitinha para celebrar a eucaristia?"

Francisco e Juanito trocaram um olhar.

"E... e são boas?"

O sargento Gómez encolheu os ombros.

"*Hombre*, sei lá!", devolveu com uma ponta de impaciência. "No estado em que ando marcha tudo! *Caray!*, sou até capaz de me agarrar a uma velhota qualquer e achar que é a Mae West!"

Os três riram-se, pois todos os homens da Divisão Azul se sentiam naquele estado.

"*Ay, coño!* Quando pergunto se são boas quero saber se são bondosas. Pois se estamos a falar de freiras..."

A galhofa prosseguia, mas foi o português que pôs fim à conversa. Dando uma palmada nas costas dos companheiros, Francisco empurrou-os para a frente.

"Vamos lá às Conakovas, camano!"

XI

Os gritos na rua atraíram os Levin à janela do sótão. Um camião da Wehrmacht parara na praça e os soldados formaram rapidamente um cordão para isolar o prédio em frente. Da janela viram um oficial bater à porta, esta abrir-se e os alemães empurrarem o judeu que viera atender e entrarem com maus modos.

"Meu Deus!", murmurou Gerda. "O que está a acontecer?"

O marido sabia tanto como ela. No edifício em frente entraram uns vinte soldados e oficiais, deixando alguns homens no passeio a cercar o prédio. Incapaz de se conter, e consumido pelo nervosismo, Levin saiu do apartamento e desceu as escadas. Só parou no rés do chão diante da casa do porteiro.

Logo que tocou à campainha a porta abriu-se ligeiramente, a corrente de ferro trancada, e o senhor Redlich espreitou a medo.

"Sabe o que se passa na rua?"

"Heydrich morreu."

127

A resposta foi dada com secura, como se fosse autoexplicativa, e o ilusionista ficou paralisado por um momento, a respiração suspensa.

"Tem... tem a certeza?"

"Está a dar na telefonia", explicou o senhor Redlich, já sem se dar ao trabalho de fingir que não fazia escutas clandestinas. "Parece que o corpo será levado para o Castelo de Hradčany."

Levin cobriu a boca com a mão.

"Meu Deus! E agora?"

"E agora... que Deus nos proteja. Os alemães estão furiosos. Andam a escolher prédios ao acaso à procura dos que mataram Heydrich."

"Também virão aqui?"

O vizinho fez um gesto para cima.

"Só Deus sabe o que esta gente vai fazer", foi a resposta, sempre com o ferrolho armado. "Se fosse a si voltava para o seu apartamento e garantia que está tudo em ordem. Se tiver algum objeto proibido, como um jornal ou qualquer coisa interdita pelos nossos protetores, esconda-o bem ou desfaça-se dele. Agora que começaram os transportes para Theresienstadt e que Heydrich morreu, os alemães usarão qualquer pretexto para nos castigar."

Era um bom conselho, percebeu o ilusionista. Voltou por isso apressadamente ao sótão e, depois de dar a notícia à mulher, passou em revista tudo o que tinham no aposento que pudesse violar qualquer das múltiplas interdições das autoridades ocupantes; na verdade eram tantas as medidas aprovadas pelos alemães ou pelo governo checo que precisava mesmo de consultar listas onde estivessem enumeradas as proibições. Para o efeito foi buscar ao armário os exemplares guardados do *Jüdisches Nachrichtenblatt — Židovské Listy*, o semanário em alemão e checo publicado pela comunidade judaica e pelo movimento sionista. As más-línguas diziam que o Centro para a Emigração Judaica, o organismo de Adolf Eichmann sediado ali em Praga, também era proprietário do jornal, mas nunca ninguém o confirmara.

Para todos os efeitos, o *Jüdisches Nachrichtenblatt — Židovské Listy* publicava todos os regulamentos, leis, instruções, interdições, obrigações e demais legislação pertinente emitida pelo governo checo ou pelo *Reichsprotektor* relativos à comunidade judaica, pelo que leram tudo e verificaram se em casa estavam em conformidade. Encontraram apenas uma irregularidade, umas nozes adquiridas no mercado negro e guardadas para uma situação de maior aperto. Acontece que, conforme constataram numa edição do jornal publicada sete meses antes, a aquisição de nozes por judeus estava proibida desde 17 de outubro de 1941. Ninguém percebia por que receavam tanto os alemães que os judeus comessem nozes, mas havia tanta coisa nesses tempos que lhes parecia absurda que nem tentaram compreender. As nozes tinham de desaparecer.

"Peter, tens fome?"

Entregou as nozes ao filho e ele comeu-as devagar, para que durassem. Estas os alemães já não encontrariam. Uma vez a inspeção terminada, voltou à janela. O prédio em frente continuava selado por um cordão de soldados e não havia maneira de perceber o que se passava lá dentro. Uma confusão, decerto. Os alemães não tinham pelos vistos nenhuma pista sobre os autores do atentado e levavam a cabo buscas às cegas. Para se distrair, decidiu reler o *Jüdisches Nachrichtenblatt — Židovské Listy* que fora buscar ao armário, o único jornal que os judeus estavam autorizados a ler. Pegou num exemplar de outubro do ano anterior, impresso semanas depois da chegada de Heydrich, e folheou-o. Um artigo pedia doações de roupas. "Precisamos especialmente de roupas quentes, sapatos fortes, luvas, sobretudos", indicava. Tratava-se de uma referência às deportações de judeus para Theresienstadt. Muitos deportados, reduzidos a condições de miséria por terem perdido os empregos em 1939, precisavam de roupas que os ajudassem a suportar as condições do novo *ghetto*.

Virou a página e consultou os pequenos anúncios. Havia quem se oferecesse para pequenos trabalhos. Limpar chão e vidros, reparar móveis, remendar roupa. Sabia que muitos eram profissionais qualificados, como médicos e advogados sem emprego havia dois ou três anos e a viver de biscates. Felizmente aguentara-se a fazer espetáculos durante muito tempo, o que significava que ainda tinha um pé-de-meia. Mas mesmo isso iria acabar, como acabara para os médicos e advogados que ali se ofereciam para lavar o chão de casas e remendar roupas. Apesar do ambiente, o anúncio seguinte arrancou-lhe uma risada.

"O que foi?", perguntou-lhe a mulher, admirada por vê-lo rir-se numa situação daquelas. "O que diz aí?"

Levin apontou para a página.

"Olha-me para este anúncio", disse. Pôs-se a ler. "'Académico de vinte e sete anos procura mulher atraente com belo corpo para propósitos de conversa'."

Gerda abanou a cabeça com reprovação.

"Os homens são todos iguais..."

Quando vinha do bairro de Branik, onde fora a um antiquário vender o velho relógio de bolso que herdara do pai, deparou-se-lhe um grupo no Ascherman, um dos raros restaurantes onde os judeus ainda eram autorizados a entrar. Tinham-se passado seis dias desde a morte de Heydrich e sabia que sempre que havia aglomerações algo se passava. Ao entrar no restaurante ouviu uma voz erguer-se no meio dos clientes. Eram as notícias na telefonia.

"... *executadas pelas forças protetoras*", informava o locutor em checo. "*Além dos duzentos traidores fuzilados, os soldados e a polícia transferiram as mulheres para campos de concentração. Algumas crianças serão adotadas para germanização, enquanto as restantes acompanharam as mães. Os edifícios da aldeia foram destruídos e Lidice, contra a qual a polícia obteve provas indesmentíveis de envolvimento no hediondo crime perpetrado contra o* Reichsprotektor, *deixou de existir. Tal é a punição pelas atividades criminosas que apenas conduzem à desgraça e ao sofrimento do povo checo.* O Reichsprotektor interino anunciou..."

Levin temia entender o que acabara de escutar.

"O que aconteceu?"

"Não ouviu?", questionou o homem ao seu lado com voz tensa. "Os alemães arrasaram uma aldeia em retaliação pela morte de Heydrich. Os rapazes e os homens foram mortos e as mulheres e as crianças deportadas."

A radicalização das retaliações era esperada desde a morte do anterior *Reichsprotektor*. O mais espantoso e desconcertante é que nada era feito às escondidas. As forças ocupantes anunciavam os fuzilamentos aos quatro ventos para que todos soubessem. Pretendiam intimidar a população e submetê-la pelo terror. O problema é que as notícias chegariam ao estrangeiro dadas pelos próprios alemães, o que em nada os beneficiaria. Pareceu-lhe inquietante e sintomático que nem a sua reputação os preocupasse. Não só cometiam crimes graves como pelos vistos não se importavam que o mundo os considerasse criminosos. Estavam-se nas tintas. Como travar gente assim?

"Acha que vão ficar-se por aqui?"

"Claro que não", retorquiu o homem. Fez um gesto para a telefonia. "Não ouviu as notícias? Disseram que Lidice foi apenas o começo. O *Reichsprotektor* interino anunciou que serão adotadas medidas drásticas se os assassinos de Heydrich não forem entregues até dia 18."

Levin fez as contas. Estavam a 10 de junho; só restava uma semana.

"O que farão depois?"

Com uma expressão lúgubre, o homem abanou a cabeça.

"Não há nenhuma informação oficial", disse. "Mas corre por aí que um em cada dez checos será fuzilado."

"Um em cada dez?!"

O homem suspirou, angustiado.

"Que Deus nos proteja dos nossos protetores."

O som distante de estampidos despertou Levin. Ergueu a cabeça e, ainda zonzo, olhou pela janela. O dia não tinha nascido, embora o azul-petróleo no céu anunciasse a aurora. Consultou o relógio; eram seis e vinte da manhã.

"O que aconteceu?"

A voz estremunhada de Gerda mostrava que estava ainda meio a dormir.

"Chiu", soprou. "Dorme."

A mulher voltou-se para o lado. O ilusionista levantou-se e foi à janela espreitar a cidade. A vantagem de viverem num sótão é que a vista era esplêndida. Dali viam-se os telhados de Praga e os campanários das igrejas. Algumas luzes iam-se acendendo aqui e ali, sinal de que o barulho tinha despertado mais gente, mas os estampidos haviam parado. Noutras circunstâncias não ligaria; atribuiria os sons a um automóvel qualquer. Mas não naquele dia específico. Já nascera o 18 de junho, o dia em que expirava o prazo dado para a entrega dos assassinos de Heydrich, e deles nem sinal. A tensão atingia o máximo.

"Aconteceu alguma coisa?"

Olhou para trás e viu Gerda soerguida na cama.

"Dorme."

"O que se passa?"

Era evidente que, tendo despertado por completo, e numa data como aquela, Gerda não voltaria a dormir.

"Ouvi barulhos estranhos e vim ver."

"Que barulhos?"

"Não sei, uns estampidos... provavelmente não é nada."

A mulher levantou-se da cama e abeirou-se dele. Espreitou pela janela, tentando lobrigar alguma anomalia lá fora. Havia de facto vários apartamentos de luz acesa e diversas pessoas tinham assomado à janela. O resto parecia normal.

"O que foi que..."

Um clarão à distância calou-a de imediato. Dois segundos depois escutaram um estampido.

"O que é aquilo?"

"Parece uma explosão."

O clarão brilhara junto ao campanário de uma igreja.

"A Praça Karlovo é para ali, não é?"

Era a praça onde, semanas antes, justamente no dia do atentado contra Heydrich, Levin mostrara a Casa de Fausto ao filho. Que igrejas haveria perto da Praça Karlovo?

"É a Boromejský!", exclamou, os olhos fixos no campanário. "É a igreja de Karel Boromejský!"

Tratava-se de uma igreja ortodoxa situada numa rua próxima da Praça Karlovo. Os dois permaneceram uma hora sentados à janela, a tentar descortinar o que estava a acontecer, mas sem informação era difícil perceber fosse o que fosse exceto que ocorriam detonações na zona da igreja.

Quando o dia nasceu, Levin desceu ao rés do chão; se havia quem soubesse o que se passava era o responsável pelo edifício.

Ao chegar ao átrio deparou-se com vários vizinhos, todos nervosos, a conversarem em voz inquieta.

"São os tipos que mataram o Heydrich", disse-lhe um deles, que vivia no primeiro andar. "A Gestapo localizou-os na igreja de Karel Boromejský."

Disse-o com uma mistura de alívio, tristeza e alegria, sentimentos partilhados por todos e presumivelmente pela generalidade dos habitantes do protetorado; alívio porque a ameaça da execução de dez por cento da população checa já não se concretizaria, tristeza porque ninguém podia deixar de admirar os homens que haviam abatido o *Carniceiro de Praga*, alegria porque alguém finalmente fazia frente às forças de ocupação.

"Como sabe?"

"Está a dar na rádio", revelou. "Desde esta madrugada que a Gestapo e as SS tentam capturá-los, mas parece que os rapazes se entrincheiraram na cave e estão a dar troco. Há SS feridos e tudo."

A informação animou Levin, como já animara todos os que ali se concentravam.

"Ena!", sorriu. "A Gestapo e as SS, com todos os seus homens e eficácia germânica e mais não sei quê, não conseguem apanhar um punhado de desgraçados. Afinal a dita raça superior não é tão superior como isso..."

"Qual superior qual carapuça! Cagam como toda a gente, peidam-se como toda a gente e morrem como toda a gente."

"O Heydrich que o diga!"

"Já vão nisto há quase seis horas", observou outro vizinho. "Parece que os alemães chegaram à igreja de madrugada e desde então que a coisa faz que anda mas não anda. Sempre que os valentões dos SS tentam entrar, levam uns balázios e fogem com o rabo entre as pernas."

"O palerma do Frank deve estar pior que uma barata."

"E a BBC? O que diz a BBC?"

"A emissão é só às seis e meia. Mas ontem fartaram-se de falar em Lidice. Vai um relambório por toda a parte, os americanos e os ingleses até prometeram levar os nazis a tribunal quando a guerra acabar."

A porta do apartamento do responsável pelo prédio abriu--se de repente e o senhor Redlich apareceu. Era ele pelos vistos que ia escutando as notícias no seu aparelho clandestino e as ia passando aos vizinhos reunidos no átrio. Fez-se silêncio.

"Acabou", anunciou numa voz neutra. "Noticiaram agora que as SS assumiram o controlo da igreja. Não apanharam ninguém vivo."

Todos os que se encontravam no átrio do prédio permaneceram um longo momento mudos. Sabiam que aquele desfecho era inevitável mas esperavam que a resistência durasse mais, pois quanto mais prolongada fosse mais embaraçosa seria para os alemães. Um dos vizinhos, um judeu ortodoxo conhecedor da Tora e respeitador da Halacha, do sabat e de todas as regras e orações, pegou num *tallit* que foi buscar não se percebeu bem onde, cobriu a cabeça e começou a recitar o Cadish, a oração judaica de devoção ao Senhor que era proferida em honra dos mortos.

Que o Seu grande nome seja exaltado e santificado
no mundo que Ele criou segundo a Sua vontade.
Que Ele estabeleça o Seu Reino em vossa vida e em
vossos dias e na vida de toda a Casa de Israel,
pronta e brevemente, e dizei amém.

Todos os que estavam no átrio, incluindo Levin, disseram "amém".

XII

A casota de madeira tinha rés do chão e primeiro andar, com janelas a espreitarem no telhado de colmo. A meio erguia-se uma chaminé de onde serpenteava um fio esbranquiçado de fumo; dir-se-ia um estábulo adaptado a *dacha*. Por trás estendia-se a mancha verde do bosque de Sablino.

"É isto", anunciou o sargento Gómez. "O Rolf disse-me que a casa estava no fim do trilho, à entrada do bosque. Dá a impressão que chegámos."

Abeiraram-se com cautela, pois apesar de estarem a sul de Krasny Bor, um setor controlado pelos alemães, nunca se sabia o que podiam encontrar. Quando se preparavam para bater à porta viram aparecer uma rapariga, pequena e bolachuda, o cabelo loiro apanhado num rabo-de-cavalo na nuca. Trazia nos braços um alguidar de roupa molhada, aparentemente acabada de lavar. A russa estacou, alerta e apreensiva com a presença junto de casa de soldados com farda alemã, e estudou-os com olhos irrequietos.

"Guten Morgen."

Dera os bons dias em alemão, num tom prudente e expectante. Em resposta, os três homens da Divisão Azul tiraram os capacetes e sorriram, esforçando-se por lhe mostrar que vinham com intenções amigáveis.

"Ich will Mädchen", disse o sargento Gómez no seu alemão macarrónico. *"Verstehen?"*

Ao ouvi-lo dizer que queria raparigas, a russa pareceu descontrair-se.

"Ach so", anuiu. Apontou para eles. *"Deutsch?"*

"Nyet", respondeu o espanhol, desta feita num russo hesitante, negando ser alemão. *"Spanski."*

"Portugalski", apressou-se Francisco a esclarecer, pois nessas coisas não gostava de equívocos. *"Ja portugalski."*

Dessa vez foi Gómez que apontou para ela.

"Du bist Tsukanova?"

A rapariga sorriu.

"Olga Tsukanova", apresentou-se, fazendo-lhes sinal de que a seguissem. *"Kommt ihr."*

Abriu a porta e com o dedo deu indicação aos soldados de que tirassem os sapatos. Os homens obedeceram e, já de meias, entraram atrás dela. O interior da *dacha* parecia acolhedor, embora escuro. Sempre a segui-la, foram levados para uma sala aquecida por uma lareira. O soalho escuro estava coberto por tapetes e as paredes eram constituídas por troncos de madeira horizontais. As mesas, tal como as cadeiras, também eram de madeira e estavam cobertas por rendas brancas com motivos elaborados.

Ela apontou para as cadeiras.

"Setzt."

Os soldados sentaram-se, pousando os capacetes no soalho, e viram-na dirigir-se a um corredor.

"Margarita!", chamou Olga, que já desaparecera no interior da casa. "Margarita! *Gde te?*"

Os três ouviram uma voz feminina responder à distância e desencadeou-se uma conversa em russo algures no interior da *dacha*.

"O que nos disse ela?", perguntou Juanito com malícia. "Sexo?"

"Hã?"

"Sim, *coño!* Ela disse-nos sexo."

"Não, grande palerma", riu-se Francisco. "*Setzt*. Sentem-se."

Riram-se com o trocadilho em alemão, mas Gómez fez-lhes sinal de que se calassem e apontou para o corredor onde Olga tinha desaparecido. De lá ouviam-se as vozes dela e da tal Margarita. Ainda tentaram entender o que diziam, mas as paredes abafavam as palavras. Buscando a quentura do sol da manhã, Francisco encostou-se à janela e pelo canto do olho registou movimento no exterior. Ao espreitar para fora sentiu um baque no peito. Uma rapariga vestida de branco, com uma grande trança loira descaída sobre o ombro direito, estava sentada numa pedra, diante de um ribeiro tranquilo, aparentemente a cantarolar enquanto enrolava uma segunda trança. O português ficou um longo momento embasbacado com a visão. Nunca vira uma rapariga tão bonita. Dir-se-ia um anjo. Talvez fosse o loiro do cabelo, tão reluzente ao sol que parecia ouro puro, ou talvez fossem os gestos lânguidos e profundamente femininos. A verdade é que não conseguia tirar os olhos dela. Fitava-a alheio ao mundo e a tudo o resto, e só um encontrão de Juanito o fez regressar à realidade.

"*Hombre*, elas vêm aí."

Ouviram passos e Olga reapareceu na sala acompanhada por uma outra rapariga, esta de cabelo escuro, maior e com um certo ar avacalhado, as ancas largas e os peitos opulentos, lábios gordos e olhos castanhos.

"*Das ist meine Schwester Margarita*", anunciou Olga num alemão que evidentemente resultava da prática com a soldadesca da Wehrmacht. "Esta é a minha irmã Margarita."

As duas plantaram-se diante deles, como se se exibissem para serem escolhidas. Podiam ser irmãs, mas eram muito diferentes uma da outra. Uma pequena e loira, outra grande e morena. Sempre em alemão, Olga passou aos assuntos práticos.

"São três *Reichsmarken* por uma hora."

"*Es ist teuer*", queixou-se Francisco, o que melhor falava a língua alemã, graças às lições de Rolf em Dar Riffien. "É caro. Ganhamos mal e..."

"Podem pagar em géneros", propôs ela. "Leite, carne, ovos..."

Os dois espanhóis esfregaram as mãos.

"Para de regatear, *caray*. *Vámonos* a elas!"

Vendo que os clientes aceitavam o preço, Olga fez um sinal para si própria e para a irmã.

"Somos duas e vocês três..."

Francisco indicou com o polegar a loira no exterior.

"E aquela?"

"Ela não faz isto", apressou-se Olga a esclarecer. "Só nós as duas."

"Pago cinco *Reichsmarken* por ela."

"Não ouviste o que te disse? A menina lá fora não faz isto, nem por mil *Reichsmarken*."

"Mas porquê?"

"Porque não, ora essa. É a nossa irmã mais nova e não a queremos metida nesta coisa. Ela não."

O tom foi de tal modo perentório que o português não insistiu. As duas irmãs encaravam os três soldados à espera de uma decisão.

"Então?", perguntou a outra irmã, Margarita. "Quem começa?"

Francisco fez um gesto displicente.

"Avancem vocês."

Não teve de o dizer segunda vez. Juanito e Gómez levantaram-se de um salto e, por entre palmadinhas provocadoras no rabo das russas e risadas de excitação antecipada, enfiaram-se com elas pelo corredor, cada um agarrado à sua, ambos em direção ao paraíso que as duas lhes prometiam.

A rapariga sentada sobre a pedra já acabara de enrolar a segunda trança e inclinava-se para verificar o trabalho no seu reflexo nas águas límpidas do ribeiro enquanto ia trauteando uma melodia na moda.

> *Rastsvetali iabloni i grushi*
> *Poplyli tumany nad rekoj.*
> *Vykhodila na bereg Katyusha,*
> *Na vysokij bereg na...*

"Que linda música."

Com um salto de susto, a rapariga voltou-se para trás de olhos arregalados e fitou o desconhecido com uma expressão amedrontada.

"*Moy Bog!*"

Francisco imobilizou-se, para não a assustar ainda mais, e questionou-a com voz suave.

"*Sprechen Sie Deutsch?*"

Ela levantou-se e manteve-se alerta, sem saber se deveria fugir ou ficar; a verdade é que, apesar da farda alemã e do corpanzil, o homem não lhe parecia ameaçador.

"*Jawohl*", assentiu, dando-lhe uma oportunidade. "Falo um pouco alemão."

"Desculpe tê-la assustado", disse o português, ainda quieto para não a alarmar mais. "Ouvi-a cantar e não resisti. Que música é essa?"

A rapariga esboçou um leve sorriso.

"*Katyusha.*"

"É o seu nome?"

Ela corou.

"Não, não. É o nome da canção. *Katyusha.* É muito popular por toda a Rússia. Nunca ouviu?"

"Já ouvi, já. É sobre quê?"

"Uma rapariga chamada Katerina... quer dizer, Katyusha é uma maneira de dizer Katerina. Está apaixonada e passeia pelas margens de um rio a cantar sobre o amado e sobre as cartas dele. É muito bonita."

O olhar do português desviou-se para o ribeiro.

"Um rio, uma rapariga a cantar... não me diga que a Katyusha é você e que está apaixonada."

O rubor no rosto luminoso tornou-se mais forte.

"Tenho os meus sonhos, claro, mas... não, claro que não sou eu. Nem me chamo Katyusha. É apenas uma canção bonita, mais nada."

"Uma canção bonita cantada por uma rapariga bonita. Uma coisa rara." Inclinou-se para a frente. "Se não se chama Katyusha, como se chama?"

O olhar fugidio da russa escapou momentaneamente para a casa, como se a pergunta fosse intrusiva e ela tivesse dúvidas sobre a sensatez de dar mais confiança a um desconhecido, ainda por cima um soldado.

"Eu... acho que é melhor ir-me embora."

Pegou num cesto que tinha no chão e, cheia de pressa, deu meia volta para se afastar rumo às traseiras da *dacha*.

"Espere!"

A rapariga continuou a caminhar no seu passo lesto.

"Tenho de ir."

Antes que ela escapasse, Francisco deitou a mão aos bolsos, à procura de algo que lhe pudesse oferecer, e sentiu os dedos tocarem num pequeno saquinho. O café *Ersatz*. Tirou-o do bolso e exibiu-o.

"Gosta de café?"

A russa hesitou; era evidente que gostava de café, mesmo *Ersatz*, e sobretudo que tinha falta dele.

"As minhas irmãs disseram-me que não aceitasse nada dos soldados."

Falava como se pedisse para ser convencida.

"Eu não lhes conto."

Ela continuou hesitante.

"E... e o que quer em troca?"

"Nada", foi a resposta pronta. "Achei maravilhoso vê-la a cantar e vim aqui. Ofereço-lhe o café como agradecimento por este momento." Acenou com o saquinho na ponta dos dedos. "Tome."

Com passos pequenos e vacilantes, sabendo que desobedecia às irmãs e receando estar a cometer um erro, aproximou-se dele e, com um gesto furtivo, pegou no café e de imediato recuou dois passos rápidos, como se se preparasse para correr. Ele permanecia imóvel.

"*Vielen Dank*."

"Espere."

"Tenho de ir."

Francisco abeirou-se do ribeiro e apanhou uma flor branca que a água fresca lambia.

"Leve isto", pediu. "É para se lembrar de mim."

A russa voltou a aproximar-se. Pegou na flor que ele lhe estendia, desta feita sem medo, e cheirou-a. A seguir afastou-se em passo rápido para as traseiras da casa.

"Espere!"

Sem se deter, ela olhou para trás.

"O que é?"

"Não me disse o seu nome."

A rapariga soltou uma gargalhada juvenil.

"Tanya", revelou. "Tanusha."

Disse-o como se cantasse, ou pelo menos foi o que pareceu a Francisco pois nunca um nome de mulher lhe parecera tão melodioso. Tanusha. Permaneceu ali pregado, derretido com a visão e com o diminutivo que se tornara uma nota musical, e observou-a a desaparecer atrás da *dacha*.

Ficou sozinho, entregue à emoção que a russinha lhe deixara. Dela só restava a fragrância de uma sensação. Suspirou, regressando à realidade. Deitou um olhar às janelas da casa e depois ao relógio. A hora comprada pelos amigos estava a esgotar-se e deviam aparecer a qualquer momento. Encaminhou-se para o casinhoto em passo meditativo, a reproduzir mentalmente a conversa que acabara de ter com a rapariga, a rever-lhe os jeitos, a forma como o olhara, as palavras que dissera, a maneira como as dissera, os sorrisos e os rubores, e perguntou a si mesmo se teria verdadeiramente alguma hipótese. Abanou a cabeça. Claro que não. Como esperar que uma criatura assim lhe prestasse sequer atenção? Tinha de ser realista. Não era nenhum Ramon Novarro, o galã das fitas americanas.

Entrou na *dacha* desalentado, mas recompôs-se de imediato. Não era ele um legionário, caramba? Desde quando um legionário desistia antes de a batalha começar? Puxou pelo seu orgulho de homem da Legião. Podia morrer, mas não tinha o direito de desistir. Além do mais, tentar não custava. O pior que lhe poderia acontecer seria escutar um «não», como tantas vezes escutara da boca de tantas mulheres. Era verdade que nunca nenhuma lhe provocara um baque daqueles no coração, e não só por causa da beleza. Era a voz, a delicadeza, a maneira como o olhara e lhe sorrira. Decerto que o fizera sem segunda intenção, mas jamais uma mulher bela o tinha olhado e sorrido. Ela fizera-o.

"*Hombre*, que queca de arromba!"

A voz de Juanito desfez-lhe os pensamentos. Levantou a cabeça e viu-o a aproximar-se ainda a abotoar as calças.

"Acabaste?"

"*Coño!* Ela é que ia acabando comigo! *Qué mujer!* Esta Margarita é a maior vaca a norte dos Urais! Tem as mamas do tamanho da Monumental de Madrid." Fez um gesto com o polegar, indicando-lhe o corredor. "É a tua vez. Ela está à tua espera. Olha que ainda é melhor que a Carmen, a boazona da Calle de las Lobas. Quando estiveres a ordenhar aquelas tetas até vais chorar por mais, Paco. *Ay, madre mía.*"

Ainda uma hora antes Francisco mal se continha de excitação e, depois de ouvir uma coisa destas, teria certamente ido a correr e saltado para cima de Margarita como *El Toro* que era. Seria uma refrega e peras. A russa ficaria uma semana sem andar, tantas e tão boas lhe daria. Mas não naquele momento.

"Amanhã."

Juanito arregalou os olhos.

"Estás *loco?* A gaja está à tua espera, Paco!"

"Vamos embora."

O amigo manteve-se pregado ao chão, sem acreditar no que via.

"*Hombre, qué pasa?* Sentes-te bem?"

Impaciente, a mente ainda em Tanusha e incapaz de se explicar perante o amigo ou sequer perante si próprio, Francisco abriu a porta e saiu.

XIII

A Velha-Nova Sinagoga de Praga voltou nesse sábado a encher-se. Milhares e milhares de judeus haviam sido deportados ao longo de 1942 para Theresienstadt, Łódź e outros destinos cujos nomes as autoridades ocupantes não revelavam. Já não deviam restar muitos na cidade.

"Tanto tempo...", impacientou-se Peter, balouçando as pernas na cadeira. "Quando é que isto começa?"

"Falta pouco."

Como tinham chegado mais cedo, os Levin pai e filho conseguiram lugares na terceira fila, enquanto Gerda teve de ir para a zona reservada às mulheres, mesmo ao lado. O santuário do século XIII era o centro da atividade religiosa dos judeus da cidade e a mais antiga sinagoga ativa da Europa. Levin olhou para Peter. Já com sete anos, o filho perdera a sua maneira de falar à bebé. Chegara a hora de lhe desvendar os mistérios de Praga.

"Estás a ver o assento número um?", perguntou o pai, apontando para uma cadeira com a estrela das seis pontas esculpida na madeira. "Foi reservado para o rabino Loew. Qualquer outra pessoa que se sente ali morrerá no espaço de um ano. É o que dizem. Só o rabino Loew se pode sentar."

Peter franziu a testa; frequentara na Velha-Nova Sinagoga as aulas de Alfred Hirsch e não se lembrava de ter conhecido nenhum rabino Loew.

"Quem é esse?"

"O rabino Loew é um dos mais famosos rabinos que já existiram. Conheciam-no por *maharal* de Praga. Viveu há quatrocentos anos e, como era cabalista, dizem que tinha poderes mágicos."

"Como o pai?"

"Mais mágico do que eu", sublinhou Levin com o ar de mistério que antes usava nos seus espetáculos. "O rabino Loew era o supremo feiticeiro, senhor da Cabala." Indicou com um gesto largo o interior do templo. "Esta sinagoga é esotérica. Reza a lenda que foi construída por anjos com as pedras do próprio Templo de Salomão, na condição de que as pedras sejam devolvidas quando um dia o templo for reconstruído."

Depois de deixar deambular os olhos pelas paredes da sinagoga, imaginando as pedras a serem transportadas pelos céus de Jerusalém até Praga, Peter pousou-os de novo na cadeira vazia.

"E o rabino? Que magias fez ele?"

Em vez da cadeira, Levin indicou uma pequena porta na *geniza*, diante de umas escadas de ferro.

"Estás a ver aquela porta? É lá que se esconde o Golem."

Pronunciou *Golem* como quem pronunciava uma palavra tenebrosa, e o pequeno, para quem a expressão era familiar, encolheu-se no lugar.

"O monstro?"

"Bertie, tem juízo", atirou Gerda do setor das mulheres. "Estás a assustar o menino..."

Embrenhado na narrativa, Levin ignorou o protesto; transformara-se por momentos no Grande Nivelli.

"O rabino Loew foi ao rio Moldava, recolheu lama das margens e moldou-a para formar uma figura quase humana." Arregalou os olhos. "Um homúnculo." Apontou para a cadeira reservada ao rabino Loew. "Trouxe-o para aqui e, usando uma fórmula secreta cabalística capaz de ativar os poderes mágicos da língua hebraica, enfiou-lhe na boca o nome de Deus e deu-lhe vida. Nasceu assim o Golem."

"Qual é o nome de Deus?"

O pai quase se riu.

"Agora é que me apanhaste", retorquiu. "Não faço a menor ideia. Mas o rabino escreveu esse nome num pergaminho e meteu-o na boca do Golem. Foi assim que lhe deu vida."

"Porque fez ele isso?"

"Para criar um homúnculo que protegesse os judeus. É que já nesse tempo havia *goyim* que nos queriam mal."

"Mas o Golem não era um monstro?"

"Um monstro concebido para proteger os judeus, percebes? Com o Golem por aí, ai daquele que se metesse connosco! Ai dele! Ninguém se atrevia a perturbar os judeus, porque senão vinha o Golem e... zás!"

"Então porque não nos protege agora?"

"Porque um dia o rabino Loew se esqueceu de tirar o pergaminho da boca do Golem e ele tornou-se incontrolável. Começou a magoar pessoas e tudo. Já nem o rabino tinha mão nele. Para resolver o problema, o rabino atraiu-o a esta sinagoga e arranjou maneira de lhe arrancar o pergaminho da boca. O Golem desfez-se em bocados."

"Oh."

Levin voltou a apontar para a pequena porta diante das escadas de ferro.

"Todos os pedaços do Golem foram guardados naquela arrecadação e dizem que ainda lá se encontram."

Os olhos de Peter demoraram-se na porta, como se esperasse que ela se abrisse e do interior saltasse o fantástico homúnculo de lama.

"Porque não o trazem de novo à vida?"

Outra boa pergunta.

"Ninguém sabe qual o nome de Deus que o rabino Loew usou. Dizem que foi *Shem*, um nome inefável do Criador, mas é apenas uma teoria. Deus tem muitos nomes, como sabes. O segredo cabalístico da criação do Golem morreu com o rabino Loew."

"Devíamos criá-lo", insistiu o filho. "O Golem aparecia e batia nos alemães e tudo se resolvia."

"É só uma lenda", lembrou o pai. "Mas consta que os alemães têm medo de destruir a sinagoga, não vá o Golem aparecer mesmo. Seja como for, Peter, as coisas não se resolvem por artes do oculto. Isso é uma forma simplista de pensar. Da mesma maneira que a minha magia requer muita ciência, os nossos problemas também não se solucionam com passes de mágica. O verdadeiro Golem dos judeus é a nossa arte, o nosso engenho, a nossa inteligência. O que temos é de..."

Nesse instante o rabino Landau entrou na sala envolto no seu *tallit* e as conversas foram suspensas. A cerimónia do sabat ia começar, como acontecia todos os sábados desde tempos imemoriais.

O caminho de regresso a casa foi penoso, não pelo percurso em si, pois a cidade era bonita e tudo parecia mais ou menos normal, com os elétricos a rolarem e as pessoas nos cafés, mas pelas novidades no final da cerimónia. Havia rostos habituais que ainda no sábado anterior tinham estado na Velha-Nova

Sinagoga e que dessa vez não encontravam ali. Quando à saída inquiriram sobre o seu paradeiro, foram informados de que os ausentes haviam sido deportados dias antes. Já o suspeitavam, mas ainda assim foi um choque. A comunidade judaica de Praga diminuía de dia para dia e em breve não restaria ninguém.

"Quando será a nossa vez?"

A pergunta de Gerda foi acolhida com um encolher de ombros.

"Amanhã. Depois de amanhã. No próximo mês." Suspirou com fatalismo. "Não sei quando, mas temos de estar preparados."

A mulher caminhava com uma expressão desolada.

"Que pena não termos conseguido emigrar..."

"Não foi por não tentarmos", lembrou Levin. "América, México, República Dominicana, Honduras, Brasil, Pérsia... bati a todas as portas."

"E os portugueses, Bertie?", insistiu ela, sempre às voltas com o problema. "Porque não tentas outra vez falar com o cônsul? Pode ser que desta vez se encontre uma solução."

"Só recebem judeus com origem portuguesa comprovada."

"Mas a tua mãe tem origem portuguesa."

"Pois, mas como provo isso? Esse é que é o problema. Não te esqueças de que os registos dela estão em Amesterdão. Além do mais, o cônsul contou-me que os alemães nem autorizaram que os judeus holandeses de origem portuguesa, muitos deles em termos de sangue apenas meio judeus ou até só um quarto judeus, partissem para Portugal. Portanto essa via está fechada." Fez um gesto a indicar o casario de Praga. "Mas, mesmo que os portugueses nos concedessem vistos, como sairíamos? Não te esqueças de que só nos deixam viajar com quatro dólares e dez marcos. Ninguém anda pela Europa com

151

tão pouco dinheiro. Além do mais, os vistos de trânsito pela Suíça expiraram e a rota de Génova e de Trieste foi fechada."

"Há os voos para Madrid."

Era verdade. Podia-se comprar em Praga uma passagem para Madrid através da Lufthansa ou da Ala Littoria.

"Por duzentos e setenta marcos cada bilhete? Não temos esse dinheiro, Gerda. E precisaríamos de vistos para Espanha, o que não é possível obter."

Estavam encurralados.

Foi num ambiente lúgubre que os Levin chegaram ao prédio. Cruzaram a porta de entrada e subiram as escadas como se carregassem às costas todo o peso da nação judaica. O próprio edifício parecia vazio. Com as deportações, muitas das crianças já se tinham ido embora, deixando atrás a impressão desconfortável de que o prédio morrera.

"Reparaste que os Lowenthal também já não estavam lá?", perguntou Gerda quando chegaram ao átrio do sótão, rompendo o prolongado mutismo. "Nem eles nem os Kinsky nem... nem..."

Calou-se, os nomes estrangulados nas gargantas.

"Pronto, pronto", murmurou o marido, extraindo a chave do bolso. "Não podemos fazer nada, as coisas são o que são."

Inseriu a chave na fechadura e abriu a porta do sótão. A primeira coisa em que repararam foi na folha cor-de-rosa pousada no chão, introduzida pela frincha inferior da porta. Ficaram perfeitamente imóveis. Sabiam o que era, sabiam que um dia a hora chegaria e sabiam que isso aconteceria em breve, pois já não restavam na cidade tantos judeus como isso, mas mesmo assim era como se sonhassem. Aguardavam racionalmente aquilo e ao mesmo tempo esperavam que o inevitável afinal não acontecesse. Mas acontecera. No chão, fria e cruel, estava a prova.

Permaneceram um minuto inteiro plantados à entrada do sótão, como estátuas, os olhos fixos no papel, sem se atreverem a mexer-se. Dir-se-ia que esperavam que a folha maldita se sumisse por encanto, surakabaia, surakabaia, num momento estava ali, no momento seguinte não. Como Levin sabia, contudo, o ilusionismo não passava de ciência encapotada; nem o Golem aparecia por artes mágicas nem a princesa Karnac levitava porque o Grande Nivelli tinha poderes sobrenaturais. A fatídica folha cor-de-rosa também não desapareceria assim de um instante para o outro; fora introduzida no aposento e não havia magia nem truque que alterasse a realidade que ela representava.

Ganhando coragem, Levin baixou-se enfim, devagar, como se quisesse adiar tudo o mais possível, mas chegou o momento em que o movimento, apesar de lento, chegou ao fim e os dedos roçaram o papel. Pegou nele e, levantando-o, leu as palavras fatídicas datilografadas em carateres burocráticos e impessoais a mandá-los apresentarem-se às oito da manhã no Pavilhão de Exposições de Holešovice "para fins de mudança de residência para Theresienstadt".

A vez deles chegara.

PARTE DOIS

A LEI DOS FORTES

*A compaixão é um vício de reis,
a marca dos infelizes e dos fracos.
Esta é a lei dos fortes,
é a nossa lei e a alegria do mundo*

ALEISTER CROWLEY, *The Book of the Law*

I

"Paco, vamos às Coñokovas?"

Era segunda-feira quando Juanito lançou o desafio ao amigo. Em bom rigor, Francisco já o esperava, pois era o dia habitual de descanso para ambos e a visita à *dacha* das irmãs Tsukanovas tornara-se um ritual semanal. O português pegou no pequeno embrulho que já tinha preparado a contar com o passeio e encarou o amigo.

"Anda."

"Olha lá, sempre que vamos às Coñokovas vejo-te com esse pacote. O que é isso?"

"Não te diz respeito. Vens ou não?"

Percebendo que o amigo nada lhe diria, pois conhecia-o havia muitos anos e soldado mais obstinado nunca existira nas fileiras da Legião Estrangeira, ou não fosse ele *El Toro*, o sargento espanhol não insistiu. Pôs-se em pé e indicou-lhe um outro homem sentado junto deles.

"Importas-te que o Pepe também venha?"

Francisco encolheu os ombros com indiferença e os soldados abandonaram a zona do boleto em direção a sul, metendo pelo trilho que conduzia ao bosque de Sablino. Todas as segundas-feiras, sem falhas, usavam a folga semanal para ir à casa das Tsukanovas, umas vezes apenas os dois, outras na companhia de Gómez ou de qualquer outro camarada de Dar Riffien, espanhol ou até português. Apesar das visitas permanentes, Francisco nunca quisera ir com Olga ou Margarita para o quarto, o que lhe valera chistes dos companheiros e até insinuações sobre a sua masculinidade.

Nada disso importava. A sua ideia era ver Tanusha, mas não andava com sorte. Apenas se cruzara com ela duas vezes e sempre de fugida. Embora sorridente e gentil, a russa esgueirava-se-lhe por entre os dedos. Começou a sentir-se frustrado. Sonhava com uma quimera. A verdade, gostasse ou não, é que nunca uma princesa daquelas prestaria atenção a um brutamontes como ele. Chegara numa ocasião a questionar Olga sobre a irmã mais nova, mas nada colhera para além do aviso de que deixasse "a menina em paz".

Aquela visita às Tsukanovas, talvez a décima desde que ali fora pela primeira vez, estava a decorrer como as anteriores. Depois de esperarem quase meia hora que as mulheres da *dacha* despachassem uns clientes da Wehrmacht, Juanito fechara-se num quarto com Olga e Pepe fora com Margarita enquanto Francisco ficara à janela a perscrutar o exterior na esperança de vislumbrar a esquiva Tanusha. Começou a suspeitar que mais uma vez não a veria e decidiu nesse momento que chegara a hora de se render à evidência. A rapariga estava bem para lá do seu alcance e, por mais que lhe custasse, tinha de aceitar. Havia batalhas que não valia a pena travar porque estavam perdidas de antemão. Se qualquer general o sabia, porque não o reconhecia ele? O objetivo não era lutar, era ganhar; se não podia vencer, para quê lutar? Teria de assumir a realidade e conformar-se com o amor alugado. Não era tão amargo nem tão tenso e incerto. Com três *Reichsmarken* compraria uma hora de refrega calorosa com Olga ou Margarita, sem consequências nem tormentos. Era bem melhor do que o nada que tinha, feito de desilusão e frustração.

Deambulava Francisco por estes pensamentos quando viu Tanusha aparecer no quintal. Deu um salto na cadeira e ficou por momentos a olhá-la, indeciso. Deveria abrir a janela e chamá-la? Ou seria melhor ir ter com ela? A hesitação era uma estranha forma de medo. E se a rapariga voltasse a despachá-lo com um mero sorriso piedoso? Suportaria o vexame de uma nova desilusão? Aguentaria a absoluta indiferença dela? Francisco passava os dias a pensar em Tanusha e era evidente que ela não lhe dedicava nem um segundo do seu tempo. Viera ali na ânsia de a rever, trazia o coração carregado de esperança e a cabeça cheia de projetos e frases bonitas decoradas ao longo da semana, e afinal, agora que Tanusha aparecera, ali estava ele sem saber o que fazer, a temer a reação dela, a recear até o encontro, apavorado com o amor que a rapariga evidentemente não lhe tinha. Não valia a pena prosseguir aquela charada, não havia a menor hipótese e não se achava capaz de resistir a mais uma rejeição.

Vindos não se percebia bem de onde, dois vultos cinzentos invadiram nesse momento o quintal da *dacha* e precipitaram-se sobre ela. Agarrada e arrastada pelos dois soldados, Tanusha ainda soltou um grito apavorado.

"Pomogi mne!"

Libertando-se do torpor atónito, Francisco deu um salto e, sem sequer pensar, correu para fora da casa; não precisava de saber russo para perceber que ela pedira socorro. Ao chegar ao quintal ouviu um refolhar de ramos e apercebeu-se de um trilho aberto no bosque de Sablino; fora decerto por aí que os soldados a tinham levado. Meteu pelo trilho e viu-os à frente, por entre os arbustos, um a segurá-la pela cabeça e a amordaçá-la com as mãos, o outro a carregá-la em peso; levavam-na para um sítio mais recatado.

"Larguem-na!"

O grito de Francisco foi lançado em português, pois pensava que os soldados espanhóis o compreenderiam. Ao ouvi-lo, os desconhecidos detiveram-se.

"*Hau ab!*", vociferou um deles, mandando-o afastar-se. "*Hau ab!*"

Alemães. Não a largariam enquanto não fizessem o que ali os levara. Sabendo que não lhes podia dar tempo para reagir, o português correu para eles e literalmente abalroou-os como uma bola a derrubar pinos de *bowling*. Atingidos pelo vulto maciço de um touro em carga, os alemães rolaram pelo chão e o mesmo aconteceu com a sua presa. Com a vantagem da surpresa do seu lado, Francisco atirou-se sobre o mais corpulento, presumivelmente o mais perigoso, e pontapeou-o na cabeça. A seguir voltou-se para o outro, que entretanto se levantara, e desferiu-lhe também um pontapé, este entre as pernas. O soldado soltou um urro dorido e, agarrado ao ventre, curvou-se para a frente o suficiente para o português o pontapear com toda a força na cara, projetando-o para trás. Preparado para mais, Francisco rodopiou e olhou para os dois homens da Wehrmacht, ora para um, ora para outro, em prontidão. Estavam ambos estendidos sobre a erva, semiconscientes, os rostos empapados em sangue.

Foi então que o português ouviu um soluço. Voltou-se e viu Tanusha sentada no chão, aterrorizada, o rosto sujo de lama e molhado de lágrimas. Chorava em silêncio, como se tivesse medo de despertar os seus agressores. Francisco abeirou-se dela e afagou-lhe os cabelos loiros em desalinho, sujos de erva e folhas secas.

"*Alles gut?*", perguntou. "Tudo bem?"

Ela fungou e fez que sim com a cabeça.

"*Ja.*"

Pôs-lhe as mãos por baixo das costas e levantou-a.

"*Komm*", soprou-lhe ao ouvido. "Vamos para casa."

A tremer, Tanusha agarrou-se ao pescoço do soldado e deixou-se levar. Com ela ao colo, o português abeirou-se de cada um dos alemães à vez, ambos ainda grogues, arrancou--lhes a chapa de identificação que traziam ao pescoço e ponta-peou-os de novo nas cabeças para se assegurar de que não voltariam a incomodar.

À entrada da *dacha*, Francisco escancarou a porta com um pontapé. Estava tudo tranquilo; ninguém se apercebera do sucedido. Levou Tanusha para a sala, a única divisão que verdadeiramente conhecia, e pousou-a com cuidado no sofá.

"Queres que te faça uma coisa quente?", sussurrou-lhe. Meteu a mão no bolso e extraiu um saquinho que trouxera para o caso de a ocasião voltar a propiciar-se. "Tenho café."

Ao ver o saquinho, a russa esboçou um sorriso tímido e fez que sim com a cabeça; era como se a história completasse um círculo e voltasse ao primeiro café *Ersatz* que ele lhe oferecera, meses antes. Ainda trémula, Tanusha apontou para a divisão ao lado. O soldado dirigiu-se para lá e viu que se tratava da cozinha. Aqueceu água num samovar ferrugento e misturou-lhe o café *Ersatz*. Depois juntou açúcar, que também trouxera, e, enchendo duas chávenas, regressou à sala. Encontrou Tanusha plantada à janela, a espreitar o quintal com ansiedade.

"Não te preocupes", disse-lhe. "Já levaram a conta deles."

"Tenho medo", murmurou ela, sem tirar os olhos do quin-tal. "E se vierem vingar-se?"

"Depois do enxerto que levaram?"

"Mas pode acontecer..."

Francisco tirou do bolso da camisa as duas correntes metálicas que recolhera no final do confronto.

"Quando acordarem vão diretamente para a enfermaria", explicou. "Duvido que tenham ficado com vontade de cá voltar." Exibiu as correntes metálicas. "Tirei-lhes as chapas de identificação e vou falar com um soldado alemão que conheço para que sejam punidos. Não voltarão a incomodar-te."

A segurança com que Francisco falara pareceu tranquilizá-la. A rapariga regressou ao sofá e pegou na chávena que ele lhe estendeu.

"*Tchort!*", exclamou com surpresa ao provar um trago. "Está doce."

"Gostas?"

"Onde arranjaste o açúcar?"

"É um segredo meu."

Ela fechou momentaneamente os olhos para saborear o néctar.

"Hmm... que delícia", murmurou. "Nem imaginas há quanto tempo não bebo café com açúcar."

Animado, Francisco pegou no embrulho que trazia sempre que vinha à *dacha* e, sabendo que chegara a oportunidade, estendeu-lho.

"Tenho um presente para ti."

Ela pegou no pacote. Embora tivesse ordens das irmãs para nunca aceitar nada dos soldados, não havia maneira de lhe dizer que não. Com movimentos prudentes, desfez o papel de jornal que embrulhava o presente.

Ao ver o conteúdo, e esfuziante de alegria, não se conteve e abraçou-o com força, murmurando em russo o seu agradecimento.

"*Spassibo bolchoi.*"
Era uma tablete de chocolate.

Desde esse dia que o encontro entre Francisco e Tanusha se tornou acontecimento obrigatório sempre que, às segundas--feiras, ele ia com Juanito fazer a visita semanal à *dacha* das Tsukanovas. Não que a ideia de ver a irmã mais nova à conversa com um soldado fosse do inteiro agrado de Olga, sempre protetora zelosa de Tanusha, mas depois de tudo o que sucedera não havia margem para dizer que não. Francisco conquistara o direito de se aproximar dela.

Ciente de que apontava para um prémio muito alto, demasiado para um homem como ele, procedeu com cautela. Nunca forçou nada e, a conselho de Morlán, o vistoso falangista de Valladolid que nestas coisas de corações femininos era dos mais experientes e sabedores da unidade, apostou no seu único trunfo.

"*Mira*, todas as gajas procuram quem as proteja, a elas e às futuras crias", explicara-lhe Morlán, o homem do dedo pesado no gatilho da metralhadora e de falinhas mansas com as *guapas*. "Para mais em tempo de guerra, quando tudo é perigoso e nunca se sabe o que pode acontecer. Mostra-lhe, *entonces*, que contigo por perto ninguém tocará nela. *Entiendes?* Quando deres por isso, pôr-se-á de joelhos a..." Hesitou, percebendo como o sargento-adjunto encarava a rapariga, e alterou a conclusão da frase. "Enfim, a... a implorar por ti."

O português seguiu o conselho à letra. Depois de consultar Rolf, questionando-o sobre os trâmites burocráticos necessários para desencadear um processo disciplinar, entregou ao exército alemão as chapas dos dois agressores e assinou uma participação formal contra eles. O caso serviria de exemplo a outros que quisessem ir à *dacha* repetir a gracinha e mostraria

163

que era preciso tratar as Tsukanovas com respeito, pois tinham quem olhasse por elas. O oficial da Wehrmacht que recebeu a participação não ficou contente; tentou mesmo dissuadi-lo com o argumento de que "estas coisas são normais em tempo de guerra, os homens estão há muito tempo longe das famílias e por vezes há atos de indisciplina que é preciso compreender". Ao ver que Francisco não cedia, mudou de tática e, endurecendo o tom, ameaçou acusá-lo de agressão, pois um dos soldados alemães quase ficara cego do olho esquerdo e tão cedo não sairia do hospital. Nada demoveu o português. Pormenor importante, não se esqueceu de informar Tanusha de todos os seus passos. Ela ficou assim a saber que Francisco enfrentaria o que tivesse de enfrentar, mesmo a Wehrmacht inteira, para a proteger.

Graças aos conselhos de Morlán, as coisas entre Francisco e Tanusha foram fazendo o seu caminho. Mas sem avanços decisivos. Ao fim de algum tempo ele começou a sentir que a segurança física que lhe dava, sendo muito importante, não chegava. Precisava de algo mais.

II

O elétrico imobilizou-se na paragem de Veletržní Palác e os Levin, de malas e sacos, aguardaram que as portas se abrissem para descerem para o passeio. Com eles saiu mais uma dezena de pessoas, também de bagagem e com estrelas de seis pontas ao peito. Da janela do seu sótão os Levin tinham tantas vezes visto famílias de judeus naquela situação que parecia estranho, e ao mesmo tempo natural, que dessa vez fossem eles a interpretar a cena. Uma vez no passeio olharam em redor, familiarizados com o bairro, pois anos antes tinham vivido ali em Holešovice.

"É por aqui."

Com Levin à cabeça, iniciaram o caminho para o Výstaviště, o Palácio das Exposições, a arrastar os sacos e as malas. Os alemães haviam dito que podiam levar bagagem até cinquenta quilos por pessoa. Aproveitaram a autorização até ao limite; sendo três, os Levin levavam cento e cinquenta quilos. Não era fácil carregar tanto peso, ainda por cima considerando que

Peter não aguentava a sua parte. Passaram pelo alfaiate e pela farmácia que haviam frequentado quando ali viviam, e também pelo quiosque. Detiveram-se por momentos nas primeiras páginas dos jornais, repletas de notícias sobre as dificuldades enfrentadas pela Wehrmacht em Estalinegrado.

"A coisa compõe-se..."

O Výstaviště era um edifício de madeira, grande e escuro, situado no parque das feiras da cidade. Os alemães davam-lhe o nome pomposo de Messepalast, o Palácio das Exposições. O acesso era guardado por polícias checos e uma enorme confusão acolheu os Levin quando entraram. O espaço formigava de gente e a desordem parecia generalizada. Havia crianças a chorar, idosos estendidos no chão, adultos de olhares confusos, sacos e malas e garrafões espalhados por toda a parte; dir-se-ia um acampamento. O único elemento de ordem era dado pelas várias filas no grande átrio, uma área identificada como o departamento de transportes do JKG, o Jüdische Kultusvereinigung.

"Para a fila!", gritou aos recém-chegados um homem com uma estrela de David ao peito e uma banda branca no braço com as letras JKG. "Para a fila! Todos os que chegam vão para a fila!"

Os Levin meteram-se na fila que o judeu lhes indicava e aguardaram. Deveria haver umas trinta pessoas à frente deles.

"Está ali um alemão", constatou Gerda, espreitando a dianteira. "Na mesa."

Levin pôs-se em bicos de pés para tentar ver por cima das cabeças e lobrigou-o; pela caveira no colarinho da farda percebeu que era um SS. Nesse preciso momento, o alemão deu um passo em frente.

"Quem for apanhado com valores escondidos será imediatamente fuzilado", anunciou no tom de um feirante. "Joias, dinheiro, pratas... tem de ser tudo declarado."

A vozearia no grande átrio dissipou-se como por encanto quando o SS fez o aviso, mas logo que se calou o burburinho recomeçou, primeiro manso, depois crescendo até se tornar de novo uma algazarra.

"Mamã", disse Peter, puxando o braço da mãe. "Não tem nada escondido, pois não?"

Os pais trocaram um olhar comprometido.

"Claro que não..."

Na verdade traziam dinheiro e fios de prata e ouro cozidos na bainha dos casacos. Sabiam que era arriscado, pois as palavras do SS não deviam ser uma ameaça vã, mas precisavam de recursos em caso de necessidade. Embora tencionassem fazer uma viagem apenas até Theresienstadt, tratava-se de um salto no desconhecido. Estava fora de questão lançarem-se naquela aventura sem nada a que pudessem recorrer numa aflição.

Ao fim de meia hora chegaram à mesa. Um SS vigiava os procedimentos, mas o homem que falava com os deportados, um careca de óculos e lápis sobre a orelha com ar de amanuense, era judeu.

"A convocatória?"

Levin entregou-lhe o papel cor-de-rosa e o amanuense leu-o. Depois de olhar para os três por cima dos óculos, lambeu o indicador e pegou num enorme volume pousado na mesa, folheando-o; dir-se-ia uma lista telefónica. Levou cinco minutos a percorrer linhas de nomes e a lamber o dedo quando virava a folha. Imobilizou-se numa página, tirou o lápis que trazia atrás da orelha e passou um risco sobre três linhas. A seguir pegou num bloco de talões brancos numerados e arrancou três pelo picotado. Verificando o texto da convocatória no papel cor-de-rosa, escrevinhou em letra miúda os nomes dos elementos da família Levin. Depois pegou num carimbo e marcou os talões. Por fim entregou-os a Levin sem uma palavra. Os talões vinham numerados.

"Desculpe, senhor", interpelou-o Gerda. "Que números são estes?"

"São os vossos assentos nos vagões", retorquiu o homem já a olhar para as pessoas seguintes. "Vão todos no mesmo transporte, o Cc."

Ela não compreendeu a resposta, mas percebeu pelo semblante e pelo tom do funcionário que ele tinha mais que fazer e os queria dali para fora. Por isso afastou-se com o marido e o filho.

"O que é isso, Cc?"

"Os primeiros transportes para Theresienstadt, em dezembro de 1941, eram os A", explicou Levin. "Seguiram-se os B, depois os C, e por aí fora até chegarem ao Z. Com o alfabeto completo, no final do ano passado regressaram ao A. Para não repetirem a nomenclatura, o que lançaria a confusão nos registos, optaram pela designação Aa. Depois veio o Bb e agora o Cc. Presumo que o próximo seja o Dd."

Gerda fez as contas de cabeça.

"Se somos os Cc, isso quer dizer que somos o... o... o trigésimo primeiro transporte."

Trinta e um transportes entre Praga e Theresienstadt não eram coisa pouca. Não sabiam quantas pessoas cada comboio levava, mas partindo do princípio razoável de que seriam mil passageiros isso significava que pelo menos trinta mil pessoas já tinham sido deportadas para a cidade.

"Meu Deus, aquilo deve estar apinhado!"

Levin ficou sozinho nas filas seguintes, pois a presença da família não era imprescindível, e foi assim que se viu forçado a entregar a outros amanuenses judeus os cadernos das rações e as chaves de casa e a assinar uma declaração a ceder "voluntariamente" todos os seus bens ao fundo de emigração.

"Quem for apanhado com valores escondidos será imediatamente fuzilado", repetia o SS volta e meia no mesmo tom monocórdico. "Joias, dinheiro, pratas... tem de ser tudo declarado."

Quando voltou para os seus, deu com a mulher e o filho de ar desconsolado a comer de uma tigela de lata distribuída por voluntários. Lá dentro flutuava um líquido acastanhado com meia batata a boiar; dir-se-ia uma sopa, mas nem disso teve a certeza. O que lhes valia é que na véspera Gerda havia preparado grandes quantidades de biscoitos e de *roux* fritos para a viagem. Cozinhara-os pela evidente razão de que podiam ser conservados muito tempo, mas tornou-se claro que os biscoitos e os *roux* na verdade não iriam durar muito.

Depois de comerem, acomodaram-se a um canto. Sem nada que fazer, Levin meteu a mão no bolso e tirou o envelope que lhe chegara a casa dois dias antes. Tratava-se de uma carta que Frabato lhe remetera por mão amiga e na qual o *magus* germano-checo mostrava preocupação com o efeito do inverno russo nas tropas alemãs que combatiam em Estalinegrado. Desdobrou a carta e releu a passagem em questão.

... e o nosso Führer, acreditando nas previsões do instituto de meteorologia da Ahnenerbe, confiou que os nossos soldados não precisavam de ir para a Rússia equipados para um inverno rigoroso. Essa previsão, como o meu caro amigo deve calcular, foi feita com base na teoria do mundo de gelo, na qual o Führer e o Reichsführer-SS depositam grande confiança. Como sabe, ambos estão firmemente convencidos de que nós, os alemães, sendo descendentes dos atlantes e tendo crescido no mundo dos gelos, estamos fisicamente mais preparados para enfrentar o frio do que os sub-humanos eslavos. À luz do que sabemos sobre as condições glaciares na frente de leste, no entanto, pergunto-me se não terá sido um erro dar crédito à teoria do mundo do gelo, até porque...

Levantou os olhos e considerou aquela passagem. Seria possível que as crenças dos nazis no ocultismo estivessem a influenciar as suas decisões militares? Só faltava que lhe dissessem que a data da invasão havia sido determinada pelo astrólogo de Himmler! Custava-lhe crer em tamanha ingenuidade, mas não havia dúvida de que os soldados alemães tinham ido para a Rússia sem estarem equipados para o inverno. O mais importante é que Frabato lhe dizia que tinham sido as crenças mirabolantes de Hitler e Himmler na *Welteislehre* que haviam conduzido àquele resultado.

Ah!, o misticismo ainda seria a perdição dos nazis...

III

A neve caía em flocos fofos, cobrindo as trincheiras de um vasto manto branco, interrompido aqui e ali por manchas escuras de pedras. Seria bonito se não fosse desagradável, pois fazia frio e o vento soprava inclemente. Francisco ajeitou o sobretudo para se proteger melhor no pescoço e mudou de posição antes de se recostar e entregar-se à atividade que por esses dias lhe dava maior prazer. Fantasiar a rendição de Tanusha.

Em boa verdade nesse dia sentia-se preocupado. Dezembro de 1942 já ia a meio e daí a uma semana seria o Natal. O que diabo lhe ofereceria como presente? Havia sempre o inevitável café *Ersatz*, claro, mais a carne, as batatas, o leite e sobretudo o chocolate, que, poupando as suas magras rações de combate ao ponto de ele próprio passar fome, conseguia juntar para lhe levar. O problema é que essas eram as suas prendas habituais, uma vez que todas as semanas levava um desses produtos. Tratava-se de ofertas muito apreciadas, era inegável, em particular o chocolate. Mas para o Natal precisava de algo diferente, algo original, algo que a surpreendesse. E uma coisa dessas, sabia de ciência certa, não encontraria em Krasny Bor.

Se estivesse em Dar Riffien daria um saltinho a Ceuta e visitaria uma das lojas da Calle Real, onde havia muita bugiganga suscetível de agradar a uma mulher, de perfumes a pulseiras. Mas na Rússia, no meio da guerra e do cerco impiedoso a Leninegrado, numa altura em que faltava tudo e a miséria e a fome alastravam, uma coisa dessas não era possível. O problema mantinha-se. O que ofereceria a Tanusha pelo Natal?

Sentiu movimento atrás dele e voltou-se.

"*Hombre*, chegou o Aguinaldo!"

Era Juanito que estava de volta depois de ter ido buscar café quente ao *puesto de mando*.

"Quem é esse gajo?"

O amigo riu-se.

"*Coño!* Não conheces o Aguinaldo de España?"

A expressão, por ligar um nome ao país, soava-lhe vagamente como coisa de tauromaquia.

"Sabes, nunca liguei a touradas..."

A nova gargalhada de Juanito mostrou-lhe que errara o alvo.

"*Ay, Paco!* És impagável!"

"Então quem é o Aguinaldo?"

O sargento instalou-se na trincheira e entregou-lhe a chávena de café que lhe trouxera. A seguir acomodou-se no seu lugar e estendeu os pés sobre a trincheira, a sua posição favorita de descanso, preparando-se para completar ali o turno nas linhas. Bebericou um trago do café, tentando aquecer-se, e sorriu.

"É a nossa prenda de Natal, *caray!*"

Quando terminaram o turno, foram diretamente para o armazém da unidade, na retaguarda, para recolher o famoso

Aguinaldo de España, que pelos vistos acabara de chegar. Deram os nomes ao graduado de serviço e este foi-lhes buscar dois grandes embrulhos.

"*Feliz Navidad!*"

Recolheram à barraca onde estavam alojados e, abrigados dos olhares indiscretos, desfizeram os pacotes. No interior estava uma caixa repleta de produtos variados. Ao deparar--se com aquele conteúdo, e sobretudo ao ler a nota de boas festas que acompanhava o embrulho, Francisco percebeu que o famoso Aguinaldo de España era afinal um cabaz natalício confecionado pela Secção Feminina de Madrid da Divisão Azul. O pacote que lhe coube em sorte incluía uma garrafa de xerez, uma caixa de *mazapán* de Toledo, umas barras doces de *turrón* de Alicante, compota, passas, mel, tabaco, água-de--colónia, umas luvas de lã e um cachecol. Alguns presentes vinham acompanhados por pequenas notas redigidas por letras femininas arredondadas. Pegou numa delas, a da garrafa de xerez.

"Olha-me para esta atrevidota."

"*Qué pasa?*", quis saber Juanito, já a trincar *turrón* de Alicante. "O que escreveu a gaja?"

O português releu a nota, desta feita em voz alta e no seu melhor castelhano.

"*Si quieres una madrina de guerra guapa, escríbeme.*"

"*Coño!*, uma *guapa*", interessou-se o amigo, espreitando o papel. "Traz fotografia?"

"Isso querias tu."

Francisco pegou noutra nota, esta a acompanhar a caixa de *mazapán* de Toledo, e também a leu em voz alta.

"*No te comas todo de una vez que es malo.*"

Riram-se os dois.

"Deve ser a mãezinha da *guapa*."

O português pegou numa terceira nota, um papel cor-de-
-rosa que encontrou dentro da luva de lã.

"Ouve o que diz esta sonsinha: *tenla puesta siempre para que no te resfríes.*"

"Que atenciosa", gozou o amigo. "Mas se fosse mesmo simpática vinha cá em pessoa para me aquecer as partes, *caray!* Isso é que era!"

Enquanto Juanito ia já trincando os bens do Aguinaldo de España que lhe tinham cabido em sorte, Francisco arrumou tudo de novo na caixa e voltou a cobri-la com o papel de embrulho. A seguir levantou uma tábua do soalho e depositou o pacote num buraco. O espanhol ficou especado a observá-lo.

"O que estás a fazer, Paco?"

Depois de guardar o seu cabaz e tapar o buraco com a tábua, o que deixou o esconderijo invisível, o português endireitou-se e, sacudindo o pó das mãos, encarou Juanito com ar trocista.

"*No te comas todo de una vez que es malo.*"

A verdade é que Francisco não consumiu "*todo*", nem "*de una vez*" nem aos bocadinhos. Em vez disso guardou tudo para depois da passagem de 1942 para 1943, como se tivesse uma carta na manga. O destino do cabaz natalício acabou por ser, como é bom de ver, a *dacha* das Tsukanovas. O Natal orto-doxo era celebrado a 7 de janeiro, pelo que nesse dia, depois de terminar o turno nas linhas, o português pegou no pacote embrulhado e levou-o à casa do bosque de Sablino. Ao entrar na *dacha* com o embrulho nos braços, encarou as irmãs como se fosse o Pai Natal.

"*Fröhliche Weihnachten!*", saudou-as. "Feliz Natal!"

A visão ia provocando um tumulto entre as Tsukanovas; era o maior presente que alguma vez ali entrara. Nem Olga nem Margarita, contudo, alimentavam a menor dúvida sobre quem

seria a real destinatária da generosa oferta natalícia. O Aguinaldo de España foi assim quase inteirinho para Tanusha.
A jovem nem queria acreditar no que via quando abriu o
embrulho e se confrontou com o recheio da caixa. Nunca na
vida, nem mesmo antes da guerra, tivera na frente tanta coisa
boa. Na Rússia comunista só havia iguarias assim nas *berioz-
kas*, as lojas para moeda forte estrangeira que eram frequenta-
das quase em exclusivo pelos membros do Partido Comunista,
pelo que um cabaz daqueles só podia ser encarado como uma
verdadeira dádiva dos céus.

"*Moy Bog!*", murmurou Tanusha, ainda mal refeita da surpresa. "Isto é... é... é maravilhoso!"

Caiu nos braços de Francisco e, como ele esperava havia tanto
tempo, cobriu-lhe a cara de beijos de agradecimento. Foram beijos inocentes, é certo, daqueles que uma criança dá entre pulos
de felicidade quando recebe uma prenda, mas a verdade é que
foram os primeiros que recebeu dela. Além do mais, a mais nova
das Tsukanovas era tudo menos uma criança e decerto estava
plenamente consciente do passo que acabara de dar.

Nesse dia de Natal seguiu para Tanusha o mel, a compota, o
mazapán de Toledo e o *turrón* de Alicante, mais a água-de-colónia,
a garrafa de xerez, as passas e até alguns chocolates da ração
de combate. O português fora no entanto cauteloso e decidira
manter guardadas no seu barracão algumas partes, que foi ofe-
recendo à sua russa nas semanas seguintes. Na primeira semana
depois do Natal deu-lhe o mel, depois foi a marmelada. Só a
seguir lhe ofereceu o cachecol e por fim as luvas de lã "*para que
no te resfríes*". Pormenor importante, a rapariga passou a receber
o seu admirador e a despedir-se dele sempre com dois beijos.

Ao regressar da visita à casa do bosque de Sablino no dia em
que levou as luvas de lã, corria a tarde gelada de 1 de fevereiro

de 1943, Francisco deu um salto ao barracão para ir buscar a sua MP 40 e as munições, uma vez que nessa semana estava no turno da noite e era já hora de entrar nas linhas. Como não viu Juanito por ali, presumiu que o amigo já se encontrava na sua trincheira, pois partilhavam sempre o mesmo turno, e encaminhou-se diretamente para o seu setor da frente.

Uma melodia em espanhol irrompeu dos altifalantes do lado russo.

> *¡Arriba parias de la Tierra!*
> *¡En pie famélica legión!*
> *Atruena la razón en marcha:*
> *Es el fin de la opresión.*
> *Del pasado hay que...*

A Internacional.

O repentino latido furioso das rajadas de metralhadora sobrepôs-se ao hino comunista e o tiroteio prolongou--se, cerrado e barulhento, durante todo o resto da canção. O português achou tudo aquilo estranho. Estranho porque, em primeiro lugar, estava a acontecer perto da hora do crepúsculo. Era habitual os russos debitarem propaganda aos altos berros dos altifalantes, isso acontecia quase diariamente, mas raro àquela hora; em geral ocorria de manhã, à hora do almoço ou ao princípio da tarde, quando havia nas linhas mais homens da Divisão Azul. Por que razão os russos atacavam tão tarde? E, também estranho, as posições espanholas responderam à provocação sem que os oficiais mandassem suspender o fogo.

Entrou nas linhas, passou pelo ninho de metralhadora do soldado Morlán e reparou que o cano da sua barulhenta MG 34, a metralhadora pesada Maschinengewehr 34, fumegava;

tinha evidentemente sido ele um dos que haviam aberto fogo durante *A Internacional*.

"Então, Morlán?", atirou em tom brincalhão. "Não foi desta que o capitão Ulzurrum te pôs de castigo?"

O soldado falangista mostrou-lhe o dedo do meio.

"Merda para ti, *cabrón!*"

Em circunstâncias normais Francisco não deixaria passar em claro uma resposta e um gesto insolente como aquele. Mas considerando que Tanusha acabara de se despedir dele com os dois beijos e que Morlán o ajudara, e muito, na tática para conquistar a russa, deixou passar. Além do mais, o tempo amolecera-o e havia coisas que já não fazia. Seguiu caminho, quase divertido a escutar uma nova canção patriótica que os russos difundiam do altifalante algures para lá da terra-de-ninguém, e palmilhou as linhas com o passo leve dos homens apaixonados.

Percorreu a trincheira HKL até chegar ao *bunker*. Deu com Juanito anichado na sua posição habitual, de cigarro nos dedos e olhos fixos nas posições inimigas. A trautear alegremente o «Fado da Saudade», o português pousou a MP 40 junto ao parapeito.

"Então?", perguntou, jovial. "Os russos hoje querem bailarico, hem?"

O espanhol murmurou entre dentes algo incompreensível; o que quer que fosse, pelo tom percebia-se que não fora simpático.

"Caramba", soltou Francisco sempre com boa disposição. "Anda tudo com maus fígados. O que se passa?" Fez-lhe um gesto para o ventre. "Não me digas que estiveste com a Margarita e não o conseguiste levantar..."

Depois de em resposta soltar um chorrilho de obscenidades, Juanito escarrou para o lado e voltou a resmungar, sempre entredentes.

"Não ouviste as notícias?"

Estas palavras, e sobretudo o tom pesado em que tinham sido proferidas, puseram o português de sobreaviso.

"O que aconteceu?"

A pergunta já não foi feita com o ar brincalhão com que ali chegara.

"Estalinegrado."

A resposta, dada por Juanito como se cuspisse, foi logo compreendida por Francisco. A grande cidade do Volga andava na berlinda, pois havia meses que os boletins informativos vomitados pelos altifalantes soviéticos ou pela rádio alemã a mencionavam sem cessar. A Wehrmacht lançara semanas antes uma operação de resgate das forças alemãs cercadas no centro da cidade, mas aparentemente a ação tinha falhado e os russos haviam respondido com uma grande ofensiva.

"Não me digas que..."

Com uma expressão lúgubre, o amigo balançou a cabeça afirmativamente.

"A rádio alemã está a passar música clássica e olha para os *rojos*. Festejam como *zarramacos*."

Não foi preciso dizer mais nada. Ninguém ignorava que os alemães tinham dado uma importância desproporcionada àquela cidade, evidentemente por ter o nome do líder soviético, e haviam por isso empenhado todos os esforços na sua conquista. Se afinal a Wehrmacht se mostrava incapaz de tomar uma povoação daquelas, o que revelava isso sobre a sua verdadeira força? Espreitando pelo parapeito da trincheira, Francisco perscrutou com novos olhos as posições inimigas como se tentasse medi-las. Nada destrinçou de relevante, apenas uma neblina branca que desfocava tudo, mas não era preciso ver para intuir o futuro. Era espantoso como um acontecimento podia mudar tudo. Até minutos antes os alemães pareciam imparáveis; onde chegavam conquistavam. Mas nesse momento era impossível não lhes sentir a fraqueza. Se os russos de repente pareciam gigantes, os alemães haviam-se tornado anões.

Incluindo ali em Leninegrado.

"Queres ver que somos os próximos?"

IV

Estreitando mais a mulher, para a aquecer mas também para se aquecer a si mesmo, Levin mudou a posição do braço dormente e ajeitou-se, dorido por causa do chão duro.

"De pé! De pé!", gritou alguém. "Toda a gente de pé! Vamos lá..."

Abriu os olhos e, bêbado de sono, viu vários polícias checos e soldados das Waffen SS a passarem de espingardas a tiracolo e cassetetes nas mãos. Os homens deambulavam entre a multidão anichada ao longo do átrio do Palácio das Exposições a pontapear este e a empurrar aquele.

"Todos de pé! Vamos lá, de pé!"

As pessoas começaram a levantar-se, ensonadas e doridas no rescaldo da segunda noite mal dormida naquele edifício. Estavam ali havia três dias, comiam sopas horríveis, os quartos de banho exalavam um fedor nauseabundo, sentiam-se saturados e não percebiam tanta espera.

"Qual é a ideia desta gente?", resmungou Gerda enquanto ajeitava a roupa do filho. "Se era para ficar aqui estes dias todos, porque não nos deixaram esperar em casa?"

Na verdade Levin já concluíra que nada ali fazia qualquer sentido, de maneira que ia aceitando as coisas à medida que elas aconteciam. Se não as conseguia evitar, para quê incomodar-se? Como Peter parecia quase dormir em pé, pegou nele ao colo e, deixando a mulher a guardar as malas, segurou os talões das refeições e meteu-se na fila do pequeno-almoço. Tal como na véspera, a primeira refeição do dia era um líquido esbranquiçado que ninguém conseguia identificar, mas que engoliram junto à bagagem.

"Avô?", gritou uma voz feminina. "Avô?!"

Viram uma rapariga sacudir um vulto estendido no chão, onde passara a noite como toda a gente. Desencadeou-se um burburinho, com elementos da família a acudirem. A certa altura as mulheres começaram a chorar e um homem colocou um lenço sobre a cara do idoso que não despertara. Não era a primeira cena do género a que assistiam, dado que já nos dois dias anteriores outros três velhos tinham morrido em pleno átrio. Já vinham doentes, mas as ordens de deportação não conheciam exceções.

Deram um salto ao quarto de banho para as primeiras necessidades do dia. Havia urina e fezes espalhadas pelo chão, pois as retretes estavam entupidas e o caminho até elas tornara--se intransitável com tantos excrementos, pelo que se aliviaram à entrada do compartimento. As primeiras idas ao quarto de banho haviam-lhes feito muita confusão, nunca tinham visto uma imundice daquelas, mas por fim começaram a comportar--se como se tudo até fosse normal.

Os SS voltaram a aparecer uma hora depois.

"Toda a gente no átrio!", ordenou um deles. "Vamos lá, todos no átrio."

As pessoas começaram a movimentar-se e formaram filas de novo no centro do pavilhão. Um oficial plantou-se diante da multidão, as pernas abertas, os braços atrás das costas, um olhar imperial a varrer as gentes; era mais velho e graduado que os outros, e pela sua postura tornou-se evidente que se tratava de alguém com autoridade.

"Hoje vocês começam uma nova vida", anunciou o homem em alemão com sotaque da Saxónia, as palavras a ecoarem pelo átrio. "Irão para um sítio onde não sofrerão perseguições. Theresienstadt."

Calou-se para encarar os rostos que o fitavam e as paredes do pavilhão devolveram o eco.

...stadt...stadt.

"Juntar-se-ão em Theresienstadt a milhares de membros da vossa raça que aí vivem em perfeita segurança. Quando chegarem, ser-vos-á distribuído trabalho e terão oportunidade de se tornar membros produtivos do Reich. O vosso futuro começa hoje." Estendeu o braço direito. "Heil Hitler!"

O oficial rodou sobre os calcanhares e abandonou o grande átrio em passada rápida, as botas a ecoarem pelo chão sob o silêncio absoluto das pessoas que enchiam o Palácio das Exposições. Nessa altura vários soldados das SS e polícias checos rodearam a multidão e, apertando o cerco, indicaram a porta de saída.

A longa fila estendia-se até ao edifício cinzento da estação Praha-Bubny. Os jornais exibidos nos quiosques enchiam-se de artigos sobre o heroísmo das tropas alemãs que se haviam rendido em Estalinegrado.

Ao contrário do que seria de esperar, os alemães assumiram abertamente a derrota na grande cidade do Volga e abordavam o assunto nos jornais e na rádio. Milhares e milhares de soldados alemães tinham-se rendido e Berlim reconhecia-o. A sua primeira grande derrota. Apesar da inesperada franqueza da propaganda alemã, Estalinegrado era apresentada pelos nazis como um caso isolado, um revés sem consequências, pois a *Endsieg*, a vitória final, era certa. Talvez fosse, talvez não. O importante é que a máquina de guerra alemã fora travada. Mesmo que não servisse para outra coisa, Estalinegrado provara que a Wehrmacht afinal não era invencível. Quem fora batido uma vez poderia muito bem sê-lo mais vezes. Além disso, os americanos começavam a chegar em força, os ingleses tinham derrotado os alemães em Al Alamein e no mês anterior Berlim fora bombardeada duas noites consecutivas. Era só aguentar mais um bocadinho...

Os comboios estavam nas linhas, composições negras já de portas abertas, as locomotivas a exalarem bafos como se ressonassem; dir-se-iam monstros de boca escancarada. Chegaram à plataforma e pararam ao sinal de um SS. Os deportados enchiam todo o espaço, comprimidos uns contra os outros atrás de um cordão de militares alemães e gendarmes checos. Muitos judeus já haviam entrado nas carruagens, pelo menos os que tinham os talões com números mais baixos, e os restantes aguardavam vez.

"Do oitocentos e um ao oitocentos e cinquenta, neste vagão!"

A ordem do alemão levou as cinquenta pessoas com os talões marcados com aqueles números a encaminharem-se para o vagão indicado. Levin inspecionou os três talões da família. Seriam os seguintes. O SS avançou para outra carruagem e voltou-se de novo para a multidão.

"Do oitocentos e cinquenta e um ao novecentos, neste vagão!"

Os Levin dirigiram-se para a carruagem que lhes foi indicada, subiram os dois degraus metálicos, os braços carregados de malas e sacos a embaterem nas paredes, e instalaram-se em dois lugares; Peter ia ao colo do pai, as malas e os sacos por baixo dos assentos ou empilhados sobre Gerda. Depressa o vagão ficou apinhado. Os SS fecharam as portas e das janelas os Levin viram o resto dos deportados serem direcionados para as restantes carruagens. Ao cabo de uma hora todas as portas foram cerradas. Dois SS correram pela plataforma ao longo da composição, para se certificarem de que tudo estava em ordem, e quando chegaram ao fim voltaram-se para trás e fizeram um sinal com os braços.

Após uma breve pausa ouviu-se um apito e as carruagens estremeceram. Levin olhou para as paredes cinzentas da estação e por momentos teve a impressão de que o edifício se mexia e o comboio permanecia parado, mas a impressão foi fugidia porque depressa um solavanco lhe mostrou que era afinal o comboio que se movimentava. O transporte Cc rolava já sobre os carris. Ao princípio ia devagar, como se a locomotiva estivesse cansada, mas depois ganhou velocidade, pareceu até entusiasmar-se, e à saída de Praga já avançava desenfreado, correndo como o vento para Theresienstadt.

V

O primeiro sinal de que algo de anormal se preparava surgiu quando um soldado que viera de patrulha disse ter visto camiões por trás das linhas inimigas. Francisco não deu importância ao caso, até porque tinha a cabeça ocupada com Tanusha. Mas, logo na manhã seguinte, ao consultar no *bunker* o registo de informações da companhia, deparou-se com duas frases que o intrigaram.

De las 13 a las 15.30 horas se observa gran tráfico de camiones desde Leninegrado a Kolpino. En general, más movimiento de personal en la zona de Kolpino que los días anteriores.

O sargento-adjunto ponderou o significado daqueles pedaços soltos de informação. Tráfego de camiões? Mais movimento de pessoal? O que raio estariam os russos a cozinhar? Perturbado, dado que era a segunda vez em menos de vinte e quatro horas que se cruzava com informações dispersas que

187

apontavam no mesmo sentido, resolveu averiguar o que se passava. Vestiu o sobretudo, pôs a faixa térmica elástica em torno da boca, das orelhas e do pescoço, pôs o gorro na cabeça, calçou as luvas de lã grossa, pegou num periscópio, pendurou a MP 40 a tiracolo e saiu do *bunker*, preparado para enfrentar o inverno russo. Estavam trinta graus negativos.

Desceu até à HKL, a principal trincheira de combate, caminhando com movimentos enérgicos para gerar calor. Vinte metros volvidos deu consigo a patinar e quase caiu, mas conseguiu reequilibrar-se. Ficou por momentos imóvel e analisou o solo. Com cautela redobrada, bateu no chão com as *pañenkas* que trazia calçadas, para verificar a consistência do piso, e descobriu que a lama se transformara em gelo; daí em diante teria de caminhar com mais cuidado. Já em passo prudente, percorreu a trincheira até atingir a ponta leste das posições espanholas, diante de Kolpino.

Depois de determinar o melhor ponto de observação, acomodou-se na neve, ergueu o periscópio sobre o parapeito e espreitou pelo óculo. Do outro lado tudo parecia calmo. Girou o periscópio para a esquerda e para a direita, focando a atenção no que se passava por trás das linhas inimigas. Viam-se camiões a passar. Tirou o olho do óculo e esfregou a faixa elástica que lhe cobria o queixo. O que quereria aquilo dizer? Guardou o periscópio e levantou-se, percorrendo a HKL até ao posto mais próximo.

A sentinela estava sentada na neve a fumar com a despreocupação característica dos soldados espanhóis; dir-se-ia na Gran Vía a apreciar as *guapas*.

"Então, meu cabrão?", rosnou o português, um bafo de vapor a sair-lhe da boca tapada. "É assim que se vigia o inimigo?"

Ao reconhecer o temido sargento-adjunto, a sentinela pôs-se em sentido.

"Meu sargento, estava só a repousar um instante", desculpou-se o soldado espanhol. Pegou na espingarda e espreitou as posições russas. "Passei a manhã com os olhos nos *rojos*."

"E o que viste?"

"Ah, meu sargento. Vai para ali um movimento infernal. *Madre mía!*, há dois dias que são camiões para cá e para lá."

"Muitos?"

"Muitíssimos, meu sargento. E comboios."

"Também?"

"Sim, meu sargento. Só esta manhã contei três a chegar e quatro a partir."

"Em que direção?"

"Pareciam-me ir e vir de Leninegrado."

Francisco ponderou um instante aquela novidade.

"E que mais?"

"*Bueno*... uh... só os camiões e os comboios, meu sargento."

"Não viste mais nada?"

"Não, meu sargento", assegurou a sentinela. Hesitou. "Quer dizer, apareceram também os homens das minas."

O português soergueu a sobrancelha.

"Que homens das minas?"

"Vi uns *rojos* camuflados de branco a passarem com minas nas mãos."

Esboçou um ar incrédulo.

"Estão a pôr mais minas nesta zona?"

"Não, meu sargento. Estão a tirá-las."

"Como?"

A sentinela pôs a mão por baixo do capacete e coçou a cabeça, decerto por efeito dos piolhos que empestavam as trincheiras.

"Os *rojos* andam a desminar o setor."

Depois de comentar com Juanito e com Gómez o que descobrira, Francisco e os dois sargentos decidiram falar com o capitão Ulzurrum. Dirigiram-se para o *puesto de mando*, o principal *bunker* do seu setor, e plantaram-se à entrada. O comandante da segunda companhia analisava um enorme mapa aberto sobre a mesa e tiveram de dar um toque suave na porta para lhe chamar a atenção.

"O nosso capitão dá licença?"

O capitão Ulzurrum fez-lhes um gesto para que se aproximassem.

"*Entonces?*", lançou-lhes. "*Qué pasa?*"

Aquecido por uma lareira e forrado a tábuas de pinheiro, o gabinete do *puesto de mando* era surpreendentemente confortável. Ficaram em sentido diante do oficial, as MP 40 a tiracolo, até o mais antigo dos três, o sargento Gómez, receber autorização para falar. O espanhol expôs a informação recolhida por Francisco e o oficial escutou-o com ar atento. Quando o sargento terminou, o comandante da companhia prendeu um cigarro nos lábios e inclinou-se sobre a chama da lâmpada de petróleo para o acender. Aspirou fundo e soltou uma nuvem acinzentada.

"Todas as patrulhas estão a registar um aumento significativo de movimento por trás das linhas inimigas", disse. "Não é só nesta companhia, é em todas. Os regimentos 262 e 269 comunicaram movimentos semelhantes diante das suas posições." Aspirou o cigarro. "Estas informações permitem-nos prever que os *rojos* vão atacar."

O capitão Ulzurrum recostou-se no banco e voltou-se para o mapa como se esperasse que se fossem embora. Percebendo isso, os três hesitaram, desconcertados, e fizeram continência, que o oficial ignorou. Antes de sair, contudo, Juanito não resistiu a perguntar o que estava na mente de todos.

"Meu capitão, quando será esse ataque?"

O comandante da companhia manteve os olhos presos ao mapa, como se não o tivesse ouvido. Juanito não insistiu. Se o superior hierárquico não queria responder lá teria as suas razões. Voltou a fazer continência e deixou aquele canto acolhedor para mergulhar nos trinta graus negativos do inferno branco de fevereiro. Ao afastarem-se, porém, os homens ainda ouviram o capitão Ulzurrum.

"Em breve."

Apenas dois dias depois da queda de Estalinegrado, os camiões rolavam intensamente por trás de Kolpino. Francisco deixou de ter dúvidas quanto ao significado do movimento. Os homens da Divisão Azul passaram a tarde de 9 de fevereiro a escutar a intensa atividade nas linhas inimigas, com gritos e ordens, o som de golpes de martelo, guinchos metálicos e o ronronar incansável dos motores dos camiões. A barulheira era tanta e tão próxima que se diria que os soviéticos circulavam já nas linhas espanholas.

"*Coño*, os *rojos* andam mesmo entretidos", comentou Juanito quando foi espreitar o movimento inimigo. "Prepara-se uma *fiesta*."

"É verdade", assentiu Francisco. "Vai ser um bailarico e peras."

Ao cair da noite vieram as primeiras luzes do espetáculo. Os soviéticos lançaram uns foguetes que se acendiam de vermelho a uns cento e cinquenta metros de altura, para depois

191

descerem lentamente, apagando-se quando tocavam no solo. Uns caíram ao longo da trincheira HKL, outros junto dos diversos *puestos de mando*, mais alguns sobre os *bunkers*.

"*Joder!*", praguejou Juanito, vendo um dos foguetes pousar ao lado da trincheira. "Mas o que raio é isto?"

"És mesmo tonho!", resmungou Francisco. "Ainda não percebeste, ó palerma? São marcações."

"Marcações de quê, *caray?*"

"Marcações para a artilharia", explicou. "Lançaram os foguetes para os pontos que querem arrasar e agora os artilheiros já nos têm na mira." Pegou na MP 40 e acariciou-lhe o metal. "Aqui a minha menina vai ter muito trabalhinho."

O capitão Ulzurrum chamou os homens da segunda companhia, à exceção das sentinelas, para o seu *bunker*. Quando entraram, Francisco e Juanito deram com o capitão Miranda, comandante do batalhão 250, num espaço apinhado de soldados. Depois de Ulzurrum confirmar que estavam todos presentes, Miranda encarou os soldados.

"*Tengo un mensaje del general de nuestra división*", anunciou. "O batalhão 250 tem-se portado de modo exemplar diante do inimigo, combatendo com denodo e exibindo uma coragem que dignifica o exército espanhol." Girou a cabeça pelo *bunker*, de modo a abarcar com o olhar o maior número possível de homens. "Estou certo de que nenhum de vós ignora que os *rojos* se preparam para lançar um ataque neste setor." Inclinou a cabeça para cima e franziu o lábio inferior, à maneira de Mussolini. "Não é por acaso que o fazem. Estamos a ocupar a estrada Leninegrado-Moscovo e eles precisam desesperadamente dela para abastecerem a cidade e fazerem passar unidades mecanizadas. Mas também não foi por acaso que os nossos aliados nos confiaram a missão de bloquear esta estrada. Os alemães sabem que homens colocaram aqui, sabem de que cepa são feitos os nossos soldados, sabem que por este ponto não passará ninguém." Tirou um papel do bolso. "Tenho aqui uma declaração do *señor* Adolfo Hitler a propósito das nossas forças."

Após desdobrar a folha, o capitão Miranda afinou a voz e leu em voz alta as palavras atribuídas ao *Führer*.

"'Os espanhóis são um bando de esfarrapados'", disse. "'Encaram a espingarda como um instrumento que não deve ser limpo seja qual for o pretexto. As sentinelas apenas existem como conceito. Não ocupam o seu posto e sempre que o fazem é para dormir. Quando os russos atacam, quem os acorda é a população local.'"

Um burburinho percorreu os soldados do batalhão; de algum modo reviam-se naquela descrição, mas era desagradável ouvi-la da boca de um chefe estrangeiro. O capitão levantou a mão para os calar e prosseguiu a leitura das palavras atribuídas a Hitler.

"'Mas os espanhóis nunca cederam uma polegada de terreno. Não se concebe gente mais destemida. Raramente se abrigam. Brincam com a morte. Sei, em todo o caso, que os nossos homens estão sempre satisfeitos quando têm os espanhóis como seus vizinhos de setor.'"

O capitão Miranda levantou a cabeça e guardou o papel, dando por concluída a leitura, e nesse instante os homens da unidade ergueram as armas no ar e soltaram em coro um grito rouco.

"*Arriba Españaaa!*"

Apenas os portugueses, incluindo Francisco, não se juntaram ao grito; estava fora de questão darem vivas a um país estrangeiro. O comandante do batalhão 250 voltou a fazer o seu trejeito característico com o queixo.

"É por isso que, olhos nos olhos, vos digo agora: o inimigo não sabe o que o espera." Soltou um grito: "*Los rojos no pasarán!*"

Os soldados voltaram a responder em coro.

"*No pasaráaaan!*"

Alguns sorriram. Aquele grito fora a palavra de ordem dos republicanos durante a guerra civil, um juramento a que os *rojos* espanhóis haviam faltado pois os nacionalistas tinham passado, mas se era a Divisão Azul a gritar *no pasarán!*, então seria diferente. Não passariam mesmo. O capitão Miranda estendeu a mão para o ar e, tremendo de exaltação, voltou a berrar.

"*Arriba España!*"

"*Arribaaaaaaa!*"

Deu meia volta e foi-se embora.

Com a iminência do ataque russo, as folgas foram canceladas. A decisão não agradou a nenhum elemento da Divisão Azul, mas ninguém se mostrou mais inconformado que Francisco. Não alimentava a menor dúvida de que os russos avançariam sobre a Divisão Azul com força devastadora. Não haveria tréguas, seria um combate selvagem, lutariam como animais. Nessas condições, estava fora de questão não ir ao bosque de Sablino ver Tanusha. Queria ajudá-la nem que fosse uma última vez, mas como fazê-lo se as folgas tinham sido canceladas? Depois de expor o problema a Juanito, o amigo inventou um pretexto e obteve-lhe um passe de três horas.

"Não te atrases, ouviste?", recomendou-lhe o amigo. "Os tipos estão a fuzilar quem foge das linhas."

Fazia um frio inaudito, com os termómetros a descerem para lá dos vinte negativos, e foi enregelado e com alívio que meia hora mais tarde, depois de passar pelo seu abrigo para ir buscar o saco preparado especialmente para a ocasião, Francisco entrou na *dacha* das Tsukanovas. Tanusha acolheu-o com os dois beijos da praxe na cara, embora surpreendida por vê-lo ali num dia que não era segunda-feira. Mais surpreendida ficou no momento em que o português abriu o saco que trouxera e do interior retirou carne, leite, batatas, mel e chocolate, que espalhou sobre a mesa da cozinha como se estivesse num mercado.

"*Tchort!*", exclamou a russa com uma gargalhada incrédula, pois apenas com o Aguinaldo de España lhe tinha ele trazido tanta fartura de uma assentada. "É Natal outra vez em Espanha?"

Excitada e mal contendo a alegria, foi aos pulos chamar as irmãs. Estas vieram para a cozinha e, embasbacadas, abeiraram-se da mesa para contemplar de mais perto o novo cabaz.

"Assim vou engordar", queixou-se com uma risada a maior das três, Margarita, que com os olhos já devorava os alimentos. "Que horror! Ainda acabo gorda que nem uma baleia!"

"Coitados dos clientes!", riu-se Olga. "Vais sufocá-los com as mamas!"

Margarita voltou-se para o português.

"O que se passa com os soldados?", quis saber. "Andam zangados connosco? Há uns dias que não aparece ninguém. *Tchort!* Parece que temos sarna."

"As folgas foram canceladas", explicou Francisco. "Ninguém pode abandonar as linhas."

"Ora essa! Porquê?"

"Porque os russ... uh... enfim, porque os comunistas se preparam para nos atacar. Vai haver uma grande batalha e temos de estar nas linhas de prevenção. Eu mesmo só consegui vir aqui graças a uma autorização especial. Daqui a uns minutos tenho de voltar."

Fez-se um silêncio pesado na cozinha. As três irmãs ficaram especadas a olhar para ele. Vinha aí uma grande batalha? Embora ninguém tivesse dúvidas sobre a natureza da guerra, todas ficaram perturbadas com a novidade, mas nenhuma tanto como a mais nova.

"Quer dizer que... que te pode acontecer alguma coisa?"

O português fez um gesto a indicar os bens na mesa e forçou um sorriso, tentando desdramatizar na forma o que dramatizava no conteúdo.

"Foi por isso que vos trouxe isto."

Para sua surpresa, viu uma lágrima deslizar do rosto de Tanusha; era a primeira vez que uma mulher chorava por sua causa. Observando a perturbação da irmã mais nova, Olga foi a primeira a reagir.

"Uh... tenho ali uma coisa para te mostrar", disse, dando um toque com o cotovelo a Margarita. "Anda daí."

As duas saíram da cozinha, evidentemente para lhes dar privacidade. Tanusha e Francisco ficaram sós. Ela fitava-o com intensidade, os dois olhos azuis a cintilarem como estrelas. Uma segunda lágrima espreitava-lhe de um canto da pálpebra, o queixo redondo trémulo de emoção. Abriu a boca para dizer qualquer coisa, mas não lhe saiu nada. De repente voltou-se e saiu a correr da cozinha, desaparecendo nas entranhas da *dacha*.

O português não soube o que fazer. Lidar com mulheres não era definitivamente a sua especialidade; tudo lhe parecia complicado e imprevisível. Esperou que houvesse novidades, que ela desse meia volta, que as irmãs aparecessem, que qualquer coisa sucedesse. Mas nada.

"Tanusha?", chamou timidamente, como se apalpasse o terreno. "Tanusha, onde estás tu?"

Ouviu uma porta bater no interior da casa e vacilou. Tinha de fazer alguma coisa. Meteu pelo corredor, decidido a ir ter com ela, mas como era a primeira vez que andava ali ficou por momentos desorientado. Viu a porta aberta de um compartimento iluminado e deu com Olga e Margarita.

"A Tanusha?"

As duas irmãs entreolharam-se, sem saber se deveriam meter-se no assunto. Ciente de que havia talvez adiado de mais a conversa que tinha de ter com ele, Olga cruzou os braços, disposta a pôr enfim tudo em pratos limpos.

"O que sabes tu de nós?"

"Perdão?"

"É uma pergunta muito simples. O que sabes tu de nós?"

"Bem... sei que vocês recebem aqui homens e..."

Olga interrompeu-o com um estalido impaciente da língua.

"Estou a falar da nossa vida, do nosso passado. O que sabes tu de nós?"

Francisco devolveu-lhe uma expressão opaca. Assim confrontado com a questão, percebeu que em bom rigor não só nada sabia como não sabia como interpretar as palavras dela. Morlán avisara-o de que as mulheres por vezes diziam uma coisa e na verdade queriam dizer outra. Seria aquela uma dessas ocasiões?

"Nada", admitiu. "Falamos sobre muitas coisas, claro, mas nunca sobre o passado."

"E por bons motivos", atalhou a mais velha das Tsukanovas. "O papá morreu quando a Tanusha tinha dez anos. Vieram cá os comunistas, acusaram-no de ser um grande proprietário de terras, um *kulak*, só porque tínhamos três cabritos e o quintal cultivado, e mandaram-no para um campo de concentração. Nunca mais o vimos. Disseram-nos que foi fuzilado por ser um inimigo de classe e explorar o proletariado. Ficámos sem ninguém que nos protegesse. A mamã foi trabalhar a terra, apanhou uma pneumonia e morreu três anos depois. Coube--me a mim e à Margarita tratar da nossa maninha. Mas depois veio a... a..."

Fez um gesto vago para a janela, como se estivesse cansada, e teve de ser Margarita a completar a frase.

"A guerra."

"O Exército Vermelho passou por aí e três soldados apanharam a Tanusha quando ela estava no lago de Sablino a lavar a roupa e... enfim, fizeram-lhe o que os soldados fazem às mulheres." Suspirou. "Ser bonita às vezes é uma maldição. Não imaginas o estado dela quando apareceu em casa."

O português baixou a cabeça; era duro ouvir aquilo sobre a sua Tanusha.

"Estou a perceber."

"Não, não estás", cortou Olga em tom quase acusatório. "És homem e para vocês as mulheres não passam de um brinquedo, um parque de diversões." Abanou a cabeça. "Se a nossa vida já era difícil, desde que esta maldita guerra começou tem sido um inferno. É verdade que o Exército Vermelho se foi embora, mas a seguir chegaram os alemães e depois vocês. Vivemos no meio do caos, da fome, da miséria. Tivemos de começar a receber soldados aqui em casa. É uma vergonha, eu sei, mas o que havíamos de fazer? Morríamos de fome?" Indicou com um gesto o corredor. "Temos tentado protegê-la, só Deus sabe como nos sacrificámos para a abrigar de tudo isto, mas há coisas que estão para lá do nosso alcance. Somos mulheres e falta-nos a força dos homens."

"Estou aqui eu, não estou?"

Ela suspirou.

"Estarás mesmo?", questionou, num jeito mais conciliatório. "É verdade que a tens protegido. Ajudaste-a, e ajudaste-nos, muito. Agradecemos-te por tudo. O problema é que a nossa Tanusha começou a achar que estarias aqui para sempre, percebes? Passou a depender de ti. Nós continuámos a fazer o nosso papel e explicámos-lhe que não se pode confiar nos homens, que vocês vêm e vão e apenas nos querem usar, mas na cabeça dela, com esses teus chocolates e presentes e mais a tareia que deste aos alemães que a importunaram, acabaste por assumir a figura do pai que ela deixou de ter. A Tanusha pensou que nunca lhe faltarias. Por mais que lhe disséssemos que eras um homem como os outros, que estavas de passagem, que da mesma maneira que vieste também partirás, que só te querias aproveitar dela e que no dia em que ela te desse o que verdadei- ramente desejavas tu desaparecerias como desaparecem todos os outros, por mais que tentássemos fazer-lhe ver a realidade, ela agarrou-se a essa ilusão, a essa mentira, e não acreditou. Achou que eras o anjo protetor e que daí em diante tudo seria diferente. Nunca mais ninguém a ameaçaria, nunca mais pas- saria fome, estaria sempre segura. E hoje... hoje vieste cá a casa com essa comida toda e deste-lhe a entender que é a última vez que vocês se veem. E ela..."

"Não tenho culpa de que os comunistas se estejam a..."

"Não estou a dizer que tens culpa, estou a dizer que é esta a realidade. A Tanusha ficou sem pai aos dez anos, foi brutal- mente violada por um grupo de soldados e agora convenceu-se de que estarias sempre por perto para a proteger. Isso afinal não vai acontecer e ela ficará de novo entregue à sua sorte, pois, por mais que tentemos, eu e a Margarita não temos força para a defender dos homens. A ilusão desfez-se. Como pensas tu que uma rapariga como ela reage?"

Fez-se silêncio no quarto. Francisco sabia que havia muita verdade no que escutara, mas também coisas que não eram como elas diziam. Poderiam ser verdadeiras com outros, poderiam até ser verdadeiras com ele noutras circunstâncias, mas não dessa vez. Queria dizê-lo, mas faltava-lhe habilidade com as palavras. A única certeza que tinha era que queria de facto protegê-la. Era contudo verdade que os seus poderes tinham limites, os impostos pela Divisão Azul, pela guerra e pelas circunstâncias. Não o podia negar e não havia volta a dar.

Consultou o relógio.

"Não posso ficar muito tempo", constatou. "Onde está ela?"

"É melhor ires-te embora."

Francisco levantou a voz.

"Onde está ela?"

Ficaram os dois parados um diante do outro, como num duelo de vontades, e teve de ser Margarita a intervir. Puxou o português pelo braço e apontou para o corredor.

"Lá em cima."

Ao fundo do corredor havia umas escadas. Depois de as trepar, Francisco constatou que uma porta barrava o caminho; presumiu que era ali o quarto dela. Bateu suavemente na madeira com o nó dos dedos.

"Tanusha, estás aí?"

Ninguém respondeu. Baixou-se e encostou a orelha à porta. Do outro lado ouviu um arrulhar abafado; era decerto ela que chorava em voz baixa, talvez com a cara enterrada no lençol ou numa almofada.

"Tanusha, abre a porta!", ordenou, assumindo a voz de comando. "Abre a porta imediatamente!"

Mesmo assim a rapariga não abriu. Pelo menos tinha força de caráter, considerou. Raras eram as pessoas que lhe desobedeciam quando recorria àquele tom militar, mas ali estava Tanusha a fazê-lo.

"Tanusha! Abre imediatamente!"

Constatando que a voz de comando não estava a resultar, mudou para uma versão mais suave.

"Por favor, Tanusha. Estou preocupado contigo. Abre a porta para falarmos, está bem? Abre, por favor."

Sempre sem efeito. Voltou a espreitar o relógio e percebeu que o tempo se esgotara. Daí a meia hora tinha de se apresentar nas linhas, sob pena de ser declarado desertor. Os desertores eram fuzilados sumariamente. Não queria sair dali, mas já não havia alternativa.

"Está a fazer-se tarde, Tanusha. Tenho de voltar. Se não abrires agora pode ser que nunca mais me vejas. Não queres isso, pois não?

Nada.

"Pode ser que volte, pode ser que não volte. Não sei o que vai acontecer, não depende de mim. Mas gostaria de te ver. Abre a porta, por favor."

A porta permaneceu fechada. Após esperar mais alguns segundos, os últimos dos últimos, Francisco rendeu-se à evidência. Ela não abriria.

"Adeus, Tanusha."

Assentou a palma da mão na porta, como se a acariciasse. Depois virou costas e começou a descer devagar, os degraus de madeira a rangerem sob o seu peso, ainda com a secreta esperança de que ela cedesse e nesse último momento aparecesse para se despedir. Mas isso não aconteceu. A porta permaneceu fechada e Francisco abandonou a *dacha* com a terrível sensação de que nunca mais ali voltaria.

VI

Havia já quinze minutos que o comboio desacelerava. A viagem tivera diversas paragens em estações, apeadeiros e até no meio do campo para deixar passar outras composições. À custa de tanto para-arranca, o percurso prolongara-se por onze horas. Com as portas fechadas durante todo esse tempo, o ar dentro da carruagem dos Levin tornara-se pesado e os corpos libertavam um fedor indefinido. Sempre que um SS passava, os passageiros tinham de tirar os chapéus. A certa altura, um deles parou diante de um homem de óculos redondos.

"Qual é o teu nome?"

"Milán Weinmann."

O alemão desferiu-lhe duas bofetadas inesperadas.

"O quê?!"

"Perdão... Milán Israel Weinmann."

Por lei todos os judeus tinham de acrescentar o nome "Israel" ao seu nome original e as judias eram obrigadas a adicionar "Sara". Mas a correção não satisfez o SS, que deu mais uma bofetada ao homem.

"O teu nome é Porco Judeu Israel Weinmann! Percebeste?"

"Sim, senhor. Chamo-me Porco Judeu Israel Weinmann."

Satisfeito, o SS afastou-se perante o silêncio geral. Peter anichara-se junto ao pai. Todos os passageiros mantinham o olhar baixo, e foi assim, com o comboio em marcha lenta, que entraram na pequena estação.

As tabuletas pregadas aos postes ao longo da plataforma indicavam *Bohušovice-Bauschowitz*. Depois de um longo guincho de travagem, a composição imobilizou-se com um solavanco e um suspiro final. Os homens das Waffen SS corriam de um lado para o outro na plataforma sob o olhar passivo dos gendarmes checos. Gritavam-se ordens em alemão. De repente, as portas da carruagem dos Levin abriram-se e um SS saltou para o interior.

"*Raus! Raus!*", berrou o soldado, gesticulando para os deportados. "Todos para fora! Vamos! Para fora! *Raus!* Tragam tudo convosco! *Raus!*"

Ansiosos por sair, os passageiros puseram-se de pé e pegaram nas suas coisas. De nariz colado à janela, Peter estudou a estação. Só havia duas vias-férreas. O horizonte era recortado por montanhas distantes e o crepúsculo aproximava-se.

"Bohu... Bohušovice", balbuciou, lendo as tabuletas na plataforma. "Não íamos para Theresienstadt?"

Tal como os restantes deportados, os pais pegavam já nas suas coisas. Levin inclinou-se sobre a janela e, passando os olhos pelas paredes amarelas e de um laranja-desmaiado do edifício da gare, apontou para os nomes alemães recentemente esculpidos no topo da fachada.

Theresienstadt-Bauschowitz.

"Bohušovice é a estação de Theresienstadt", explicou. "Anda, vamos sair."

Assustados, fatigados, esfaimados e doridos após tantas horas sentados nos bancos de madeira dos vagões, os passageiros desaguaram na plataforma quase contentes por caminharem ao fim de meio dia de viagem.

"Formem linhas de quatro!", ordenou um SS. "Vamos lá, linhas de quatro."

A plataforma era de facto estreita e os deportados foram-se alinhando em filas com quatro pessoas de largura.

"*Schnell, schnell*", pressionou o soldado alemão. "Depressa, depressa. Vamos a andar, não parem."

Era mais fácil de dizer do que de fazer. Com todas as malas e sacos, e com muitos idosos e crianças entre a massa humana, a progressão ao longo da plataforma não podia ser mais rápida sob pena de se atropelarem. A multidão foi assim caminhando lentamente até sair da plataforma e meter por um carreiro enlameado, enquadrada por SS alemães e gendarmes checos. Fazia frio, talvez uns cinco graus negativos. A noite já caíra e o caminho era iluminado por postes com luzes amareladas.

"Ai... ajudem!"

Levin olhou para trás e percebeu que um casal de idosos estava em dificuldades; ele caíra e a mulher não tinha forças para o levantar. O ilusionista foi ajudá-los e viu que os velhos não conseguiriam transportar toda a bagagem; traziam cem quilos, mas não havia maneira de carregarem tanto peso. Pegou na mala mais pesada dos idosos enquanto Gerda, que já vinha carregada, pegou noutra e Peter ficou com mais um saco.

"*Schnell! Schnell!*"

Viram um SS dar uma coronhada a outro idoso que caíra na lama uns metros adiante. Vários deportados jovens, já carregados com malas e crianças chorosas, vieram acudir à vítima, ajudando-a a levantar-se e também eles lhe levaram as malas. E os soldados alemães, com as suas coronhadas e berros, não estavam ali para ajudar.

A longa fila serpenteou ao longo de uma hora pelo extenso caminho lamacento, embora talvez já não se pudesse falar numa única fila mas em grupos mais ou menos próximos, pois os SS tinham desaparecido e a procissão fora-se desintegrando sob o olhar tolerante dos gendarmes checos. A certa altura, e já com os músculos doridos por causa do peso acumulado, Levin viu muralhas altas e deteve-se para as apreciar.

"Theresienstadt."

Quando no final de 1941 os alemães haviam começado a enviar os judeus para Theresienstadt, o mágico fora-se informar. Terezín, como os checos lhe chamavam, era uma pequena cidade fortificada do Império Austro-Húngaro batizada com o nome de Maria Teresa, a mãe do imperador José II. As muralhas haviam sido concebidas para albergar onze edifícios militares destinados a uma guarnição, e era esse o destino de todos.

"*Schnell! Schnell!*"

Ao ver um SS com a espingarda a postos para dar as coronhadas da ordem, Levin pegou de imediato nas malas e, literalmente a arrastar-se com o enorme peso, recomeçou a caminhar, fazendo o seu grupo avançar de novo.

A longa fila passou por uma ponte sobre a fossa que cercava as muralhas, parte de um sistema defensivo que fizera sentido no século XVIII, e os Levin entraram no perímetro de Theresienstadt. Dentro da fortaleza depararam-se com guardas a indicar-lhes o caminho; tinham a estrela de David ao peito, uma banda amarela nos braços e um boné negro na cabeça.

"Por ali", disse um dos guardas, apontando o edifício para onde se encaminhava a fila. "É lá que vão dormir esta noite."

"Quem são vocês?"

"Ghetto-Wache", respondeu o guarda. "A polícia do *ghetto*."

O *ghetto* de Theresienstadt tinha pelos vistos uma polícia judaica. A constatação deixou Levin pasmado, ainda por cima por perceber que os SS e os gendarmes checos tinham ficado para trás. A única força da autoridade no interior da fortaleza eram os próprios judeus. O edifício para onde foram conduzidos, tal como os restantes imóveis, era grande e de construção sólida; dir-se-ia um vasto colégio militar. No átrio depararam-se com vários elementos da Ghetto-Wache à espera dos recém-chegados.

"Bem-vindos à Hohenelber Kaserne!", acolheu-os um deles, pequeno e magro. "Sou o Václav. Hoje vão pernoitar aqui e amanhã levamos-vos à Schleuse para se registarem e vos serem entregues os cartões de refeição e consignados alojamento e trabalho."

"Pai, tenho fome", queixou-se Peter, puxando-o pelo braço. "O jantar?"

O olhar de Levin reencaminhou a pergunta para Václav.

"Infelizmente a comida não abunda", disse o polícia judeu com algum embaraço. "Mas vai ser-vos servido café."

"Deixa estar, filho", interveio Gerda. "Tenho aqui umas bolachinhas."

Quando já se internavam na Hohenelber Kaserne, Václav abeirou-se de Levin.

"E Estalinegrado?", perguntou o elemento da Ghetto-Wache em voz baixa. "É mesmo verdade que os russos deram uma coça aos alemães?"

O ilusionista estranhou a pergunta, uma vez que os acontecimentos tinham já alguns dias.

"Sim, é verdade."

Václav firmou o punho no ar.

"Eu sabia!", quase urrou. "E... e morreram muitos alemães?"

"Acho que sim. Renderam-se centenas de milhares e, embora eu não saiba se é verdade ou propaganda, a BBC falou em mais de meio milhão de baixas alemãs. Uma hecatombe."

Os olhos do polícia brilhavam.

"Deus é grande!"

"Vocês não sabiam?"

"Fala-se nisso, mas por aqui há muita boataria e nunca temos a certeza de nada. Por vezes os gendarmes checos passam pelo portão e esquecem-se acidentalmente das páginas de uns jornais." Pronunciou a palavra *acidentalmente* com ironia. "Os gendarmes são os únicos que nos ajudam. Damos-lhes dinheiro e eles trazem-nos encomendas ou deixam pedaços de jornais com as últimas da guerra. Foi assim que soubemos de Estalinegrado. Mas as nossas melhores fontes são os novos deportados. Neste caso vocês. Os transportes trazem sempre notícias frescas." Voltou a baixar a voz. "É verdade que já há tumultos na Alemanha?"

"Tumultos?", admirou-se o interlocutor. "Nunca ouvi falar nisso."

Uma expressão de desilusão abateu-se sobre o rosto de Václav.

"Nem na BBC?"

"Não, nada." A questão interessou Levin, que naturalmente muito gostaria que a informação fosse verdadeira. "Porquê? Quem vos disse isso?"

O polícia encolheu os ombros.

"Oh, são notícias da agência JPP."

"Agência... quê?"

"JPP", repetiu. "*Jedna paní povídala.*"

Embora não fosse fluente em checo, Levin sabia que *jedna paní povídala* significava *uma mulher disse*.

"O que é isso?"

"São *bonkes*, calão do *ghetto*. Significa *bube meises*", retorquiu o polícia judeu. A expressão ídiche *bube meises*, ou *contos de velhotas*, era de facto autoexplicativa; pelos vistos *bonkes* queria dizer boatos em theresienstadtiano. "Chamamos agência JPP aos rumores otimistas que circulam por todo o *ghetto*. Quando há uma novidade agradável, costuma ser acompanhada pela frase uma mulher disse-me isto ou uma mulher disse-me aquilo. Outra expressão muito usual é *latrínky*, as notícias confirmadíssimas inventadas nas latrinas."

A expressão e a ironia arrancaram um sorriso aos recém--chegados, mas o ar divertido depressa se desvaneceu quando, ao chegarem a meio do corredor, Václav lhes apontou uma sala.

"É aqui que vocês vão pernoitar."

Ficaram especados a olhar para o interior. Na divisão acumulavam-se várias famílias, somando talvez meia centena de pessoas.

"Mas... não cabemos aqui."

Já experiente, todavia, o polícia judeu esquadrinhou a sala e localizou dois colchões por baixo da bagagem das famílias que enchiam o espaço. Mandou as pessoas em redor retirarem os pertences sobre os colchões e fez sinal aos Levin de que se acomodassem.

"Esta noite ficam aqui", disse. "Usem os vossos sacos e malas como encostos." Apontou para o corredor. "O café está na sala ao lado." Tocou no boné negro com a ponta dos dedos, à laia de despedida. "Passem bem."

A confirmação de que o jantar se resumia a um simples café não deixou os Levin animados.

"Já vi que não vamos engordar..."

"Há pior", retorquiu Václav, dando meia volta para se ir embora. "Bem pior, creia-me."

"O que pode ser pior do que um jantar que se resume a um simples café?"

A sua função terminada, o homem da Ghetto-Wache cruzara já a porta da sala e, desaparecendo pelo corredor, atirou-lhe a resposta.

"Os *Osttransporte*."

Os Levin entreolharam-se, sem perceber a expressão. *Transportes para leste?* O que diabo quereria ele dizer com aquilo?

VII

Os primeiros raios de luz rasgaram o céu e pintaram-no de uma tonalidade violeta com um toque de púrpura sobre a sombra que se desvanecia. O clarão a anunciar a alvorada acendeu-se à direita das linhas, recortando as árvores e as ruínas no horizonte; parecia o lampejo distante de uma fogueira adormecida. A claridade fria e límpida da aurora pousou com doçura sobre os campos revoltos; era uma luz serena e quase bucólica, assentando na neve com matizes de rosa-madrepérola. O vento parecia adormecido, apenas uma brisa suave acariciava a neve, e a natureza espreguiçava-se no raiar pacato de um novo dia.

Francisco espreitou para o termómetro coberto de gelo.

"Já viste isto?", perguntou, mostrando o instrumento a Juanito. "Quarenta graus negativos. Quarenta."

"*Coño*, é frio."

"Frio? Isto é... é... a porra do Polo Norte, caraças!"

O sargento espanhol tirou os olhos do termómetro e consultou o relógio, apertado sobre a luva grossa. O mostrador assinalava seis e meia da manhã.

"*Falsa alarma*", constatou. Espreitou as linhas soviéticas. "Ainda não é hoje que os *rojos* nos vêm visitar, *caray*. Não devem ter vontade de nos..."

Foi nesse instante que a erupção começou. Primeiro foram mil silvos sinistros, em uníssono, assobiando no firmamento. Depois a terra pareceu explodir. Um ruído aterrador e brutal fez vibrar o ar e o solo contorceu-se e agitou-se ao ritmo de um terramoto. Ergueram-se por toda a parte penachos de terra e fogo. Homens, árvores, pedras, lama, gelo, construções saltavam pelos ares. As explosões acendiam-se de um lado e de outro, o brilho tão intenso que os olhos doíam. Múltiplos sóis irrompiam com fragor sobre as linhas e escavacavam sobretudo a HKL.

"Para trás!", gritou Francisco, tentando sobrepor a voz às detonações. "Todos para trás!"

Juanito olhou-o interrogadoramente e respondeu, mas da boca não lhe vinha nenhum som; dir-se-ia um peixe. As detonações pareciam milhares de martelos a bater em metal ao mesmo tempo, um estrépito hediondo que nada permitia ouvir a não ser o rugir estrondoso dos canhões e o roncar histérico dos órgãos de Estaline, os terríveis lança-foguetes do Exército Vermelho.

Fazendo sinal ao amigo e aos dez homens assustados do pelotão para o seguirem, Francisco ziguezagueou pelas trincheiras de comunicação, curvado, a MP 40 a tiracolo, em direção à retaguarda. Passou pelo ninho de metralhadora e obrigou Morlán a sair dali com a sua MG 34, ajudando-o a carregar uma caixa com correntes de munições. Os pedaços de terra e gelo chicoteavam-lhe as costas e o ar reverberava, mas ignorou os efeitos das explosões e prosseguiu em corrida.

Minutos depois, já distante das primeiras linhas, encostou-se a um pinheiro e deixou-se cair, espalhando as correntes de munições pela neve suja.

"*Coño*, o que estás a fazer?", perguntou Juanito, ofegante, ao chegar junto dele. "A abandonar as linhas?"

"É um recuo tático."

O espanhol sentou-se ao lado do português e riu-se, enquanto os restantes homens do pelotão também chegavam, todos a respirar pesadamente, enormes nuvens de vapor a soltarem-se dos rostos ofegantes.

"Já pareces um boletim de situação, *caray*." Deu mais uma gargalhada. "Um recuo tático, dizes tu? Nunca imaginei ver *El Toro*, o metralhador que limpou a defesa da Puerta de la Trinidad e espalhou o terror entre os *rojos* de Espanha, a fugir como um coelho."

Francisco voltou a cabeça para as primeiras linhas e observou as explosões sucessivas a desfazerem as linhas da Divisão Azul.

"És mesmo idiota", rosnou. "Nem sei como te puseram um grau hierárquico acima de mim."

"*Bueno*, sou espanhol e tu não és."

"É a única explicação."

"Isso não invalida que tenhamos fugido."

"Fala por ti, maricas de merda." O português apontou para as explosões que varriam as linhas espanholas. "Olha para aquilo."

Juanito contemplou o espetáculo que se desenrolava algumas centenas de metros à frente deles.

"Os *rojos* batem-nos com toda a força."

"És um palerma, não há dúvida. Não vês que os gajos estão a destruir as nossas posições mais adiantadas? Se tivéssemos ficado, a esta hora éramos carne picada. Querem-nos fazer o que lhes fizemos vezes sem conta na guerra em Espanha. Limpam-nos a primeira linha, dizimam o pessoal, desmoralizam os sobreviventes e depois avançam com a infantaria para completar a limpeza."

"Ah", percebeu Juanito. "Tens razão."

"Foi por isso que viemos para aqui. Vamos esperar que o bombardeamento progrida para a nossa retaguarda. Quando isso acontecer, a infantaria deles vai avançar. É nessa altura que voltamos, percebeste?"

O espanhol deu-lhe uma palmada no ombro.

"Paco, és um génio", exclamou. "Um génio!"

O fogo da artilharia foi subitamente alongado. Francisco e Juanito aperceberam-se da alteração do padrão do bombardeamento quando, duas horas depois de tudo começar, sentiram as explosões irromperem atrás deles e viram penachos de terra erguerem-se onde os caminhos se bifurcavam. O português pôs-se de pé num salto.

"Estão a começar a bombardear a retaguarda", constatou. "A infantaria vem aí. Vamos."

Fizeram sinal ao resto do pelotão e meteram em fila pelas trincheiras, voltando às primeiras linhas. Quando chegaram à HKL, tiveram dificuldade em reconhecer o lugar. A trincheira principal deixara de existir; não passava de uma massa de terra disforme, sem parapeito, uma amálgama esventrada pelas granadas. Vários foguetes azuis, provenientes das linhas soviéticas, cruzaram nesse momento os céus. Do outro lado soou um clamor enlouquecido; eram milhares de vozes a berrar em uníssono.

"*Urrrrrrraaaaaaahhhh!*"

O pelotão viu a massa humana erguer-se das linhas inimigas; tratava-se da infantaria do Exército Vermelho que se lançava ao assalto. Juanito procurou uma saliência onde abrigar-se, mas já não havia parapeitos. Francisco apontou para duas crateras abertas dez metros adiante.

"Vamos para ali!"

O pelotão atirou-se para as crateras e apontou as armas para a onda humana. As MP 40 dos sargentos e as Mauser dos soldados abriram fogo, acompanhadas pelo tiro nutrido da MG 34 de Morlán. Os disparos defensivos irromperam por toda a linha; eram os espanhóis e os portugueses que tinham sobrevivido ao bombardeamento que saíam dos *bunkers* e enfrentavam o inimigo. A primeira vaga do Exército Vermelho foi varrida pela salva defensiva e os atacantes recuaram, deixando um monte de mortos sobre a neve, o vermelho-vivo quente a escorrer no branco gelado, alguns feridos a arrastarem-se de volta para as suas linhas.

Um tenente aproximou-se em corrida e chamou Juanito. "Os *rojos* estão a romper as nossas posições junto à *carretera*. O seu pelotão que vá para lá."

O sargento fez sinal e os seus homens abandonaram as duas crateras, correndo em direção à estrada. À medida que progrediam iam constatando que muitos elementos da segunda companhia tinham sobrevivido ao bombardeamento de preparação arrasador e estavam a postos. Não seriam de mais, uma vez que nesse instante emergiu atrás deles a segunda avalancha humana; os soviéticos voltavam ao ataque.

"*Urraaaaaaaah!*"

Quando o pelotão de Juanito chegou à estrada encontrou o caos instalado. Os *bunkers* tinham sido demolidos e as trincheiras niveladas pelas granadas. Por toda a parte se estendiam cadáveres, pedaços de carne espalhados pelo chão. Os órgãos de Estaline haviam batido a estrada com violência e os corpos tinham a pele rachada, rebentada pelas sucessivas ondas de choque. Um punhado de ibéricos combatia nas crateras, abrindo fogo sobre as linhas inimigas, que naquele ponto se encontravam a uns meros duzentos metros da Divisão Azul.

Mas era uma arma antitanque, que disparava a descoberto da estrada, que mais baixas infligia à infantaria soviética. O pelotão juntou-se ao punhado de homens refugiado nas crateras e constatou que eram chefiados pelo sargento Gómez.

"Os *rojos* estão a pressionar a nossa ala", informou-os Gómez, sem tirar os olhos das posições inimigas. "Isto está mal. Acho que alguns já circulam nas nossas linhas, *caray*."

Uma nova vaga emergiu de Kolpino, milhares de homens de novo ao assalto. O fogo defensivo espanhol que saía das crateras voltou a dizimar as linhas dianteiras do Exército Vermelho, mas dessa vez a força inimiga moldou-se à situação, evitando avançar diretamente sobre o ponto de maior resistência e fluindo como água pelas alas desprotegidas. Alarmado, Francisco viu os soviéticos chegarem ao arame farpado das linhas espanholas e cortarem-no com alicates. Despejou fogo sobre aquele setor, mas os homens do Exército Vermelho eram mais do que as balas da sua MP 40 e começaram a fluir sobre as linhas da Divisão Azul como um rio imparável. Percebendo que a posição estava prestes a ser flanqueada, o sargento Gómez saltou da cratera com cinco homens e foi dar-lhes luta, mas nem três passos completou até ser varrido pelo fogo inimigo. Apenas um homem voltou vivo à cratera.

"*Madre mía!*", gritou Juanito, consternado. "Perdemos o Gómez!"

Francisco olhou em redor e percebeu que a situação estava a tornar-se insustentável. Três homens do seu pelotão já tinham sido abatidos e restavam poucos dos defensores originais da estrada. Seriam ao todo quinze soldados, não mais. Todos disparavam sobre a força atacante e lançavam granadas de mão atrás de granadas de mão, num esforço desesperado para conter as avalanchas sucessivas. O número de mortos soviéticos tombados na neve era impressionante. Os corpos amontoavam-se numa massa disforme, salpicando de sangue a neve alva da manhã. Mesmo assim, o inimigo não parava de fluir.

A MG 34 de Morlán já tinha o cano incandescente. O metralhador do pelotão mergulhou a ponta da arma na neve para a arrefecer e nesse momento ouviram-se vários silvos sucessivos de balas e Morlán saltou no ar, projetado três metros. Francisco viu-o deitado sobre a neve, o peito empapado de vermelho, crivado de balas. O português pegou na MG 34. Sabia que a metralhadora era capaz de disparar novecentas balas por minuto e, apesar de diferente da velha Hotchkiss que manejara na guerra civil espanhola, os princípios eram os mesmos. Depois de ajeitar a cinta de munições, apontou para a massa de soviéticos a uns meros quinze metros de distância e regou-a com fogo intenso, espalhando a morte entre o inimigo e ganhando alguns minutos preciosos. Apenas dez homens restavam vivos na cratera. A posição tornara-se indefensável.

"Temos de sair daqui!"

Os dez homens abandonaram a cratera e correram para a retaguarda. Os soviéticos reemergiram nesse instante e, localizando os fugitivos, vieram no seu encalço. Francisco fechava a fila de soldados em fuga, largando rajadas intermitentes para manter os perseguidores à distância. Ouvia distintamente os gritos de "*urrah!*" atrás dele e as balas a assobiarem por toda a parte, mas não parava de correr e quando disparava era sempre em movimento. De repente, um grupo de homens cruzou-se na trincheira de comunicação com os soldados em fuga. Francisco reconheceu o capitão Miranda, comandante do batalhão, empunhando uma pistola e à frente de quatro homens, todos a correr em direção aos soviéticos.

"São loucos", murmurou. "Vão morrer!"

Dez metros à frente, o capitão Miranda e os seus homens foram de facto dizimados pelo fogo inimigo, um dos corpos cortado ao meio por uma metralhadora. O português nem parou para ver mais; tinha de sair dali porque a vaga inimiga tornara-se imparável.

O grupo alcançou o Bastión, uma posição povoada de *bunkers* que os espanhóis consideravam inexpugnável. A confusão era generalizada. Havia feridos por toda a parte e ouviam-se gritos de *"camillero!"* pedindo evacuação. Uma única metralhadora mantinha o inimigo em respeito, mas era apenas uma bolsa de resistência. A verdade é que alguns setores do Bastión já tinham sido ocupados pelo Exército Vermelho. O ataque final não tardaria. Um capitão muito gordo, ferido num braço, berrava ordens que ninguém escutava.

"Temos de sair daqui, meu capitão!", gritou-lhe Francisco, sobrepondo a sua voz à algazarra generalizada. "Vamos retirar para Krasny Bor!"

"Negativo", devolveu o oficial, quase satisfeito por alguém lhe prestar atenção. "Não se pode ir por aí."

"Porquê?"

"Os *rojos* instalaram duas metralhadoras no caminho." Abanou a cabeça. "Não se consegue passar."

"Então como poderemos sair, meu capitão?"

"Só há uma maneira." Apontou para a esquerda. "Seguir pelo Cazatanques. Vai dar a um trilho que nos leva à estrada de Mestelevo."

Francisco conhecia o trilho; não era tão direto, mas contornava a rota para Krasny Bor e evitava as tais metralhadoras russas. Fez sinal aos feridos que conseguiam andar para seguirem pelo Cazatanques e mandou alguns dos seus homens ajudarem outros feridos ligeiros, mas ignorou os casos mais graves, considerando-os perdidos. Com a coluna preparada para partir, foi ter com Juanito, que ainda defendia a posição.

"Vamos embora!"

"Para onde?"

"Para a retaguarda. Temos ali..."

Não conseguiu acabar a frase. Os soviéticos que ocupavam parte do Bastión lançaram um assalto à bolsa da Divisão Azul. Francisco viu-os a avançar e metralhou-os com a sua MG 34, travando-lhes a progressão.

"Vai", disse, apontando para a coluna que metia pelo Cazatanques. "Despacha-te, porra!"

Juanito esgueirou-se para o local e o sargento-adjunto acompanhou-o, a MG 34 apontada preventivamente para as posições inimigas. Os soviéticos abriram de novo fogo e Francisco, por entre o zinzinar das balas, sentiu o amigo tombar.

"Juanito!", gritou. "Estás bem, Juanito?"

"*Madre mía...*"

A resposta foi dada num gemido e Francisco percebeu que teria de ser rápido. Metralhou a posição soviética e, com o braço esquerdo, pegou no espanhol e carregou-o ao ombro. Largou uma nova rajada com a direita e, apesar do peso, meteu apressadamente pelo Cazatanques, seguindo a fila de fugitivos.

"Então?", perguntou ofegante para o amigo que levava pendurado no ombro. "Estás bem?"

Juanito remexeu-se.

"*Dios mío!*", gemeu o espanhol. "*Me han matado y estoy en pecado mortal!*"

O português quase se riu.

"És mesmo parvo! Só tu para te armares em beato numa hora destas!"

A artilharia soviética bombardeava a retaguarda, num esforço para impedir a chegada de reforços às posições espanholas, e o grupo serpenteou pelo trilho em direção ao rio Ishora. Estavam quarenta graus negativos, mas Francisco transpirava. Tudo o que lhe importava nesse momento era sair dali e encontrar ajuda para o amigo.

Chegaram ao Ishora meia hora depois. O rio estava congelado e o grupo cruzou-o em silêncio, arrastando os feridos e sempre com cuidado para não escorregar na superfície do gelo. Os homens alcançaram a outra margem e atingiram a estrada para Mestelevo, a povoação onde se encontrava o hospital de campanha mais próximo.

Marcharam durante uma hora pela estrada, até que ouviram um motor longínquo. Um automóvel apareceu e veio na direção do grupo. Os homens ilesos pousaram os feridos na berma da estrada e engatilharam as armas, preparados para disparar sobre a viatura. O carro aproximou-se e, a uns quinhentos metros, identificaram uma cruz vermelha na carlinga branca; era uma ambulância à procura de sobreviventes. A ambulância estacionou junto ao grupo e Francisco foi ter com Juanito.

"Anda lá, grande maricas. Vais direitinho para o hospital."

O português pegou no amigo e levou-o ao colo para junto da ambulância. Um enfermeiro alemão abriu a porta traseira e puxou uma maca, onde Francisco depositou Juanito. O enfermeiro analisou o espanhol, abrindo-lhe os olhos e sentindo-lhe a pulsação. Encarou o médico.

"*Er ist tot.*"

"*Ach so!*"

Pensando que ouvira mal, Francisco fitou o médico.

"*Problem?*"

"*Jawohl*", retorquiu o alemão. "*Dein Freund ist tot.*"

Os olhos de Francisco pousaram em Juanito. O amigo estava imóvel na maca, como se dormisse, mas um fio de sangue a sair de uma narina e sobretudo o olhar vidrado confirmavam as palavras do alemão. O português ajoelhou-se junto do velho comparsa, fechou-lhe os olhos com os dedos e afagou-lhe o cabelo em despedida. Depois levantou-se, deitou a MG 34 de Morlán sobre um ombro e a MP 40 sobre o outro e foi-se embora.

VIII

Uma picadela no braço esquerdo despertou Levin. Quase automaticamente pôs os dedos da mão direita no local onde sentira a dor, mas quando ia coçar travou a tempo o movimento. O pior que poderia fazer, lembrou-se, era esfregar com as unhas; arriscava-se a provocar uma infeção.

"Porra para as pulgas!", rosnou entre dentes. "Quando acabará este martírio?"

"Caluda!", protestou Willie, o homem deitado ao lado. "O Gustav respeitava quem dormia!"

O ilusionista suspirou com desânimo. Onde diabo viera parar? Porque não estava com a família? O que tinha feito de mal para merecer uma coisa daquelas? Frustrado e irritado, perscrutou o seu compartimento na Sudeten-Kaserne, um vasto imóvel de três pisos na periferia da fortaleza de Theresienstadt. Fora um armazém de uniformes entretanto transformado num dos dormitórios dos homens. O lugar era desagradável e nu, o piso de cimento gelado e as janelas sem cortinas. A sala, uma *Ubikation* no calão do *ghetto*, demasiado apertada para os quarenta homens ali enfiados em beliches. Apesar do frio, as janelas estavam abertas, mas nem por isso o ar era respirável. As mulheres faziam muita falta; só elas sabiam transformar um edifício num lar. Sozinhos e entregues a eles mesmos, os homens não se orientavam. E havia as malditas pulgas; tantas que se diria terem sido propositadamente largadas ali pelos alemães. Levantou-se.

"Outra vez?", protestou Willie quando sentiu o movimento. "Você é de mais!"

"Tenho de me lavar."

"E é preciso esse estardalhaço todo?"

Sucederam-se uma série de "chiu!" na *Ubikation;* os outros homens queriam dormir. Levin inclinou-se sobre o vizinho.

"Ouça, Willie", sussurrou. "Não tenho culpa de me terem metido aqui. Dava tudo para ter ficado em minha casa, lá em Praga, ou então para estar aqui com a minha mulher e o meu filho. Infelizmente não é possível. E, já agora, lamento pelo seu amigo Gustav, mas deixe-me lembrar-lhe que não fui eu que o mandei para leste."

"Cale-se."

Não valia a pena alimentar a discussão, até porque a verdadeira raiz do problema não era ele nem Willie, mas aquela situação. Pelo que percebera, Willie tinha um amigo de infância de Ostrava, o tal Gustav, que fora enviado num transporte rumo a leste de modo a abrir espaço para os novos deportados que iam chegando a Theresienstadt. Quando o ilusionista ocupou a cama vazia teve de suportar as recriminações de Willie como se fosse ele o culpado pelo destino do amigo.

Encaminhou-se para as latrinas e rodou a torneira, lançando água fria sobre as borbulhas das picadas das pulgas. As comichões pararam. Aliviado, regressou à *Ubikation*, onde outros homens se levantavam, e vestiu-se. Uma vez que fora o primeiro a acordar, seria o primeiro a tomar o café *Ersatz* distribuído no *ghetto*. Com sorte talvez encontrasse qualquer coisa para trincar.

Passou o dia na carpintaria. Tinha sido esse o ofício que lhe fora atribuído logo ao segundo dia em Theresienstadt, pois o trabalho era obrigatório e não havia lugar no *ghetto* para um ilusionista. Como passara muitas horas na sua oficina de Praga a preparar os truques de palco, quando na Schleuse lhe perguntaram pelo ofício a resposta saiu-lhe natural. Havia falta de carpinteiros no *ghetto*, pelo que carpinteiro seria.

Ao meio-dia o trabalho foi interrompido para o almoço. A pausa era bem-vinda uma vez que a fome apertava, embora tivesse consciência de que não vinha aí nenhum banquete. Da panela que chegou das cozinhas saiu, como sempre, uma sopa feita de uma mistura de pó com água. Suspirou ao vê-la, mas resignou-se. Por vezes encontrava um nabo a flutuar no caldo, mas não nesse dia. Quando terminou, pegou na batata que lhe fora entregue no momento da distribuição do rancho e deu-lhe uma dentada. Comeu-a devagar, para prolongar o momento, saboreando cada pedaço como se fosse uma iguaria.

"Então, senhor Levin? A almoçar?"

Virou-se e deparou-se com o rosto jovem e sorridente de Alfred Hirsch, o rapaz que dinamizava os projetos pedagógicos em curso no *ghetto;* tinha sido professor de Peter em Praga e era sob os cuidados dele que o filho se encontrava em Theresienstadt.

"Olá, Fredy", cumprimentou-o. "Estou a gozar o segundo prato."

Disse *segundo prato* com ironia, como se estivesse num restaurante.

"E está bom?"

"Delicioso!" Fez uma careta. "O pessoal da cozinha exagerou no caviar, mas o *foie gras* parece no ponto."

Riram-se os dois. No *ghetto* nem pensar em ovos, fruta ou vegetais verdes. Quanto a quantidades, só era servido o suficiente para que ninguém morresse; o que lhes chegava ao prato não eliminava a sensação de fome.

"Acha possível *schleusar* dois pregos?", perguntou Hirsch, indo ao assunto que ali o trouxera. "Precisamos deles para pendurar as roupas e..."

Levin levantou-se e, ainda a mastigar a batata, foi ao armário da oficina buscar o que lhe pediam. Voltou para o seu lugar e, como quem não queria a coisa, deixou os pregos caírem no chão e as suas atenções regressaram ao que restava da batata, metendo o último pedaço à boca. Hirsch baixou-se, fingiu que limpava os sapatos e pegou sub-repticiamente nos pregos, que guardou no bolso ao levantar-se. Do outro bolso tirou um pedaço de pão.

"*Schleusei* isto da cozinha. É para si."

O ilusionista olhou para o pão; tinha fome e saber-lhe-ia bem comê-lo. Se havia sido *schleusado* nos pregos, porque não aproveitar? *Schleusen* era a expressão usada em Theresienstadt para o ato de roubar coisas úteis à sobrevivência. A expressão vinha de Schleuse, o edifício do *ghetto* onde as autoridades alemãs retiravam bens aos deportados, pelo que estes, ao *schleusar* coisas que os alemães lhes interditavam, apenas lhes pagavam na mesma moeda. Não era roubo, era *Schleusen*.

"Dê o pão ao meu filho", pediu. "O rapaz está a crescer."

Depois de se despedir, Hirsch foi-se embora com os pregos e o pão, e o ilusionista, terminada a refeição, regressou ao trabalho. Eram só mais umas horas até chegar o momento alto do dia.

Com um movimento instintivo, Levin espreitou o pulso e esboçou uma careta frustrada. Ainda não se habituara à ideia de que o relógio lhe tinha sido apreendido pelos alemães na Schleuse. Aqueles gatunos tinham-lhe *schleusado* o velho Patek Philippe que herdara do pai. Impaciente, varreu a praça do *ghetto* com o olhar.

"Onde diabo estarão eles?"

A praça enchera-se de gente. Uma vez que o horário de trabalho só nessa altura terminava, a maioria dos que ali se encontravam eram os chamados *Prominenten*, os judeus proeminentes que os alemães tinham enviado para Theresienstadt e que não trabalhavam. O ilusionista ouvira dizer que os nazis usavam aquele *ghetto* como destino de todos os judeus que, dada a sua notoriedade, não podiam fazer desaparecer.

"Ottla!", gritou alguém ao lado. "Ottla!"

Viu uma mulher aproximar-se da tal Ottla; tratava-se de Ottilie, uma das irmãs de Franz Kafka. Já a tinha visto antes, quando visitara a enfermaria onde ela trabalhava. Pois aí estava uma das várias deportadas do *ghetto* que gozavam de notoriedade. Havia outras celebridades, claro. Hirsch dissera-lhe que as irmãs de Freud também por ali haviam passado, mas três tinham sido levadas no ano anterior nos transportes para leste e a quarta falecera na altura em que os Levin chegaram a Theresienstadt. O mesmo acontecera com uma das filhas de Herzl, o fundador do movimento sionista. A relação familiar com uma celebridade não as protegera.

O mesmo não se podia dizer de outros *Prominenten* que por ali via, como antigos ministros dos governos de França, da Saxónia e da Checoslováquia, altos oficiais do exército alemão ou austríaco e até a neta do conselheiro financeiro de Bismarck. Também Felix Flatow, que integrara a comitiva alemã aos primeiros Jogos Olímpicos da era moderna, e Elsa Bernstein, neta do célebre músico Franz Liszt, se encontravam no *ghetto*. Enquanto *Prominenten*, todos estes judeus estavam ao abrigo dos tais transportes para leste. Além do mais, haviam-lhes sido atribuídos alojamentos privados, um verdadeiro luxo em Theresienstadt. Tantos privilégios irritavam os restantes deportados.

"Bertie!"

"Papá!"

Os seus *Prominenten* pessoais tinham chegado. Abriu os braços para acolher a mulher e o filho, que corriam na direção dele. Aquele era de longe o melhor momento do dia em Theresienstadt.

"Então?", perguntou quando se apartaram. "Como foi o vosso dia?"

"Olha para isto", disse Gerda, mostrando as mãos inchadas de frieiras. "Vê o que lavar roupa me anda a fazer."

"Oh, coitadinha. Pensava que tinha casado com a duquesa de Berlim e afinal saiu-me a lavadeira de Theresienstadt."

"Parvo!"

A mulher tinha sido colocada na lavandaria. Não era uma vida fácil para elas, judias, muitas das quais tinham crescido com empregadas em casa de manhã à noite, mas, fiéis à natureza prática das mulheres, já se haviam adaptado.

"Estamos a preparar um espetáculo!", anunciou Peter, dando saltinhos para chamar a atenção do pai. "É um teatro!"

"Ai sim? Sobre quê?"

"O Fredy diz que não podemos contar a ninguém. É surpresa."

"Ah, estou a ver", condescendeu. "Olha lá, ele deu-te hoje um pão?"

"Deu."

"Comeste-o?"

"Comi."

Em volta desencadeara-se uma algazarra. Tal como eles, múltiplas famílias estavam a reunir-se na praça. O período entre o final do trabalho e o pôr do Sol, hora em que começava o recolher obrigatório, era o melhor em Theresienstadt. Homens e mulheres, que tinham de viver separados no *ghetto*, podiam encontrar-se nessa altura e era então que decorria toda a vida familiar e social.

"Já ouviste falar no novo transporte?"

"Outro?"

"Parece que vai chegar mais gente ao *ghetto* e eles precisam de espaço", disse Gerda. "Os pais de uma das raparigas da lavandaria receberam ordem de marcha. Vão amanhã de manhã num *Osttransport*. A pobrezinha estava inconsolável. Sabes o que te digo? Estes tipos do conselho dos anciãos são uns... uns velhacos."

O conselho dos anciãos era o órgão de judeus que geria o *ghetto*.

"A culpa não é deles."

"Como podes defendê-los, Bertie? Não te esqueças que são eles que escolhem as pessoas que vão nos *Osttransporte*."

"É verdade, mas não têm culpa. Os alemães dizem-lhes que é preciso enviar mil pessoas para leste e a única coisa que os tipos fazem é escolhê-las."

"Que coisa horrível! Como conseguem esses colaboracionistas fazer uma coisa dessas?"

"Preferias que fossem os alemães a escolher? O conselho dos anciãos não tem uma tarefa fácil nem bonita, mas alguém tem de a assumir. Repara que as crianças estão a ser poupadas. Ainda ninguém com menos de doze anos foi enviado para leste. Isso deve-se ao conselho dos anciãos. Se fossem os alemães a decidir, as crianças iam também."

"Pois, defende-os. Mas não te esqueças daquele banquete em que foram oferecidos dois quilos de comida a cada convidado.

Um escândalo, com tanta gente a passar fome! Há dias em que há quinhentos corpos na mortuária e esses senhores a encherem o bandulho! Uma vergonha! Não é por acaso que os miúdos andam por aí a cantar 'o meu pai é membro do conselho dos anciãos, *krade rád, krade rád, krade rád*'..."

O marido conhecia a canção; *krade rád* significava "gosta de roubar".

"O Edelstein tem as mãos atadas. Diga-se o que disser, manda menos do que o menos graduado de todos os SS."

Gerda começou a torcer os dedos, como fazia sempre que se sentia nervosa; os transportes para leste eram uma ralação constante.

"Para que nos enviarão eles para lá?"

"Precisam de espaço para os que chegam. Não vês que não cabe aqui toda a gente?"

"Sim, eu sei. Mas... para que nos querem lá no Leste?"

"Para trabalhar, claro."

Depois de atirar um olhar a Peter, que parecia entretido a contemplar a multidão na praça, inclinou-se para o marido e sussurrou-lhe ao ouvido.

"Corre por aí que matam judeus no Leste..."

"Que disparate!", cortou Levin, quase irritado. "Inventam cada uma!"

"Lembras-te das crianças polacas que vieram de Bialystok e que os alemães puseram aqui de quarentena? Parece que ficaram em pânico quando as levaram para os duches e puseram-se a gritar 'gás!', 'gás!'"

O marido lembrava-se. Eram mais de mil crianças que tinham chegado no verão e haviam sido colocadas num edifício cercado por arame farpado. Os restantes judeus tinham sido proibidos de falar com elas.

"E então?"

"Diz-se que foram feitos contactos furtivos com esses miúdos. Eles contaram que os pais tinham sido mortos e que o mesmo acontece com todos os judeus lá no Leste."

"Também se diz que os alemães estão quase a render-se e que Göring anda a negociar com os Aliados nas costas de Hitler e mais não sei quê. Não podemos engolir a primeira patranha que nos impingem, Gerda. A agência JPP passa a vida a inventar verdadeiras notícias de latrina."

"Achas que não nos estão a matar?"

"Claro que não. Os nazis podem ser uns energúmenos, mas uma coisa dessas é impensável. A Alemanha é um país civilizado. A pátria de Beethoven, de Goethe, de Kant! Há limites que nem os nazis se atrevem a cruzar."

Ponderando esta resposta, a mulher ficou menos tensa. Saíra-lhe um peso de cima dos ombros.

"Tens razão", admitiu, aliviada. "Estes boatos são uma estupidez."

Nada interessado em alimentar a conversa, que além de angustiante nada resolvia, Levin virou-se para o filho. Como tinha oito anos, o menino estava autorizado a ficar no dormitório da mãe, na Dresdner Kaserne, a exemplo do que sucedia com todas as crianças até aos doze anos, mas por sugestão de Alfred Hirsch fora transferido para o L417, um enorme e bonito edifício também designado Casa das Crianças, ou *Škola*, palavra checa que significava *escola*. Decorriam aí as aulas organizadas pela comunidade e o pequeno convivia com rapazes da sua idade. Gerda resistira à ideia, mas Hirsch convencera-a com o argumento de que na escola o rancho era melhorado.

"E tu, Peter? O que aprendeste hoje?"

"O professor Kohn deu-nos a aula de Matemática e o professor Zwicker a de História Checa. Vamos ter um exame na quarta-feira sobre os reis Ottokar I e II. À tarde tivemos os ensaios do teatro."

"Tudo normal no teu quarto?"

"Hoje acordei e vi que o Pavel fez xixi na cama."

Era um fenómeno comum entre as crianças, como Levin e a mulher sabiam. Os pequenos tinham saudades dos pais ou da sua vida anterior e sentiam o nervosismo dos adultos em torno dos *Osttransporte*. Os transportes para leste lançavam uma sombra constante sobre os que viviam em Theresienstadt e os pequenos não ignoravam esse medo. A urina durante o sono era uma consequência disso.

"O Pavel não é o miúdo do teu beliche?"

"Sim. Está na cama por baixo da minha. Quando ia a descer vi o xixi."

Levin olhou em redor e percebeu que a praça começava a esvaziar-se. Daí a uma hora seria o recolher obrigatório e teriam de se separar, cada um para o seu edifício. Passariam todo o resto do tempo a pensar no reencontro do dia seguinte, àquela hora e naquele lugar. Viviam para isso e só para isso.

IX

O céu toldado de nuvens escuras anunciava mais um nevão. O frio abrandara, o que seria de esperar pois o inverno aproximava-se do fim, mas os dias continuavam gelados. Francisco lançou uma pedra com força contra a superfície do rio Ishora, testando a dureza do gelo. O calhau ricocheteou na brancura sólida e saltou até à outra margem, afundando-se na neve.

"Porra!"

A pedra não quebrara o gelo. Se os russos atacassem, não teriam dificuldade em cruzar o rio. Contrariado, espreitou a posição que mandara instalar no topo da fábrica de papel, certificando-se de que os seus homens não dormiam durante o serviço de sentinela. Constatando que todos permaneciam a postos, acomodou-se na trincheira e afagou a sua MP 40 como se fosse a última amiga que lhe restava. Depois de o batalhão 250 ter sido dizimado na batalha do mês anterior, obrigando à sua dissolução, a perda de muitos quadros intermédios levara à promoção de Francisco a sargento. Fora integrado no Regimento 262 e comandava um pelotão no Ishora. A promoção deixara-o, porém, indiferente. Perdera Juanito, o seu velho companheiro, e não sabia de Tanusha.

O novo posto situava-se nas trincheiras nas margens do rio e às portas de Kolpino, mas nesse momento não sentia ânimo para comandar os homens. A sua mente não se libertava do combate que tão mal correra, e em especial recordava o momento em que Juanito fora atingido e o médico alemão lhe dissera que ele morrera. Mas o pior era Tanusha e a angústia de não saber dela. Por onde andaria? Estaria viva? Das irmãs Tsukanovas não havia notícias. A batalha de Krasny Bor permitira às forças soviéticas atingirem a orla da floresta de Sablino, engolindo o setor onde as irmãs viviam. Tornara-se impossível chegar à *dacha*, agora nas mãos do inimigo.

Multiplicavam-se os rumores quanto ao paradeiro das Tsukanovas. Alguns diziam que elas tinham sido fuziladas pelos compatriotas. Quando o Exército Vermelho conquistava território à Wehrmacht, explicara-lhe Rolf, eram comuns as execuções de civis soviéticos que tinham vivido no setor alemão, sob a acusação de colaboracionismo e traição à pátria. Daí que o boato fosse credível. Mas dias antes alguém dissera que as irmãs tinham sido enviadas para um bordel do Exército Vermelho e um soldado espanhol, citando uns russos que haviam escapado para o setor alemão, garantiu que Tanusha se tornara amante de um coronel soviético.

A alma humana, porém, alimentava-se da esperança e foi a esta que Francisco se agarrou. Enquanto não houvesse certezas, tudo era possível. Os rumores atormentavam-no, mas não o impediam de ter esperança. Acreditava, queria acreditar, *tinha* de acreditar na possibilidade de ela ter de alguma maneira escapado à vingança do Exército Vermelho. Ainda na véspera tivera a ideia de pagar a uns camponeses russos para que cruzassem as linhas e fossem a Sablino saber das irmãs.

"Meu sargento, dá licença?"

O homem que lhe interrompera os pensamentos era Pepe.

"O que queres?"

"Está no posto da sentinela uma pessoa a perguntar por si."

"Quem?"

Pepe hesitou e baixou a voz.

"Se fosse ao meu sargento, ia lá."

A resposta intrigou Francisco; era como se Pepe lhe pedisse que confiasse nele. Depois de dar ordens ao seu adjunto para que tomasse conta do pelotão, o sargento pegou na sua MP 40 e, acompanhado pelo mensageiro, encaminhou-se para a retaguarda.

O coração de Francisco deu um salto quando, ainda bem longe, vislumbrou o vulto civil plantado junto ao casinhoto da sentinela; parecia-lhe familiar. Olhou para Pepe, como se o questionasse, e a expressão que o espanhol lhe devolveu confirmou-lhe que não era uma alucinação.

"Não é possível."

Estugou o passo. Teve mesmo vontade de desatar a correr, mas dominou o impulso; havia figuras que não se faziam. Além disso, nos últimos tempos tinha a impressão de ver Tanusha por toda a parte. Mas a figura distante desatou a pular e a acenar, como se o tivesse reconhecido, e foi então que Francisco percebeu que não se enganara. Só podia ser ela, era ela, era mesmo ela.

"Tanusha!", gritou. "Tanusha!"

Indiferente ao que os soldados à sua volta pensassem dele, largou a correr em direção ao posto da sentinela. A russa tentou atravessar o posto e dirigir-se igualmente a ele, mas a sentinela agarrou-a e não a deixou passar. Vendo a rapariga debater-se nos braços do soldado espanhol, Francisco sentiu a fúria crescer-lhe nas entranhas e correu ainda mais, ai cabrão!, ia dar cabo da sentinela, vou-te ao focinho, grande camelo!, ia esmurrá-lo e pontapeá-lo, ordinário de merda!, ia desfazer-lhe a cara e...

Quando lá chegou já nada disso importava, a russa encontrava-se ali e isso era a única coisa que interessava. Parecia um sonho, mas estava mesmo a acontecer. Tinha-a perdido e reencontrara-a.

"Tanusha..."

Detiveram-se e ficaram a olhar-se, como se duvidassem. Seria o outro real?, seria possível que tivessem encontrado quem já tinham dado por perdido? A rapariga estava suja, o cabelo loiro despenteado, as tranças desfeitas, manchas de lama na cara e a roupa imunda, mas fitava-o com os mesmos olhos límpidos de sempre, olhos líquidos e cintilantes. Como se um magneto os atraísse, caíram um no outro e foi naquele aperto forte que Francisco lhe sentiu os lábios roçarem-lhe a cara e aproximarem-se da boca, entreabrindo-se até se fundirem no seu primeiro beijo de amor.

Graças a um passe concedido pelo capitão Barra por especial favor para tratar de "assuntos pessoais inadiáveis", Francisco obteve autorização para abandonar as linhas. Metendo ao bolso dois pães com presunto que encontrou no *puesto de mando* antes de sair, regressou em passo rápido ao casinhoto da sentinela, na berma da estrada para Pushkin.

"Temos de nos despachar", disse-lhe a russa quando ele se lhe juntou. "A Olga precisa de ajuda. A pobrezinha está a arder de febre e a Margarita ficou com ela na Estação Ferroviária do Czar."

O português meteu a mão ao bolso do sobretudo.

"Tens fome?"

"*Tchort!*, a última vez que comi foi há dois dias!"

Francisco estendeu-lhe os pães com presunto. Arregalando os olhos, a russa pegou neles e abocanhou-os com sofreguidão; dizer que estava esfaimada não fazia justiça à maneira animalesca como devorava a comida.

"Calma", recomendou-lhe ele, impressionado com aqueles modos. "Comer assim faz mal. Vai devagar."

Enquanto mastigava, Tanusha respondeu-lhe num murmúrio algo incompreensível; não era fácil fazer-se entender com a boca cheia. Caminhavam lado a lado na estrada de lama que ligava o setor da frente a Pushkin, ela a comer com voracidade, ele a observá-la com medo que se engasgasse. Bastaram três minutos para que os dois pães desaparecessem. Quando terminou a rapariga ainda lambia os dedos.

"Ufa! Já me sinto melhor."

Atravessavam nessa altura uma floresta de coníferas e cruzavam-se com alguns soldados. Apesar da tentação, evitavam tocar-se; coisas dessas não se faziam à frente dos outros. Mas Francisco ardia de desejo. O beijo que haviam trocado no momento do reencontro, o primeiro verdadeiro beijo entre eles, despertara-lhe a masculinidade. Quase embaraçado, percebeu que quem por eles passava não podia deixar de notar o inchaço nas calças. Mas o que poderia fazer? Tinha de encontrar uma solução qualquer, e depressa, pois a todo o momento seria capaz de explodir; bastaria que a rapariga lhe tocasse com um dedo.

Passaram por um trecho da estrada onde não havia soldados e Francisco apercebeu-se de que se abria um trilho à direita. Pegou-lhe pela mão e puxou-a.

"Depressa, antes que nos vejam!"

Meteram pelo trilho como ladrões, desaparecendo entre a folhagem da floresta. Havia pinheiros, abetos e arbustos por toda a parte. Os ramos e as folhas cercavam-nos e entre-laçavam-se pelo caminho, dificultando a progressão. A rapariga percebeu o que ele tinha em mente e também ela começou a sentir-se excitada. A certa altura, rodeados pela verdura, detiveram-se e olharam em volta para se assegurarem de que estavam mesmo a sós. Arrulhando baixinho, sem pronunciarem uma palavra, agarraram-se e beijaram-se com sofreguidão, ofegantes e palpitantes. Cambalearam até ao tronco de um pinheiro, embriagados, e Francisco encostou-se à árvore enquanto as mãos se enfiavam pelas roupas dela e lhe sentiam a pele latejante. O corpo de Tanusha ardia. Enlouquecidos de desejo, desfizeram-se atabalhoadamente das roupas. A rapariga arrancou a saia e Francisco baixou as calças e pontapeou-as para longe.

Ainda em pé, arquejante e a tremer de desejo antecipado, Francisco tentou encaixar-se entre as pernas dela, mas era enorme e encorpado e a russa pequena e delicada e a posição revelou-se desajeitada. Foi Tanusha quem resolveu o problema. Deixou-se cair na neve e na erva molhada, aguentando o desconforto do frio, da humidade e do gelo duro nas costas e nas nádegas. Puxou-o para si e foi assim que o recebeu pela primeira vez.

Não havia como ter o corpo saciado para pensar com clareza, como se a nuvem que lhes toldava o raciocínio se tivesse dissipado. Quando retomaram o caminho de Pushkin não pronunciaram uma palavra sobre o que acabara de acontecer, coisas dessas não se comentavam, mas era como se uma barreira tivesse sido ultrapassada.

"Temos passado tempos terríveis", disse ela por fim. "Depois da batalha vimos na estrada muita gente a fugir com carroças e sacos. Contaram-nos que o Exército Vermelho estava a fuzilar

238

quem colaborou com o inimigo. Bastava as pessoas terem
vendido alguma coisa aos alemães para serem acusadas de
traidoras à pátria e inimigas de classe e executadas. Ficámos
cheias de medo, claro, porque toda a gente sabia que vocês fre-
quentaram a nossa casa. Antes que nos viessem bater à porta,
a Olga achou melhor fugirmos. O problema é que a estrada
foi cortada e deixou de ser possível passar para o outro lado.
Preparámos a comida que nos deixaste e fomos para o bosque."

"Onde se abrigaram?"

"Ficámos a viver a céu aberto."

Francisco esboçou uma expressão de incredulidade.

"Estás a brincar..."

"Isso queria eu. Vivemos três semanas no bosque de Sablino."

"Isso é uma loucura!"

"Eu sei, mas o que querias que fizéssemos? Que esperás-
semos pelos soldados? Não te esqueças que nestes últimos
tempos as minhas irmãs vos recebiam todos os dias." Sacudiu
a cabeça. "Não tínhamos qualquer hipótese. Iam acusar-nos
de colaboracionismo, fariam o que quisessem de nós e depois
matar-nos-iam. Tínhamos de fugir."

Um vento gelado soprou de frente e o português ajeitou
a gola do sobretudo para se proteger do frio.

"Como se consegue viver três semanas num bosque a vinte
ou trinta graus negativos?"

"Nem eu sei. Foi horrível. Fazíamos fogueiras e dormíamos
agarradas umas às outras, a tentar aquecer-nos. Quando a
comida acabou passámos a viver de raízes. Mas com a neve
quase não havia nada e começámos a passar fome. De maneira
que, já desorientadas, enregeladas e fracas, decidimos ver se
era seguro voltar a casa. Fizemos o caminho de regresso pelo
bosque, mas quando chegámos à *dacha* encontrámos tudo
destruído."

A floresta que ladeava a estrada de lama deu nessa altura lugar a ruas com casas; tinham entrado no perímetro urbano de Pushkin.

"O que fizeram então?"

Tanusha encolheu os ombros.

"O que podíamos fazer? Voltámos para o bosque, claro. A casa era de madeira e tinha ardido. Não restou nada de nada."

"Mas vocês não podiam viver indefinidamente no bosque..."

"A quem o dizes! Tentámos aguentar-nos, claro, mas realmente era impossível. Aliás, dois dias depois a Olga começou a ter febre. Foi então que a Margarita decidiu tentar cruzar as linhas e passar para o vosso lado. Apesar do risco, era a única maneira. Avançámos pelo bosque e conseguimos chegar a uma estrada. Cheias de medo de sermos apanhadas pelo Exército Vermelho, fomos falar com uns camponeses e eles disseram-nos que por ali andavam os alemães. Não imaginas o alívio. Disse à Margarita que tínhamos de te procurar."

"Eu podia estar morto."

"Sabia que estavas vivo. Sentia-o. Tinha... sei lá, tinha uma intuição."

Francisco fez uma careta; era evidente que não acreditava em intuições. Mas a ideia agradava-lhe.

"E depois?"

"O resto foi simples. Fomos ter com os soldados alemães e perguntámos-lhes pelo exército espanhol. Disseram-nos que vocês estavam aqui em Pushkin, de maneira que viemos por aí fora. Quando chegámos à cidade, esta manhã, a Olga já não conseguia dar nem mais um passo. A Margarita ficou com ela na estação e eu vim à tua procura. Palmilhei Pushkin a perguntar por ti a qualquer soldado que me parecesse espanhol ou português. Estava muito nervosa porque havia sempre o risco de... enfim, de as notícias sobre ti não serem boas."

Ele lançou-lhe um olhar provocador.

"Julguei que acreditavas na tua intuição..."

"Acreditar, acreditava. Mas nunca se sabe, não é? Deves por isso imaginar a alegria que foi quando um espanhol me disse que estavas de serviço ao pé da fábrica de papel. Ao chegar junto da sentinela, um dos espanhóis reconheceu-me, penso que ele já tinha estado na *dacha*, e..."

"Foi o Pepe."

"Talvez, não sei. A verdade é que te foi chamar e tu..."

Francisco olhou para ela e sorriu.

"E eu vim."

As ruas de Pushkin eram largas e arejadas. A cidade tinha um toque imperial elegante, com vastos parques e belos pala-cetes do tempo dos czares, magnificência que pesara na decisão dos exércitos ocupantes de ali se instalarem. O edifício mais impressionante era o Palácio de Catarina, o verdadeiro ex-líbris de Pushkin, que fora transformado num museu, mas por toda a parte podiam admirar-se outras construções magníficas, embora degradadas e várias já em ruínas. Chegaram à Estação Ferro-viária do Czar, um edifício com um telhado cónico lateral que lhe dava um certo ar de igreja, e deram com as duas irmãs sentadas à entrada.

"Os alemães expulsaram-nos do interior da estação", quei-xou-se Margarita quando Francisco e Tanusha chegaram ao pé delas. "Disseram que não queriam vagabundos."

Era verdade que, andrajosas e imundas, as três Tsukanovas estavam uma sombra do que haviam sido. Tinham um certo ar de mendigas, elas que na sua *dacha* de Sablino se apresen-tavam sempre tão vistosas. Com o cabelo escuro desgrenhado e o busto largo, Margarita parecia ter envelhecido, enquanto a pequena Olga, estendida no chão, tapada por jornais e de olhos mortiços de febre, lembrava uma pedinte.

"É pior quando a noite cai", explicou Tanusha. "A temperatura do corpo dispara e a Olga chega a delirar, é horrível. Achas que é possível tratá-la?"

Alguma coisa teria de ser feita e Francisco sabia que as irmãs só o tinham a ele. Pegou em Olga ao colo e, guiando-as pelas ruas de Pushkin, levou-as para o seu boleto, um pequeno compartimento numa cave perto da igreja de São Sérgio. O espaço era muito apertado e tornou-se claro que seria muito difícil os quatro partilharem um cubículo tão acanhado. O português deitou Olga na cama, agasalhou-a e deu-lhe uns comprimidos para a febre. Depois abriu a porta para sair.

"Já volto."

Regressou vinte minutos depois. Trazia comida já pronta, que Margarita devorou atabalhoadamente e Tanusha com moderação. Quando acabaram de comer, o português mandou-as despir os vestidos imundos e entregou-lhes peças suas para usarem enquanto as roupas delas não estavam prontas. Pegou num recipiente e num sabão que guardava por cima do armário e levou as duas irmãs, e as suas roupas imundas, para um pátio do edifício, no centro do qual se encontrava um poço. Encheu o alguidar de água e entregou-lhes o sabão.

"Lavem-se e lavem toda a roupa. Depois ponham-na a secar no quarto."

"E a Olga?"

Ele afastava-se já de regresso à cave, para as deixar à vontade.

"Lavem-na também."

A mudança foi radical e uma hora mais tarde, como num passe de mágica, já as Tsukanovas haviam regressado ao seu esplendor natural. Apareceram lavadas e muito apresentáveis, bonitas como outrora, e Tanusha refizera até as suas tradicionais tranças de ouro. A única diferença é que estavam mais magras.

Logo que a noite caiu deixaram Olga ocupar a cama e deitaram-se os três no chão. Francisco sentiu o corpo reagir ao toque de Tanusha, aninhada junto a ele, e não resistiu à tentação. Procuraram ser discretos e durante o ato quiseram acreditar que Margarita não se apercebia de nada, mas não ignoravam que ela era muito experiente nas artes do amor e que, por mais cansada que se sentisse, seria difícil que os movimentos e a respiração ofegante lhe passassem despercebidos. Adormeceram saciados e tranquilos, mas a noite não foi sossegada. Apesar da medicação, a febre voltou a subir e Olga começou a delirar. Esforçando-se por não o acordar, as duas irmãs revezaram-se para lhe dar assistência.

Quando de madrugada Francisco se levantou para ir para as linhas, deu com Margarita sentada na borda da cama a pôr panos molhados na cabeça de Olga; era pelos vistos o seu turno.

"Hoje vou procurar um sítio para ficarmos", anunciou-lhe ela num sussurro, quase como se lhe pedisse desculpa pelo incómodo. "Depois começo a trabalhar. Precisamos de dinheiro para nos governarmos e não podemos viver à tua conta."

O português não teve dúvidas sobre o tipo de trabalho a que ela se referia.

Foi no dia seguinte que Margarita alugou um barracão no quintal de uma casa não muito afastada da Catedral de Fyodorovsky. Como não tinha dinheiro ofereceu o corpo para pagar o aluguer de uma semana. O proprietário aceitou de bom grado, não era comum receber ofertas assim de uma mulher tão opulenta de carnes, mas apenas por três dias; se depois o dinheiro não aparecesse, ficou combinado que haveria uma nova prestação a cobrar na mesma modalidade.

Com tantos soldados em Pushkin, no entanto, o dinheiro apareceu de imediato. Os vastos seios de Margarita atraíram uma clientela cada vez maior e ao fim de poucos dias a russa começou a precisar da ajuda de Olga. A irmã ainda ficou uma semana de cama, mas quando se restabeleceu juntou-se a Margarita e ambas retomaram o negócio que tanta procura tinha entre a soldadesca, em particular a Divisão Azul, embora por vezes ali aparecessem também belgas de uma divisão das Waffen-SS e até uns alemães da Wehrmacht.

A nova situação das Tsukanovas, que em bom rigor era um regresso à velha vida, deixou Tanusha num limbo. Tal como acontecia na *dacha* de Sablino, a mais nova das irmãs não entrou naquelas atividades. Olga e Margarita não queriam, Francisco não o aceitaria e ela própria muito menos. Mas não podia alhear-se. A rapariga repartia o tempo entre os dois locais. Nas horas mais lentas do negócio das Tsukanovas, em especial de manhã cedo, ajudava Olga e Margarita na limpeza do barracão e na preparação das refeições, enquanto à tarde e à noite tratava do compartimento na cave, do jantar e do próprio Francisco quando ele regressava das linhas. À hora de dormir recusava-se a ficar com o namorado e exigia que ele a acompanhasse até ao barracão das irmãs.

"O único homem com quem dormirei à noite será o meu marido", esclareceu da primeira vez que o problema se pôs. "Não és o meu marido, pois não?"

O português percebeu que havia uma sugestão implícita nestas palavras, mas não se sentia preparado para um compromisso dessa natureza. É certo que a ideia começou a fazer o seu percurso, silenciosa e insidiosa, e deu por si a cogitar no assunto, mas achou que não havia condições para tal. Além do mais, a situação entretanto criada revelara-se assaz cómoda e conveniente; tinha quarto arrumado, comida na mesa e mulher em casa. Para quê complicar as coisas?

Os dias tornaram-se mais longos, as temperaturas subiram e, com o aquecimento do ar, duas coisas aconteceram. A primeira foi que, na linha da frente, o rio Ishora descongelou. O caudal aumentou e o rio tornou-se uma barreira defensiva para os frequentes golpes de mão soviéticos. A segunda foi que as neves e o gelo derreteram, empapando a terra e criando um mar de lama que inundou tudo. As trincheiras ficaram intransitáveis e as carroças começaram a atolar-se nos caminhos de terra. O lamaçal era tal que os homens da Divisão Azul quase desejaram o regresso do inverno.

Uma das obrigações mais importantes, depressa descobriu Tanusha, era a lavagem da roupa, tarefa bem mais difícil do que à primeira vista poderia parecer. Francisco trazia a farda e o gorro infestados de piolhos; eram muitos e dos mais variados tamanhos, com a particularidade de serem extraordinariamente resistentes às condições adversas. O namorado contou-lhe que no *bunker* das margens do Ishora os via a saltitar no ninho de metralhadoras ou sobre o manto de neve, mesmo com trinta graus negativos. Não passavam de minúsculos pontinhos irrequietos a sujar a alvura do gelo, mas resistiam ao frio como se nem o sentissem.

A russa tentou tudo para os exterminar, incluindo mergulhar a farda durante três horas em água a escaldar e rapar o cabelo de Francisco como se fosse a barba, tão rente à pele que apenas se lhe via o couro cabeludo pálido reluzir como marfim. Nada resultou. Perante o desespero dela e as gargalhadas dele, uma noite Tanusha chegou à conclusão de que, por mais que tentasse, os piolhos arranjariam sempre maneira de voltar.

"Tchort!"

A interjeição da rapariga em russo divertiu Francisco.

"Então? Que foi?"

Em resposta, a rapariga atirou o casaco dele ao chão e papagueou, com um sotaque desconcertantemente correto, o pouco português que ele lhe ensinara.

"Porra de merda!"

X

Era raro ver um SS no *ghetto* de Theresienstadt, uma vez que tanto eles como os gendarmes checos permaneciam fora das muralhas e deixavam a gestão direta ao conselho dos anciãos. Daí a surpresa por verem ali o comandante do campo, o *Hauptsturmführer* Siegfried Seidl. Todos os judeus tiraram o chapéu e as judias fizeram-lhe uma vénia, como era obrigatório sempre que passavam por um alemão, mas Seidl ia à conversa com Jakob Edelstein, o chefe do conselho dos anciãos, e nem reparou neles. Levin observava-os com temor e fascínio. A sua vida, a da sua família e a de todos os outros estavam nas mãos daqueles dois homens. Um dizia quando e quantos seriam transportados para leste, o outro escolhia quais.

Naquele momento um falava e o outro ouvia. Pelos semblantes fechados, o assunto parecia sério. Uma terrível suspeita insinuou-se na mente de Levin. Mais deportações! Que outro tema de conversa poderia haver entre aqueles dois? Ainda no mês anterior tinha ocorrido uma importante evolução nos transportes para leste. Pondo fim a uma pausa de alguns meses, as deportações recomeçaram, e em grande. Cinco mil pessoas, o maior transporte jamais efetuado de uma única vez. Além disso, pela primeira vez o conselho dos anciãos nomeara crianças com menos de doze anos para um transporte. Nesse momento o comandante SS dizia com certeza que era preciso enviar ainda mais gente para leste. As expressões usadas seriam decerto "migrações" ou "evacuações" ou "mudanças de residência", e o chefe do conselho dos anciãos teria de escolher os desafortunados.

"Estamos tramados", observou alguém perto de Levin. "Quando será o próximo transporte?"

"Dizem que haverá um em breve", respondeu outra pessoa. "Parece que a minha mãe está na lista."

"Já reclamaste?"

"Já. Mas não há esperança."

Na verdade tinham sido feitas perguntas ao conselho dos anciãos e Edelstein dissera que estava a ser aberto um novo campo a leste e que era preciso povoá-lo. O que tranquilizou os deportados foi verificar que no transporte anterior tinham partido o secretário do conselho de anciãos, o doutor Janowitz, e Alfred Hirsch, o responsável pelo departamento de juventude que educara Peter em Praga. Se o conselho dos anciãos mandara para o novo campo elementos da sua própria equipa, decerto nada de mal havia aí. O conselho não os enviaria se o destino fosse a morte.

Por outro lado, a recente chegada de centenas de judeus dinamarqueses suscitara a suspeita de que o grande transporte do mês anterior ocorrera para arranjar espaço no *ghetto*. Apesar de serem judeus tão normais como a maioria dos que estavam em Theresienstadt, os dinamarqueses eram tratados como *Prominenten* devido à pressão das autoridades de Copenhaga.

Dizia-se que o próprio rei da Dinamarca interviera e que estes judeus estavam ao abrigo dos transportes para leste.

"Cucu!"

Duas mãos frias taparam os olhos de Levin. Conhecendo bem a mulher, o ilusionista estendeu as mãos para trás e agarrou-a na zona dos rins.

"Olha quem está aqui..."

Incapaz de resistir às cócegas, Gerda desatou a rir-se.

"Como sabias que éramos nós?"

O marido rodou sobre os calcanhares e encarou a mulher e o filho.

"Sou mágico, não sou?"

A magreza dos dois angustiava-o. A alimentação do *ghetto* fizera-os perder peso, apesar de *schleusarem* aqui e ali alguns complementos alimentares. Mas o que mais lhes faltava era a sensação de normalidade. Procuravam-na a passear pela praça, onde havia várias lojas, uma com móveis, outra de *lingerie* feminina, uma sapataria, outra de roupas masculinas, uma perfumaria, uma loja de malas, uma mercearia, uma papelaria, um talho, uma farmácia. Tudo com bens confiscados aos recém-chegados na Schleuse, claro. Quando não chegavam novos deportados, as lojas estavam vazias embora com as montras ricamente decoradas; os produtos eram para exibição e não podiam ser comprados.

"Então, Peter? Quando nos arranjas bilhetes para a peça de teatro?"

"Não sei."

A peça em que o filho entrava, chamada *Brundibár*, estreara-se semanas antes, mas o casal não conseguira entrar, tanta a procura. Arregalando os olhos e agitando os dedos no ar como um feiticeiro irado, Levin deu um passo ameaçador na direção do filho.

"Ai não arranjas nada? Então... então vou-te cocegaaar!"

"Não!"

Soltando gritos e risadas, Peter escapuliu-se.

"Anda cá que vais levar uma tareia de cócegas até arranjares bilhetes!"

O pequeno ziguezagueava entre as famílias na praça do *ghetto*.

"Vou deitá-los fora!"

"Ah! Então sempre arranjaste bilhetes para a peça..."

"Para o café!", corrigiu o filho, rindo-se e sempre a correr. "Se o papá me fizer cócegas, deito-os fora!"

Levin deteve-se, surpreendido.

"Tens bilhetes para o café?"

Percebendo que o pai já não o perseguia, Peter parou e, ainda ofegante, tirou do bolso três pequenos papéis e acenou com eles.

"A mamã *schleusou-os*."

Um quinteto tocava nesse momento *Sophisticated Lady*, de Duke Ellington; eram os Ghetto Swingers, a banda do café. Os clientes balouçavam ao ritmo melódico da música e naqueles instantes experimentavam uma sensação de quase normalidade, como se estivessem de regresso à sua vida. O café de Theresienstadt não era propriamente o Unionka ou o Montmartre de Praga; apenas servia um miserável café *Ersatz*, mas desde que abrira portas tornara-se tão popular que era preciso adquirir previamente bilhetes. Não era fácil deitar-lhes a mão. O estabelecimento tinha capacidade limitada, cem pessoas de cada vez, e só lá se podia permanecer duas horas. Se não fosse Gerda ter-se envolvido numa *Schleusen*, não teriam conseguido os ingressos.

Constava que antes estava sempre disponível no café um exemplar do *Der neue Tag*, mas o jornal alemão de Praga deixara de aparecer depois de Estalinegrado. A existência no *ghetto* era dura, com as pessoas desenraizadas, homens e mulheres separados, ausência total de privacidade, alimentação deficiente, doenças, idosos a morrerem em grande número, mais o medo constante dos transportes para leste. Daí a importância do café e dos momentos culturais, que se multiplicavam dentro das muralhas de Theresienstadt entre o final do horário de trabalho e o recolher obrigatório. Concertos de música clássica, óperas, bandas *jazz*, palestras, peças de teatro, exposições de pintura, jogos de futebol, campeonatos de pingue-pongue, de tudo se fazia naquela curta hora até ao crepúsculo. Era então, e só então, que se sentiam normais. Viviam por isso obcecados por coisas belas, por momentos bons, talvez porque a arte lhes proporcionava uma evasão da miséria a que se reduzira a sua existência.

O ilusionista chegara a contemplar a hipótese de fazer um espetáculo de magia, mas acabara por desistir. Os adereços de que precisava tinham ficado todos em Praga e produzi-los requeria muito trabalho e materiais. Precisaria de madeira e espelhos, mas toda a madeira disponível era necessária para fabricar camas para os alojamentos e os espelhos constituíam um bem raro no *ghetto*. Não haveria magia em Theresienstadt.

"Será que têm aqui um quarto de banho?"

"Que eu saiba não", respondeu Gerda. "Estás aflito?"

Ele dirigiu à mulher um olhar insinuante.

"Estava a ver se haveria um lugar privado..."

Não era preciso dizer mais. Desde que tinham saído de Praga, Levin e Gerda haviam deixado de ter uma vida sexual normal. Viviam separados, ele na Sudeten-Kaserne, para os homens, ela na Dresdner Kaserne, para as mulheres. O maior problema era a inexistência de espaços privados para os momentos mais íntimos. Já tinham visto casais envolvidos num lençol a fazerem os movimentos característicos numa sala iluminada e cheia de gente, e não seriam capazes de uma coisa daquelas. Numa ou noutra ocasião, quando as atividades de lavandaria de Gerda a levavam à carpintaria durante o dia, Levin pedira aos companheiros que fossem "procurar pregos" nas redondezas e fechara-se com ela cinco a dez minutos, mas era coisa apressada e havia sempre o risco de aparecer um alemão numa das inspeções de surpresa. Se fossem apanhados, iriam no transporte seguinte para leste.

O ilusionista esperava que houvesse no café um lugar discreto para onde pudesse ir com a mulher por alguns minutos, embora não tivesse tido sorte. Sentiu-se frustrado, mas depressa a sua atenção foi atraída pelo burburinho na mesa ao lado, onde um grupo acabara de se juntar. Olhando para lá, Levin surpreendeu vários postais sobre a mesa. Não era habitual ver correio no *ghetto*, onde as notícias do exterior chegavam com dificuldade. Inclinou-se para a pessoa mais próxima.

"Ó amigo", interpelou-o. "Passa-se alguma coisa?"

"Chegaram postais do pessoal do transporte do mês passado."

A notícia era extraordinária, porque nunca até então se havia recebido correio dos deportados que iam nos comboios para leste.

"Não me diga", interessou-se Levin. "Onde estão eles?"

O homem pegou num dos postais e perscrutou o texto em busca de referências sobre o remetente.

"Perto de Neuberun."

"Neuberun? Onde é isso?"

O vizinho voltou a espreitar o remetente.

"Sei lá. Ora veja."

Mostrou-lhe no postal a linha do remetente.

ARBEITSLAGER BIRKENAU BEI NEUBERUN

Levin leu a linha.

"Campo de trabalho de Birkenau, Neuberun."

"Com um nome destes", alvitrou o homem do postal, "deve ser algures na Alemanha."

O nome parecia de facto alemão e o ilusionista vasculhou na memória o mapa da Alemanha, mas por mais que se esforçasse não se lembrava de alguma vez ter visto um sítio chamado Neuberun.

"Não estou a ver onde seja", acabou por se render. "O que dizem eles?"

"Nada de especial, a não ser que chegaram bem. Mas há aqui um postal que nos está a intrigar."

O homem mostrou-lho e Levin pousou os olhos no texto; era curto e estava rabiscado em letras maiúsculas, conforme requerido pela censura alemã.

CARO LEO,

CHEGÁMOS BEM. ENCONTREI AQUI A TIA SARA E OS SEUS AMIGOS, SOBRETUDO O RAEV. O TIO ODKOLEK TRABALHA IMENSO. ESTAMOS FELIZES.

SAUDADES DO

JAN FREUND

O ilusionista devolveu o postal ao seu interlocutor.

"Parece-me normal."

"Pois sim", disse o homem, evidentemente convencido do contrário. "O problema é que a tia Sara é uma familiar dele que morreu há uns anos." Apontou para um dos nomes mencionados no postal. "E isto do Raev tem muito que se lhe diga. O meu amigo porventura fala hebraico?"

"Uh... não."

"*Raev* significa *fome* em hebraico. Portanto o Jan está a dizer que se encontrou com uma tia que já morreu e que ela tem um amigo chamado Fome. Não é normal, pois não?"

A descodificação do texto deixou Levin chocado.

"Realmente..."

"O que não percebemos é a referência ao tio Odkolek."

Este nome pareceu-lhe familiar.

"Não é aquela grande padaria de Praga?"

"Pois, é o único Odkolek que conhecemos. Mas por que razão o Jan diz que o tio Odkolek trabalha imenso? Será que fazem muito pão lá no campo? Mas isso está em contra-dição com a referência anterior à tia que já morreu ter um amigo chamado Fome."

A questão intrigou Levin. Recordou as vezes que entrara na Odkolek. Tratava-se de uma enorme padaria, muito repu-tada pela qualidade e sobretudo quantidade de pães que pro-duzia nos seus vários fornos. Considerando que a Odkolek era uma verdadeira fábrica de fazer pães, a contradição com a referência à fome era de facto manifesta. Como podia haver fome se os fornos da padaria produziam tantos pães?

"Se calhar está a falar numa outra tia qualquer que morreu de fome, mas quer assegurar-nos que o pão não falta lá no campo de trabalho", alvitrou. "Não estou a ver outra hipótese."

O vizinho coçou a cabeça, na incerteza.

"Pois, se calhar é isso..."

Uma nova canção começou nesse momento a soar no café e um vocalista pôs-se a cantar em inglês.

> *Summertime,*
> *And the livin' is easy*
> *Fish are jumpin'*
> *And the cotton is high.*

Eram os Ghetto Swingers com a sua versão de *Summertime*, de George Gershwin, balada da moda que de imediato arreba-tou todos os que se juntavam no café.

XI

O jornal acabara de ser entregue pelo *Feldpost* e Francisco recolheu-se ao *bunker* para se pôr em dia com a guerra. O *La Prensa* chegara de Espanha e, apesar de ser do mês anterior, as notícias relativas à rendição de Itália aos Aliados, à ocupação alemã de Roma e à operação alemã para resgatar Mussolini do cativeiro foram devoradas quase como se de novidades de última hora se tratasse.

O frio voltara nesse outubro de 1943, e com ele viera também a inevitável neve. As margens do rio Ishora pintaram-se de branco e a água congelou, anunciando os rigores próprios da estação. Como o *La Prensa* atestava e o português sabia, tudo na guerra parecia ter mudado, incluindo na frente russa. O Exército Vermelho havia nesse verão ganho uma importante batalha em Kursk, Itália rendera-se e os alemães recuavam em toda a linha. Menos em Leninegrado. Era como se aquela fatia de terra tivesse ficado suspensa no tempo; tudo se transformava em toda a parte, exceto ali.

O som de botas sujas a ecoarem no soalho enlameado fez Francisco levantar os olhos. Ao ver o capitão Barra, pôs-se em sentido.

"Às suas ordens, meu capitão."

O oficial espanhol estendeu o braço direito.

"*Heil Hitler!*"

Francisco pestanejou, surpreendido. O gesto fora tão brusco e teatral que o português quase se riu. Que bicho teria mordido o comandante? Embora a saudação nazi fosse de facto obrigatória, pois a Divisão Azul tinha jurado obediência ao chefe dos alemães, era tão ridícula que ninguém na unidade a fazia, a não ser por troça, nem alguma vez vira o capitão Barra naquela pose.

"Uh...", hesitou o português, devolvendo por prudência um esboço da saudação. "*Heil Hitler.*"

O oficial tirou o boné e passou os dedos pelo cabelo já escasso.

"Como comandante da primeira companhia do Regimento 262, estou a falar pessoalmente com alguns homens da unidade sobre as mudanças que aí vêm. A Divisão Azul vai acabar em breve e *el Generalísimo* deu ordens de repatriamento."

A notícia não era propriamente uma surpresa pois havia algum tempo que entre os homens da unidade se falava em surdina sobre o regresso a Espanha. Ali estava a confirmação. Para Francisco tornava-se evidente que o general Franco se amedrontara com a evolução da guerra e decidira distanciar-se dos alemães enquanto podia.

"Com a extinção da Divisão Azul, os efetivos regressam a casa. Acontece que no lugar da divisão irá nascer a *Legión Española de Voluntarios*. A Legião Azul." Esboçou um ar interrogativo. "Está a par?"

"Já ouvi falar nisso, meu capitão."

"*Bueno, hombre*, você é um dos nossos melhores soldados. Tem muita experiência e capacidade de combate, obedece às ordens e constitui um exemplo para todos." Fez uma pausa. "Preciso de saber se quer ficar."

"Ficar onde, meu capitão?"

"*Hombre*, aqui", disse, apontando para o chão. "Com a Legião Azul."

Fez-se um curto silêncio no *bunker*.

"Peço licença para falar à vontade, meu capitão."

"Licença concedida."

"Não entendo o que se está a passar, meu capitão. Então a Espanha declarou a sua neutralidade e deixa cá ficar uma legião?"

"Uma legião de voluntários, sargento. De voluntários."

"Mas, meu capitão, a Divisão Azul já é toda ela constituída por voluntários. Qual é a diferença?"

O capitão Barra olhou fixamente para ele.

"Uh... *bueno*... é... é diferente", gaguejou. "Estes são voluntários... uh... mais voluntários do que... do que os... os outros."

"Não compreendo, meu capitão."

O oficial fez um estalido com a língua.

"*Coño*, não interessa!", impacientou-se. "Preciso de saber se fica ou não fica, o resto é conversa."

"Meu capitão, obedecendo às ordens do meu comando da Legião Estrangeira, voluntariei-me para a Divisão Azul. Se a divisão vai embora, eu também vou."

"Não quer ficar na Legião?"

"Se quisesse, meu capitão, teria ficado na verdadeira Legião, aquela que está em Dar Riffien." Abanou a cabeça. "Estou farto disto."

"Julgava que *usted* tinha uma russita e que isso poderia incliná-lo a..."

"Inclino-me é para me ir embora, meu capitão."

O oficial espanhol soltou um *"muy bien"* conformado e dirigiu-se à entrada do *bunker*. O vulto de um homem alto com calças de cavaleiro recortou-se nesse momento à porta. Um oficial das SS. O capitão Barra fez-lhe um sinal e abandonou o abrigo, deixando o alemão a sós com o português. Francisco encarou o desconhecido com curiosidade; já vira SS alemães e belgas na rua, mas nunca falara com nenhum. Depois do *"Heil Hitler!"* da praxe, este muito convicto, o oficial explicou ao que viera.

"Sou o *Oberleutnant* Kurt Schmidt, das *SS-Freiwilligen-Legion Flandern*, a unidade dos voluntários belgas", apresentou-se em alemão. "Não sei se sabe, mas as SS são a elite da elite. As nossas forças são as mais prestigiadas de todo o Terceiro Reich, o orgulho da Alemanha, a vanguarda do nacional-socialismo, a guarda avançada da civilização. Acontece que estamos a recrutar voluntários para as nossas unidades e procuramos homens com o perfil certo. Como a Espanha tomou a infeliz decisão de retirar a Divisão Azul, vim falar com o capitão Barra para saber que homens da sua unidade poderiam servir nas SS. O seu nome foi o primeiro. Estive a ler a sua folha de serviços e... queria convidá-lo para as SS."

O legionário sorriu.

"Não sei o que se passa, mas de repente passei a ser muito requisitado", observou. "Agradeço-lhe o convite, fico realmente honrado, mas..." Fez um movimento negativo. "Não estou interessado."

"Posso saber porquê?"

"Quero voltar para a minha terra. É tão simples quanto isso. Estou farto da Rússia, do frio, de toda esta confusão."

O *Oberleutnant* Schmidt soergueu uma sobrancelha.

"Confesso-me surpreendido. O capitão Barra disse-me que tinha arranjado uma russa e que estava muito ligado a ela."

"Nada me impede de a levar comigo, pois não?"

O alemão esboçou um trejeito cético.

"*Ach*, não me parece que o governo do general Franco esteja disposto a aceitar a entrada em Espanha de uma cidadã do país de José Estaline, se é que me faço entender."

"Aceitará se essa cidadã for casada com um dos seus soldados. Se não aceitar regressarei ao meu país, Portugal. Se também aí não a aceitarem, poderei sempre ir para as colónias portuguesas ou para o Brasil. Há muitas alternativas."

O oficial das SS revirou os lábios.

"Já vi que é um homem determinado", observou. "Faço-lhe notar, contudo, que entrando nas SS o soldo é melhor. Com mais dinheiro poderia dar mais condições à sua russa."

"O dinheiro não me preocupa."

O *Oberleutnant* Schmidt estreitou as pálpebras.

"Não há nada que possa dizer para o convencer?"

"Nada."

Confrontado com o semblante decidido do seu interlocutor, o oficial alemão percebeu que não ia lá com conversa. Pôs-se de novo em sentido, bateu com os tacões das botas e estendeu o braço.

"*Heil Hitler!*"

Girou sobre os calcanhares e foi-se embora.

A confirmação da dissolução iminente da Divisão Azul pôs fim a semanas de rumores nas fileiras da unidade e mostrou a Francisco que já não tinha muito tempo. Havia uma decisão importante a tomar. Quando ao final da tarde terminou o seu turno nas linhas, dirigiu-se ao capelão da unidade em busca de aconselhamento. A seguir pôs-se a caminho de Pushkin. Depois de entrar na cidade fez um desvio até ao Parque Alexandrovsky para colher umas flores junto à Torre Branca. Atou-as num *bouquet* e dirigiu-se por fim para casa.

Como habitualmente, Tanusha esperava-o de avental vestido e o jantar já pronto.

"Preparei-te uns *blinis*", anunciou-lhe ela, exibindo um prato com panquecas cozinhadas à maneira russa. "Encontrei farinha no..." Arregalou os olhos. "Oh! O que é isso?"

O português estendia-lhe o ramo de flores.

"É para... é para ti."

A russa pegou no *bouquet*, cheirou as pétalas e levantou os olhos para ele, agradada e ao mesmo tempo surpreendida.

"Que querido...", disse, abraçando-o. "Há alguma razão especial?"

Francisco parecia constrangido.

"A minha divisão vai ser dissolvida. Recebemos ordem para voltar para Espanha."

Tanusha entreabriu a boca e ficou um longo momento a fitá-lo enquanto absorvia a notícia e todas as suas implicações.

"Vais... vais-te embora?"

Com o embaraço próprio de quem não estava habituado a lidar com as coisas do coração, pois a sua vida tinha sido feita de guerra e não de amor, não conseguiu olhá-la nos olhos ao fazer a proposta.

"Queres vir comigo?"

"Como é que vou contigo?", admirou-se ela, perfeitamente ciente do problema da sua nacionalidade. "Sou russa."

"Teríamos de... enfim, de... de nos casar, não é?"

Não era assim que ela imaginara o momento mais romântico da sua vida, mas considerando as circunstâncias, e sobretudo o susto que acabara de apanhar, nada disso era relevante.

"Isso é um pedido de casamento?"

Sempre encabulado e de cabeça baixa, o rosto enrubescido de acanhamento, o português fez que sim.

"Queres?"

A rapariga procurou-lhe o olhar fugidio, como se tentasse assegurar-se da sinceridade da proposta. Francisco conseguiu enfim vencer a timidez e fitá-la diretamente. Os seus olhos castanhos revelavam uma doçura que ela nunca antes lhe tinha visto.

"*Tchort!* Claro que quero!"

Ao passar no centro de Pushkin pela *dacha* do comando do batalhão, a atenção de Francisco foi atraída pela algazarra em torno do quadro dos editais e das proclamações. Aproximou-se para ver o que se passava. Tratava-se de um documento emitido pela OKW alemã a anunciar a dissolução da Spanische Blaue Division a 12 de outubro de 1943.

Era esse dia.

Experimentou nesse instante uma sensação ambivalente. Haviam decorrido nove meses desde a batalha de Krasny Bor e retirar sem ter vencido parecia-lhe uma derrota disfarçada. Por outro lado, não tinha vontade de permanecer. As condições eram más, o frio desagradável e, apesar da morte de Juanito, não sentia animosidade para com os russos, talvez porque ele próprio vivia com uma russa.

Fora apenas três dias antes que Tanusha aceitara a proposta de casamento. A cerimónia fora marcada para o sábado seguinte na Igreja Znamenskaya e o pároco do batalhão garantira-lhe que nesse mesmo dia teria nas mãos o comprovativo do casamento. Com o documento poderia obter para a sua mulher uma autorização temporária de residência em Dar Riffien e solicitar a naturalização dela.

Como a companhia já havia abandonado as posições ao longo do rio Ishora, Francisco dedicava o seu tempo aos preparativos do casamento. Seria uma cerimónia simples, celebrada pelo pároco católico da Divisão Azul e com um número restrito de convidados; apenas uns camaradas da unidade. Mesmo assim, Olga e Margarita insistiram em oferecer à irmã mais nova o tradicional copo-d'água. Suspenderam por alguns dias o negócio no barracão e deitaram mãos à obra. Essa era a razão pela qual o português passara perto da *dacha* do comando do batalhão. O mercado situava-se por aquelas bandas e a cantina da divisão também. Enquanto Tanusha preparava o seu próprio enxoval, as irmãs estavam já de volta dos tachos e tinham dado a Francisco um papel com os produtos para o copo-d'água. A lista de compras não era grande, pois tinham noção dos tempos que viviam, mas os únicos bens verdadeiramente difíceis de encontrar eram o açúcar e o licor de laranja, indispensáveis para o bolo Skazka.

Enquanto Francisco se demorava junto à *dacha*, os companheiros, animados pela notícia da OKW de que iam finalmente para casa, puseram-se a entoar em coro uma das canções favoritas da Divisão Azul.

> *Sólo esperamos la orden*
> *que nos dé nuestro general,*
> *para borrar la frontera*
> *de España con Portugal.*

> *Y cuando eso consigamos,*
> *alegres podremos estar,*
> *porque habremos logrado*
> *hacer una España imperial.*

Ao ouvir as estrofes de *Desde Rusia*, o português abanou a cabeça e afastou-se. Se calhar voltaria antes ao seu país.

Não fora para "*borrar la frontera de España con Portugal*" que se alistara na Legião.

O legionário apareceu em casa uma hora depois com as compras. Não encontrara o licor de laranja, mas na cantina da Divisão Azul conseguira uma garrafa de *palomita*, uma fusão de licor de anis com água. Ao descer para a cave, não conteve um sorriso de antecipação ao imaginar a cara das Tsukanovas quando percebessem que o seu precioso Skazka iria sair com travo espanholado. Ao chegar diante do pequeno alojamento, estacou, admirado. A porta estava escancarada.

"Tanusha?"

Entrou e deu com o compartimento desarrumado, o enxoval abandonado sobre uma cadeira, as agulhas e o dedal pelo chão, na cama uma folha gigante de papel. Pegou na folha. Mostrava um jovem de camisa castanha, com uma suástica pregada à manga esquerda, e a figura etérea de um soldado atrás; ambos olhavam para um ponto indefinido do horizonte, como era habitual nos cartazes de propaganda. Por baixo estava escrito *Auch du. Também tu.* Coçou a cabeça. O que significava aquilo? Dobrou a folha e guardou-a no bolso do sobretudo. Ponderou o que fazer. Tanusha não estava e o quarto encontrava-se num pandemónio. O que quer que tivesse acontecido, era evidente que ela saíra apressadamente. Mas para onde? O mais provável é que tivesse ido visitar as irmãs.

Saiu à rua e dirigiu-se em passo lesto para o barracão de Olga e Margarita. Provavelmente a namorada estaria a tratar com as irmãs dos preparativos do casamento. Quando chegou ao barracão ninguém lhe abriu a porta. Intrigado, foi ter com o proprietário.

"Foram com os alemães", informou-o o russo. "Vieram há pouco e levaram-nas."

Francisco encarou-o com incredulidade.

"Os alemães?"

"Sim. Apareceram com maus modos. Meteram-nas num camião."

Ou seja, tinham sido detidas. A única explicação que lhe ocorria era que a atividade de Olga e Margarita havia sido denunciada.

"Eram polícias?"

O olhar do homem escureceu.

"Tinham uma caveira no colarinho."

As irmãs estavam nas mãos das SS.

XII

A representação dessa noite da peça infantil *Brundibár* no átrio da Magdeburger Kaserne tinha sido um êxito. Bem-dispostos, os Levin levaram o filho à casa das crianças, onde estudava e dormia, mas à chegada ao edifício depararam-se com um elemento da Gemeinde-Wache sentado no chão, as mãos sobre o rosto, o boné negro pousado ao lado. Tratava-se do guarda da polícia judaica que haviam conhecido na noite da chegada a Theresienstadt. Na altura a força chamava-se Ghetto-Wache, designação entretanto alterada para esta nova, a Gemeinde-Wache, Polícia da Comunidade.

"Então, Václav?", perguntou. "Aconteceu alguma coisa?"

O guarda afastou as mãos do rosto e encarou o ilusionista.

"Recebi uma convocatória", disse, consternado. "Vou no próximo transporte para leste."

"Mais um?"

O rapaz anuiu.

"Já distribuíram as convocatórias pelas camaratas. Vai imensa gente. Incluindo o doutor Edelstein."

Não era uma surpresa. Jakob Edelstein, o chefe do conselho dos anciãos, havia sido detido pelos alemães sob acusação de falsificar listas para salvar deportados, e o próprio comandante Seidl fora substituído.

"Quando diz imensa gente está a falar em quantas pessoas?"

"Cinco mil."

Levin e Gerda estremeceram, assustados. Cinco mil deportados eram um transporte gigantesco, o maior de sempre, apenas comparável com o que em setembro levara Alfred Hirsch e as primeiras crianças. Dificilmente escapariam a uma razia daquelas.

Foi com o coração a ribombar que Levin entrou na sua *Ubikation* da Sudeten-Kaserne, para onde se dirigiram depois da conversa com Václav. Vários parceiros de quarto estavam sentados nas camaratas, cabisbaixos e com papéis cor-de-rosa nas mãos; eram as convocatórias para o transporte. O olhar do ilusionista pousou na sua cama. Não viu lá nada.

"Não veio nenhuma convocatória para mim?"

O homem do beliche de baixo mostrava-se descontraído, sinal de que escapara.

"Não."

"De certeza?"

"Eu estava cá quando elas chegaram. Para si não veio nada."

A confirmação de que ficara de fora deste grande transporte libertou Levin de um enorme peso. Daquela já se livrara. Normalmente, mas nem sempre, as convocatórias envolviam toda a família. Isto queria dizer que, se ele não recebera a convocatória, com toda a probabilidade Gerda e Peter também se haviam safado. Mas isso tinha de ser verificado. Saiu da *Ubika-*

tion e encaminhou-se para a porta do edifício, onde a mulher e o filho o aguardavam com grande nervosismo.

"Não recebi nada!", anunciou logo que os viu. "Estamos safos."

À beira de um ataque de nervos, Gerda suspirou profundamente e apertou Peter nos braços, as lágrimas de alegria a cintilarem-lhe nas pálpebras.

"Ah, graças a Deus! Graças a Deus!"

"Mas temos de confirmar", apressou-se o marido a acrescentar, pois por vezes ocorriam casos de *Familienzerreißung*, a divisão de famílias. "Anda, vamos ver se está tudo bem nos teus aposentos."

O recolher obrigatório já começara, uma vez que a noite caíra entretanto. Em circunstâncias normais o espaço público do *ghetto* estaria deserto àquela hora, mas não naquele dia. As súbitas convocatórias para o novo transporte para leste, e sobretudo o enorme número de pessoas abrangidas dessa feita, desencadearam um rebuliço em Theresienstadt inteira. Havia gente a correr de um lado para o outro; uns choravam, outros tentavam consolá-los, alguns buscavam ou transmitiam notícias e muitos faziam já os preparativos para a viagem.

"Estou tão nervosa, Bertie..."

"Não estejas", tranquilizou-a Levin. "Não costumam separar as famílias."

"Nunca se sabe, Bertie. Além do mais prenderam o Edelstein e podem ter mudado as regras. Quem nos garante que o *Familienzerreißung* não se torna mais frequente?"

"Duvido. Ainda por cima com os judeus dinamarqueses aqui no *ghetto* e o governo da Dinamarca a querer saber tudo sobre Theresienstadt, os alemães vão ter muito cuidado."

"Parece-te mesmo?"

O marido lançou-lhe um olhar confiante.

"Tenho a certeza."

Quando chegaram à Dresdner Kaserne, Gerda desapareceu no interior. Era estritamente proibido os homens entrarem nos alojamentos das mulheres e vice-versa, pelo que Levin ficou com o filho à porta. Peter podia ter ido com ela, uma vez que as crianças do sexo masculino com menos de doze anos estavam autorizadas a viver com as mães, mas Gerda queria ser rápida.

Ao fim de apenas cinco minutos de espera, reapareceu no átrio do edifício. Ao vê-la, Levin sentiu o coração dar um salto. Vinha abatida, o rosto molhado de lágrimas, dois papéis na mão. O marido levou a mão à boca, chocado e incrédulo. Gerda caiu-lhe nos braços a soluçar e só se acalmou ao fim de alguns minutos.

"Tenho tanto medo, Bertie..."

"Pronto, tem calma, vai correr tudo bem", soprou-lhe ao ouvido. "Quando partimos?"

"A convocatória é só para mim e o Peter."

A notícia deixou Levin incrédulo.

"Não pode ser!"

Ainda sem acreditar, o marido pegou no papel e leu-o. O texto estava datilografado em alemão.

COMISSÃO SS GOVERNAMENTAL DO REICH
RECRUTAMENTO E EMPREGO
DE TRABALHADORES FORÇADOS

Anúncio: O judeu Peter Levin do protetorado do Reich é desde já informado de que, por decisão da autoridade acima mencionada, foi selecionado para o serviço de trabalho obrigatório. O sujeito deverá, antes da partida, levantar junto do representante da autoridade os instrumentos necessários para o exercício da sua profissão, uma muda de roupa de inverno e comida suficiente para uma semana.

A outra convocatória era igual, apenas com o nome de Gerda em vez do de Peter. As referências aos instrumentos de trabalho, roupa de inverno e comida, como todos já sabiam, não passavam de conversa para ficar registada em papel. A única coisa que realmente interessava era que ambos iam ser deportados.

"Deve haver engano."

Ela estava inconsolável.

"Às vezes acontece", disse. "Sucedeu o mesmo à Lenka no transporte de setembro, não te lembras? O marido foi convocado e ela não."

Levin recordava-se do caso, pois haviam comentado o que acontecera à amiga de Gerda na lavandaria. Na altura Lenka decidira que não se separaria do marido e pedira para ser incluída no transporte. Essa possibilidade existia e era usada pela grande maioria das famílias que as convocatórias separavam. Mais valia irem com a família para leste do que ficarem sozinhos em Theresienstadt.

Estreitou a mulher nos braços e, sentindo o filho agarrar-se-lhe às pernas como fazia desde pequenino, soube que também ele seria incapaz de se separar da família. Estava fora de questão o *Familienzerreißung;* não poderia viver com isso.

XIII

Ao chegar à *dacha* do comando do batalhão, Francisco encontrou Rolf. Contou-lhe que Tanusha e as irmãs haviam desaparecido e tirou do bolso o enorme papel que achara sobre a cama.

"*Ach so!*", exclamou Rolf, reconhecendo a folha. "Isto é um cartaz de recrutamento das *Schutzstaffeln*, meu sargento."

"As SS?"

"Sim. Andam a distribuir esses cartazes para convencer soldados de várias nacionalidades a juntarem-se-lhes." Olhou-o com uma expressão de estranheza, quase de incredulidade. "Diz o meu sargento que encontrou isso sobre a sua cama?"

Por esta altura já Francisco estabelecera a ligação entre os vários pontos daquela equação. Dias antes tinha sido interpelado por um oficial alemão que o quisera recrutar para as SS e a seguir encontrava sobre a cama um cartaz de recrutamento das SS e descobria que os homens das SS tinham ido ao barração das Tsukanovas e levado Olga e Margarita. Com toda a probabilidade, Tanusha também havia sido detida. Mas, se as irmãs tinham sido levadas por prostituição, o que tinham as SS a ver com isso?

"Leva-me ao quartel das SS."

Tal como a generalidade dos edifícios de Pushkin, o Palácio de Alexandre estava degradado, embora impecavelmente limpo. Tratava-se de um palacete enorme, se bem que menor do que o vizinho Palácio de Catarina. Ao que se dizia tinha sido a residência favorita do último czar e a sua primeira prisão quando da revolução bolchevique. Nesse momento era a sede das forças de ocupação e as suas caves haviam sido transformadas em prisão da Gestapo.

A entrada principal era guardada por duas sentinelas e na varanda central alçava-se uma grande bandeira nazi. Com Rolf a servir de guia, entraram no edifício e subiram ao primeiro andar. Na secretaria não obtiveram nenhuma informação útil sobre as Tsukanovas; a funcionária ao balcão não fazia ideia de quem elas eram e muito menos do seu paradeiro. Francisco percebeu que tinha de começar pelo princípio.

"Talvez o melhor fosse falar com o oficial que tentou recrutar-me para as SS."

"Como se chama ele?"

Boa pergunta. Na altura o oficial apresentara-se, claro, mas o português não decorara o nome pois nunca lhe ocorrera que viesse a precisar dessa informação.

"Não me lembro." Fez um esforço de memória. "Sei que era de um regimento belga com um nome esquisito."

"A unidade das SS posicionada nesta região tem soldados belgas flamengos. São as *SS-Freiwilligen-Legion Flandern*."

"Isso mesmo!"

A funcionária das SS levantou-se, foi a um armário buscar uma pasta, evidentemente a dessa unidade, e regressou com ela ao seu lugar.

"Qual era o posto dele?"

"Tenente, creio eu."

"Os postos nas SS são diferentes dos do exército normal", devolveu a funcionária. "Presumo que se esteja a referir a um *Oberleutnant*."

"Sim, era isso."

Ela abriu o dossiê e folheou o conteúdo. Localizou as páginas com o quadro de oficiais e chegou à folha dos *Oberleutnant* que faziam parte da unidade belga flamenga. Apontou para as linhas uma a uma.

"Ora bem, nas *SS Flandern* temos o *Oberleutnant* Johann Fritz, o *Oberleutnant* Herbert Neumann, o *Oberleutnant* Kurt Schmidt, o..."

"Era o Schmidt!"

Ela fechou a pasta.

"O *Oberleutnant* Schmidt neste momento não está."

"Onde posso encontrá-lo?"

A funcionária devolveu a pasta ao seu lugar e indicou o corredor.

"Aguardem lá fora."

A espera no corredor do palácio prolongava-se. Já ali estavam havia quase duas horas e o homem não aparecia. Francisco dava sinais crescentes de inquietação, de maneira que Rolf regressou à secretaria para questionar de novo a funcionária. O sargento ficou a sós e nesse momento ouviu passos das escadas. Virou-se e viu um oficial de cinzento que reconheceu.

"*Herr Oberleutnant* Schmidt?"

O homem das SS lançou-lhe um olhar vagamente triunfante, como se tivesse ganho uma aposta.

"O que faz por aqui, sargento?", perguntou o *Oberleutnant* com um sorriso malicioso. "Não me diga que veio voluntariar-se para as SS..."

"É por causa da minha russa, *Herr Oberleutnant*", disse Francisco. "As irmãs dela foram pelos vistos levadas hoje pelas SS e a minha noiva desapareceu. Gostava de saber se me pode ajudar a esclarecer o assunto."

Rolf apareceu nesse instante e, ao ver o oficial, saudou-o com o "*Heil Hitler!*" obrigatório. Depois de devolver a saudação, o *Oberleutnant* Schmidt encarou o português com a segurança de quem se sabia senhor da situação.

"O sargento está evidentemente a referir-se às prostitutas que andavam a ameaçar a pureza racial dos nossos soldados naquele prostíbulo imundo ao pé da catedral."

As palavras escolhidas pelo homem das SS embaraçaram Francisco.

"Pois, as irmãs da minha noiva... quer dizer, as dificuldades levaram-nas a... enfim, o... o *Herr Oberleutnant* percebe", titubeou. "Devo presumir pelas suas palavras, *Herr Oberleutnant*, que está a par do que se passa."

"*Natürlich*", assentiu. "Foram as três detidas para tratamento especial."

"As três?", questionou o sargento. "Incluindo a minha noiva?"

"*Genau*", devolveu o alemão. "Exato."

"Mas... porquê? A Tanusha não está envolvida nas mesmas atividades que as irmãs, *Herr Oberleutnant*. Além do mais, o próprio exército alemão tem bordéis onde se faz a mesma coisa que no barracão das irmãs da Tanusha. É absurdo acusá-las de atividades ilegais."

Com movimentos lentos e precisos, o *Oberleutnant* Schmidt começou a descalçar as luvas, puxando pelo tecido na ponta dos dedos.

"Elas não foram detidas só por prostituição, sargento", disse, olhando para as luvas como se fossem mais importantes do que o interlocutor ou o assunto que ali o trouxera. "Foram detidas por serem judias."

O português olhou-o com uma expressão inquisitiva.

"Judias?"

"Sim, judias." Passou para a luva da outra mão. "O sargento não sabe que os judeus estão a ser deportados e submetidos a tratamento especial?"

"Quer dizer, já ouvi falar nisso, claro, mas... enfim, pensei que era conversa. Não percebi que isso fosse uma coisa assim tão... tão..."

"É muito grave, sargento", cortou o alemão, voltando a encará-lo. "Muito grave mesmo. Ainda por cima a atividade era suscetível de pôr em risco a pureza racial da raça ariana. É imoral e ilegal os nossos soldados cruzarem-se com sub--humanos. Tivemos de agir."

"Mas a Tanusha não fez nada, *Herr Oberleutnant*. Não estava envolvida na..."

"É judia e isso chega."

"Chega... para quê?"

Já sem luvas, o *Oberleutnant* Schmidt inclinou ligeiramente a cabeça na direção do interlocutor e cerrou os dentes.

"O sargento é parvo ou está a brincar comigo?", disse com rispidez. "Se é judia, está tudo dito. Tem de ser submetida a tratamento especial."

Sentindo que falavam linguagens diferentes, por momentos Francisco não soube o que dizer. Era verdade que nos últimos meses ouvira com frequência o discurso dos alemães sobre a ameaça judaica e a necessidade de anular esse perigo, mas nunca entendera a ideia. Não conhecia judeus, pois nunca vira nenhum em Portugal, nem sabia qual era exatamente a ameaça que eles representavam.

"Oiça, eu disso não percebo nada", disse. "A única coisa que sei, *Herr Oberleutnant*, é que a Tanusha e as irmãs não estavam a fazer mal a ninguém. São pessoas normais e..."

"Já vi que é mesmo estúpido", irritou-se o oficial das SS. "Os judeus são por definição uma ameaça! Foram eles que provocaram esta guerra, usando o capitalismo e o bolchevismo, ambos criações judaicas! Toda a gente sabe isso!"

Assim não ia lá, percebeu o português. Se queria encontrar a noiva e as irmãs, teria de evitar o confronto.

"Tem o *Herr Oberleutnant* toda a razão", concedeu, conciliador. "Mas creio que há aqui um engano. A Tanusha e as irmãs não são judias."

"Claro que são."

"Como pode o *Herr Oberleutnant* saber isso?"

"O nome delas não consta do registo das igrejas nem da conservatória de Pushkin."

"Mas elas não são de Pushkin, *Herr Oberleutnant*. Viviam em Sablino. Com certeza o registo pode ser encontrado aí ou em Krasny Bor ou em Leninegrado ou em qualquer outro lugar, não sei. Mas não em Pushkin."

O oficial das SS fez com a mão um gesto de impaciência, desvalorizando o argumento.

"Isso não interessa nada. Não estão registadas aqui e não puderam provar que não são judias. Por via das dúvidas, devemos sempre partir do princípio de que são. Mais vale eliminar dez inocentes duvidosos do que deixar escapar um culpado. Só obedecendo a esse princípio poderemos assegurar-nos da *Endsieg*, a vitória final."

Não sendo hábil com as palavras, Francisco ficou sem resposta. A sua educação, como aliás a do SS, não passava do nível elementar. De alguma forma sentia que o raciocínio do oficial não batia certo e que alguém mais eloquente teria resposta capaz de o desmontar. A única coisa que sabia, e claramente, é que tinha de encontrar a sua Tanusha.

"Talvez tenha razão, *Herr Oberleutnant*", disse, sempre conciliador, não por temperamento mas por necessidade. "Mas será que me pode dizer onde elas estão, por favor?"

"Foram enviadas para um *Einsatzgruppe*."

"Já não estão cá?"

"Não", confirmou o homem das SS. "Daqui a dois dias serão submetidas ao tratamento especial."

Embora já dominasse razoavelmente o alemão, o sargento não percebeu as duas expressões. *Einsatz*, sabia, traduzia-se por *tarefa* e *gruppe* por *grupo*. *Einsatzgruppe* era, literalmente, *grupo da tarefa*. E *tratamento especial* constituía uma expressão igualmente ambígua. O que teria tal tratamento de tão especial?

"Será que o *Herr Oberleutnant* me pode explicar o que significa isso exatamente? É que o meu domínio da língua alemã ainda é limitado e..."

O oficial fez sinal a Rolf, que assistia à conversa com um ar cada vez mais apreensivo, endereçando-lhe a tarefa de responder. O soldado não estava submetido à hierarquia das SS, mas era alemão e não ignorava o poder e a influência da unidade de elite. Puxou Francisco pelo braço, afastando-se dois passos.

"*Es complicado*", disse-lhe em voz baixa e no seu castelhano hesitante, uma precaução para poder falar à vontade. "*La situación de tu novia es... es muy difícil.*"

Francisco olhou-o sem compreender.

"Difícil como?"

O alemão lançou um olhar fugidio ao *Oberleutnant* Schmidt, que os observava sempre com uma expressão divertida, e baixou ainda mais a voz.

"*Los Einsatzgruppen* são *unidades especiales* das SS na Rússia."

"E então?"

Rolf abanou a cabeça.

"*No es bueno.*"

"Não é bom o quê?" Impacientou-se com tantas insinuações não concretizadas. "Explica-te, homem!"

O soldado engoliu em seco.

"*Los Einsatzgruppen son... son unidades de exterminio.*"

Esta última palavra arrancou um esgar admirado ao seu interlocutor, como se tivesse acabado de introduzir um tema despropositado.

"Extermínio de quê? Pulgas? O que tem isso a ver com esta conversa?"

"*Exterminio de judíos*, meu sargento. *Los Einsatzgruppen exterminan judíos* aqui na Rússia."

Francisco ficou especado a olhar para ele.

"Exterminam a bicharada dos judeus? Piolhos e..."

O alemão sacudiu a cabeça com veemência.

"*No*, meu sargento. Matam *los judíos*. Juntam-nos em grupos e fuzilam-nos."

"O quê?!"

"O meu sargento *entiende la gravedad de la situación?*"

"Está a referir-se a sabotadores judeus?"

"*Civiles*, meu sargento", corrigiu-o, sublinhando as palavras. "*Viejos, mujeres, niños. Los matan a todos. Es eso lo que hacen los Einsatzgruppen de las SS. Exterminio de judíos.*"

As palavras de Rolf foram acolhidas por Francisco com total incredulidade. O português olhou para o subordinado como quem olha para um louco, pois uma coisa daquelas não fazia sentido. Matar quem atacava ou punha em causa as forças alemãs era uma coisa. Mas... mulheres e crianças?

"Estás a gozar..."

Não estava disposto a engolir a primeira patranha que lhe impingiam; não era assim tão ingénuo e ninguém se riria à sua custa.

"*Cien por cien seguro*, meu sargento. Não é brincadeira."

As palavras do soldado alemão foram proferidas de forma tão convicta e o seu olhar era tão apreensivo que Francisco começou a admitir que ele estivesse a falar a sério.

"Tens a certeza do que estás a dizer?"

"*Absoluta*, meu sargento. *Yo he visto a los Einsatzgruppen matar judíos. Lo hacen mucho aquí en Rusia. Mucho, mucho.*"

"Tu viste?"

"*Sí*, meu sargento." Apontou para os seus olhos azuis. "*Con mis ojos.*"

"Mandaram a Tanusha para ser morta?"

"*Sí*, meu sargento."

Não podia ser, pensou. Definitivamente, aquilo era uma brincadeira entre legionários. Mas Rolf afirmava-o com tanta convicção que se voltou para o SS.

"*Herr Oberleutnant*, ele diz que vocês as vão fuzilar..."

Disse-o à espera que o *Oberleutnant* Schmidt desmentisse tal disparate e tudo se esclarecesse finalmente, mas apesar da evidente tolice o oficial não estranhou a afirmação nem mostrou a menor perturbação, como se o que ele acabara de lhe dizer fosse uma coisa normal.

"Serão submetidas ao tratamento especial."

"*Aber, Herr Oberleutnant*, o que é isso?"

O SS apontou para Rolf.

"*Das ist es, was er Ihnen erklärt hat*", indicou. "Foi o que ele lhe explicou."

"Ele falou-me em fuzilamentos..."

"*Das ist es, was er Ihnen erklärt hat.*"

Foi nesse instante, e só nesse instante, que o português caiu em si. Rolf dissera-o insistentemente e o *Oberleutnant* Schmidt, confrontado com a questão, não só não desmentia como implicitamente o confirmava. Parecia incrível, mas pelos vistos era verdade. Tanusha e as irmãs iam ser fuziladas. Levou um curto instante a digerir a enormidade da revelação, mas quando isso aconteceu o seu rosto enrubesceu e uma fúria incontrolável apossou-se dele.

"Está doido?", rugiu em português de cabeça perdida, encaminhando-se para o oficial disposto a arrancar-lhe a cabeça. "Que raio de..."

Percebendo o que ia acontecer, Rolf agarrou-o por trás para o travar.

"*No*, meu sargento!"

"... estupidez vem a ser esta, cabrão de merda? Vou-te dar cabo..."

O soldado alemão, embora corpulento, ou não fosse ele também um legionário de origem, não estava a conseguir deter Francisco, que avançava sobre o SS como uma locomotiva em aceleração.

"Meu sargento, pare!"

"... desse focinho de porco, meu grande filho da puta! Vou-te..."

"*Negócielo con él*, meu sargento!", gritou Rolf, sempre em espanhol, tentando com toda a força travá-lo ao mesmo tempo que se esforçava por dissuadi-lo de fazer uma loucura. "*Negócielo!* Só assim a salvará!"

Apesar da cólera, uma parte da mente do português ainda raciocinava. Foi essa parte que ouviu o subordinado e, percebendo que moer de pancada um oficial alemão não era a estratégia mais produtiva, refreou-se.

"Negoceio o quê?", perguntou, detendo-se momentaneamente. "O que há a negociar?"

"*Usted se acuerda* do cartaz de recrutamento que lhe deixaram sobre a cama?", argumentou Rolf. "A senhora da secretaria contou-me que este Schmidt tem até domingo para preencher uma quota de recrutamento. Tudo isto tem a ver com o recrutamento, entende? Ele tem uma quota e precisa de recrutas para as SS, nem que seja à força. Foi por isso que as levou. Para o obrigar a alistar-se. *Eso es lo que pasa.* Isso e só isso."

Por fim fez-se luz. As palavras do soldado alemão faziam todo o sentido. Recuperando o domínio de si mesmo, o português acalmou-se. Só assim poderia lidar com a situação. Vendo as coisas serenadas, Rolf largou-o. Francisco endireitou-se e ajeitou a farda antes de voltar a encarar o *Oberleutnant* Schmidt.

"O *Herr Oberleutnant* pode evitar que a minha noiva e as suas irmãs sejam fuziladas?"

Ciente de que tinha ganho a partida, o oficial das SS sorriu. Bastava-lhe conduzir a conversa com jeito.

"Não é impossível", disse, fazendo-se caro. "Mas não será fácil. Por ordem do *Reichsführer-SS*, temos de eliminar a ameaça que os judeus representam para a segurança do Terceiro Reich. Essa ordem é para cumprir, custe o que custar."

"Mas não é impossível impedir o fuzilamento..."

"O *Reichsführer-SS* também ordenou o recrutamento de bons soldados estrangeiros para as SS", acrescentou o oficial em tom sibilino, chegando onde todos sabiam que chegaria. "Considerando que em certas circunstâncias estas duas ordens podem ser contraditórias, cabe-nos a nós, no terreno, encontrar as soluções adequadas. É sobre isso que poderemos falar. Como conciliar a ordem de enviar os judeus para tratamento especial com a ordem de recrutar soldados estrangeiros para as SS? É essa a questão." Pestanejou. "Tem alguma ideia?"

O português não sabia quem era o tal *Reichsführer-SS* de quem o seu interlocutor falava com tanta veneração nem isso tinha qualquer importância. A única coisa relevante é que haviam chegado ao ponto nevrálgico da negociação. O *Oberleutnant* Schmidt tinha dito o que Rolf previra que dissesse. Cabia-lhe a ele, Francisco, fazer a sua parte.

"Se me inscrever nas SS, *Herr Oberleutnant*, liberta-as?"

Para sua surpresa, o interlocutor abanou a cabeça.

"*Unmöglich*", disse de forma perentória. "Impossível."

"Perdão?"

"Os judeus não podem andar por aí à solta."

"Mas, *Herr Oberleutnant*, elas não são judias", argumentou Francisco, começando a enervar-se outra vez. "Não fizeram nada de mal e o senhor não as pode matar."

O alemão assumiu uma pose meditativa, fingindo considerar o problema.

"Concedo que não está definitivamente provado que as senhoras em questão sejam judias", disse, como se chegasse a tal conclusão após cuidada deliberação. "Não posso ignorar esse argumento nem deixar de o suscitar junto do *Einsatzgruppe*." Esfregou o queixo, ainda pensativo. "Sabe o que lhe digo? Talvez tenhamos de adiar o tratamento especial."

"Isso significa o quê, *Herr Oberleutnant*?", perguntou o sargento sem disfarçar a ansiedade. "Que já não as fuzilam?"

"O tratamento especial ficará suspenso à espera de confirmação da origem racial das senhoras", confirmou. "Como falta a documentação, parece-me inevitável que as investigações durem anos e anos."

Ou seja, pensou Francisco com alívio, Tanusha e as irmãs viveriam.

"E entretanto o que lhes acontecerá, *Herr Oberleutnant?*", quis saber, ciente de que as complicações estavam nos detalhes. "Serão libertadas?"

O oficial voltou a surpreendê-lo com uma negativa categórica.

"Sendo suspeitas de ser judias, não podem andar por aí à solta. Tenho o poder de suspender indefinidamente o tratamento especial, é verdade, mas receio não poder libertá-las. Isso seria violar diretamente as ordens do *Reichsführer-SS.*"

Francisco manteve o olhar preso nele.

"Está a dizer que ficarão presas durante anos e anos?"

"São as ordens do *Reichsführer-SS* para casos de dúvida. Não posso ir contra essas ordens. O lema das SS é 'a lealdade é a minha honra'. A desobediência é uma linha que nenhum de nós pode cruzar."

Francisco encarou-o de braços cruzados e olhar firme.

"O senhor não imagina os problemas que vai ter se tocarem num cabelo só da minha Tanusha", rosnou em tom ameaçador. "Deixe-me pôr as coisas deste modo. Se lhe acontecer alguma coisa, vai haver chatice comigo, e da grossa. Não sou homem para me deixar ficar, aviso-o já, e o Rolf sabe-o. Mas se a libertar não só me inscreverei nas SS como estou convencido de que poderei convencer mais seis ou sete homens da Divisão Azul a inscreverem-se. Creio que isso será muito vantajoso para a quota de recrutamento que tem para preencher até domingo." Inclinou a cabeça de lado. "O que me diz?"

A ameaça implícita nas palavras do português não intimidou nem um pouco o oficial das SS. Já a promessa de que arranjaria mais recrutas para a força de elite tinha enorme peso. O *Oberleutnant* Schmidt estava de facto pressionado para preencher a quota de recrutamento e a inscrição de seis ou sete espanhóis e portugueses nas SS resolvia-lhe o problema. Nesta nova condição, o recrutamento daquele homem tornava-se ainda mais interessante.

"Como lhe disse, não posso violar as ordens do *Reichsführer-SS*", insistiu. "Creio no entanto que poderemos encontrar uma solução de compromisso que, embora sem agradar totalmente a todas as partes, tem virtudes que não são de desprezar."

"Sou todo ouvidos, *Herr Oberleutnant*."

"Se bem o entendi, a sua principal preocupação é estar junto da sua noiva. Estou certo?"

"Sim..."

"Da nossa parte, o interesse maior é tê-lo a si nas SS. Estamos a planear formar duas companhias espanholas e gostaríamos de as usar na frente russa. Mas integrar essas unidades impedi-lo-ia de estar com a sua noiva, como é evidente. Por isso estou disposto a colocá-lo não nas *Waffen-SS*, como é a nossa vontade, mas nas *SS-Totenkopfverbände*. Seria uma solução de compromisso que também nos interessaria. Como a situação aqui na frente russa é realmente complicada, começámos a transferir para a zona de combate unidades das *SS-Totenkopfverbände* que antes estavam nos *Katzet*. Isto significa que nos faltam agora homens para gerir os *Katzet*." Apontou para ele. "Seria aí que você entraria." Arqueou as sobrancelhas, muito satisfeito consigo próprio. "Genial, não?"

Francisco não percebia a genialidade do plano. Para ser rigoroso, nem sequer percebia o plano.

"Desculpe, *Herr Oberleutnant*, o que é isso das *SS-Toten*- -não-sei-quê-da-banda e das cassetetes?"

"*Katzet* é a forma como nós dizemos KZ, os *Konzentrations- lager*", explicou o oficial. "A designação oficial é KL, mas nós dizemos KZ, ou *Katzet*. E as *SS-Totenkopfverbände* são as unidades SS encarregadas de gerir os *Katzet*. Está claro agora?"

"*Konzentrationslager*? Está a falar de campos de concen- tração?"

"*Genau*", confirmou o *Oberleutnant* Schmidt. "Em vez de ir para uma unidade das SS aqui na frente russa, iria para uma unidade das SS nos *Katzet*."

"E a minha noiva?"

"Não a posso libertar, já lhe expliquei." Ergueu um dedo, fazendo uma ressalva. "Mas posso enviá-la para um *Katzet*." Apontou para o português como se desferisse o golpe de mise- ricórdia que selava todo o plano. "O *Katzet* onde você estiver a prestar serviço."

"Quer dizer que eu e a minha noiva estaremos no mesmo campo de concentração, eu como guarda e ela como prisio- neira?"

O rosto do oficial das SS abriu-se num sorriso.

"Não é um plano genial?"

Francisco considerou a proposta.

"E as irmãs dela?"

"Iriam para o mesmo *Katzet*, claro."

O sargento imaginou-se numa cadeia a olhar através das grades para Tanusha e as irmãs, as três fechadas numa cela.

"Mas isso é um absurdo!"

O *Oberleutnant* Schmidt encolheu os ombros.

"É o melhor que lhe posso oferecer. Aceite e ela viverá e poderá estar com ela. Recuse e nunca mais a verá. Tão simples quanto isto."

"*Es una oportunidad*, meu sargento", sussurrou Rolf em castelhano. "Aproveite-a. O *Oberleutnant* só propôs isto porque está pressionado com as quotas de recrutamento, mas não pode ir mais longe."

Não era de facto aquilo que pretendia, percebeu Francisco. A solução parecia-lhe insatisfatória. Mas, vendo as coisas friamente, poderia ser bem pior. A verdade é que as duas partes conseguiriam uma coisa que queriam e fariam uma cedência. O *Oberleutnant* Schmidt tê-lo-ia nas SS, mas não numa unidade de combate. Ele salvaria Tanusha e passaria o resto da guerra com a noiva, mas não conseguiria que a libertassem. Com um suspiro profundo, fitou o *Oberleutnant* Schmidt com a decisão tomada.

"Onde assino?"

Esboçando um sorriso de satisfação, o oficial das SS quase o cumprimentou.

"*Wunderbar!*", exclamou, esfregando as mãos. "Excelente!"

Os dois visitantes acompanharam o *Oberleutnant* até um gabinete ao fundo do corredor. Pelos cartazes afixados nas paredes, um deles igual ao que encontrara horas antes sobre a sua cama, Francisco percebeu que se tratava do gabinete de recrutamento das SS. O oficial alemão retirou um formulário de uma gaveta, preencheu as partes que lhe cabiam e entregou--lho, apontando para um espaço na última página.

"Assine aqui."

Como não percebia aquela algaraviada, Francisco deu o formulário a ler a Rolf. O subordinado verificou o texto e fez um gesto afirmativo.

"*Está todo bien.*"

O português pegou na caneta que o oficial das SS lhe estendeu e rabiscou a assinatura.

"*Herzlichen Glückwunsch!*", congratulou-o o *Oberleutnant* Schmidt. "Parabéns! A partir deste momento é um *Anwärter* das SS. Um candidato. Fará uma formação rápida num campo de treino e depois seguirá para o *Katzet* para onde já amanhã iremos enviar a sua noiva e as irmãs."

"Onde é isso?"

O homem das SS folheou o formulário e identificou a página que procurava. Virou a folha para o novo recruta e, como se desse a resposta, apontou para o destino que ele próprio escrevinhara momentos antes.

"Na Polónia."

PARTE TRÊS

PRELÚDIO DE MORTE

Ah! Ah!
Morte! Morte!
Desejarás a morte

Aleister Crowley, *The Book of the Law*

I

Havia já dois dias que os Levin, como todos os deportados que enchiam o vagão, não viam luz. A exceção era a ténue claridade do dia que penetrava pelas frinchas das tábuas e quatro pequenas aberturas para o exterior protegidas por arame farpado. Os olhos tiveram de se habituar à treva absoluta durante a noite e à semiescuridão de dia.

Parecia a Levin absolutamente incompreensível que os alemães tratassem pessoas daquela maneira. Era a segunda viagem que faziam como deportados e não tinha qualquer comparação com a primeira. A viagem efetuada meses antes de Praga até Theresienstadt fora dura, onze horas fechados numa carruagem de passageiros sem nada para comerem não era normal, mas dir-se-ia um passeio de luxo ao pé do que se passava na nova deslocação. Não só estavam ali umas sessenta pessoas fechadas às escuras havia já dois dias, as portas trancadas por cadeados exteriores, como a composição em que dessa feita os meteram no famoso transporte para leste era formada por vagões para gado. Vagões para gado! Os alemães tinham fechado homens e mulheres, incluindo idosos, doentes e crianças, em vagões para gado!

As crianças choramingavam a toda a hora, no início com grande intensidade e nas últimas vinte e quatro horas já com fraqueza, enquanto os doentes gemiam. Toda a gente tinha sede e fome. Fazia um frio incrível, pois era inverno. O calor gerado por toda aquela massa de gente comprimida era a única vantagem que havia em estarem fechados durante tanto tempo no vagão.

"Vovó?"

A voz da rapariga soara algures da esquerda, no meio da massa de gente que se acotovelava no vagão, arrancando Levin aos seus pensamentos.

"Deixa, Zdanka", murmurou alguém. "A vovó já não está entre nós..."

"Vovó?!"

Os soluços da rapariga foram acolhidos com um silêncio pesado entre os deportados. Tratava-se da segunda morte no vagão desde o início da viagem. Preocupado com o moral da família, Levin espreitou o filho, aninhado aos seus pés; adormecera meia hora antes, quando ele lhe cantara uma das suas canções favoritas em ladino, e a dormir continuava. A seguir olhou para Gerda e viu-a igualmente exausta; dir-se-ia que dormia de pé. Pelos vistos não se aperceberam da morte da idosa e parecia-lhe melhor assim. A prioridade naquele instante era descansar. Com o vagão tão apertado, não havia lugar para todos no chão e os ocupantes só se sentavam alternadamente. Aquela vez não era a dos Levin. Felizmente havia as pequenas aberturas entre as tábuas. Elas possibilitavam que se deitassem coisas fora e, além de deixarem entrar ar, permitiam perceber em que sentido ia a composição. Pela posição do Sol confirmou-se que de facto se dirigiam para leste. Tinham já passado por Praga e por Ostrava e nas últimas horas cruzaram estações com tabuletas em polaco.

Por vezes o comboio parava numa estação, embora as portas permanecessem fechadas, ou no meio do campo, e ficava aí imóvel durante horas. A maior parte das vezes, todavia, eram os outros comboios que ficavam parados à espera que a composição de Theresienstadt passasse, em certos casos com os vagões carregados de tanques ou de outro material militar destinado à frente russa. Pelos vistos o seu comboio tinha prioridade até sobre as composições envolvidas no esforço de guerra. Como era possível que um mero transporte de judeus fosse para os alemães mais importante do que os abastecimentos destinados às tropas?

Havia já algumas horas que Levin sentia o ventre apertar. Apesar do esforço para reter os intestinos, percebeu que não aguentaria muito mais. Em bom rigor, a sua resistência chegara ao fim. Ou se aliviava no próximo minuto ou fazia tudo ali à frente da família. Sem alternativa, enfiou-se pela massa compacta de gente e tentou abrir caminho.

"Faz favor", pediu. "Dá licença?"

"Cuidado, idiota!"

"Veja lá onde põe os pés!"

A viagem estava a deixar os deportados com os nervos no limite e a paciência não abundava; a menor contrariedade provocava reações de grande indelicadeza.

"Peço desculpa, mas preciso de passar."

"Onde raio pensa o senhor que vai?"

"Tenho urgência em usar o... o balde."

A resposta esclareceu toda a gente. Apesar de comprimidos uns contra os outros como molhos de espargos, os viajantes

em redor empurraram-se e, embora a resmungar, lá arran-
jaram maneira de abrir alas e de o deixar passar. Ultrapassada
a parte mais compacta, o espaço alargou e o fedor tornou-se
nauseabundo; era a zona onde se encontrava o balde e que os
deportados evitavam.

Quando chegou ao pé do balde, Levin atirou um olhar
enojado para o interior; havia fezes até a cima. Sentiu vontade
de vomitar e arrependeu-se de ter adiado tanto tempo a visita
ao balde, pois se tivesse vindo mais cedo tê-lo-ia encontrado
ainda vazio. Naquele momento era tarde. Olhou em redor,
em busca de alternativas, mas elas não existiam; a menos que
escolhesse fazer no chão, claro. Não havia maneira de evitar
o recipiente. Resignando-se, baixou as calças e, no meio de
toda aquela gente, acocorou-se sobre o balde imundo, evitando tocar com as nádegas nas bordas sujas. Nem precisou
de fazer força para libertar os intestinos. As fezes deslizaram
de imediato e ouviu-as cair sobre as que enchiam o balde com
um som de viscosidades a misturarem-se. Não levou mais de
vinte segundos. Logo que se aliviou, e não tendo nada a que
se limpar, endireitou-se e puxou as calças. Sentia-se melhor,
embora imundo e humilhado. A única consolação é que todos
os que iam no vagão haviam virado as costas para lhe oferecer
privacidade.

A verdade é que ninguém ali tinha culpa do que se estava a
passar. Na estação de Theresienstadt os SS haviam-nos enfiado
no vagão apenas com dois baldes, este para as necessidades
e outro cheio de água, e ainda um pão para cada pessoa.
Fora com isso, e apenas com isso, que tinham vivido ao longo
dos três últimos dias.

"Ó amigo, olhe que o balde já está cheio", constatou uma
das pessoas mais próximas quase em tom de censura. "Tem de
o despejar."

Era verdade que não cabiam mais fezes no recipiente. As regras não escritas do vagão atribuíam ao último utilizador o dever de o esvaziar. Isso significava que essa responsabilidade recaía sobre Levin. Sempre resignado, segurou o balde pela pega suja, borrando a mão com as fezes, e sustendo a respiração levou-o para uma das janelas minúsculas. Apesar de apertadas, as pessoas abriram alas até com mais eficiência do que quando ele para ali fora. Depois de virar a cabeça momentaneamente para trás, para ganhar fôlego, susteve a respiração e levantou o balde. Apesar de a abertura estar protegida por arame farpado, despejou o conteúdo para fora, tendo o cuidado de o fazer para trás no sentido do movimento da composição, não fosse o vento devolver-lhe os excrementos para a cara.

Quando terminou voltou ao canto do vagão que por comum acordo correspondia ao espaço das latrinas e pousou o balde. A seguir regressou para junto da família na esperança de que as fezes nas mãos e na roupa não fossem demasiado pestilentas. A mulher acolheu-o com um sorriso forçado. Queria consolá-lo, como se lhe dissesse que estava tudo bem e que não tinha de ter vergonha de nada.

"Não apanhaste nenhum alemão?"

Levin apreciou a tentativa.

"Desta vez não."

A pergunta dela arrancou alguns sorrisos ténues em redor, uma vez que constituía uma referência a um episódio inusitado, e inesquecível, ocorrido ainda na véspera. Desde que o balde começara a ser utilizado que as pessoas no vagão se limpavam com um papel castanho que alguém trouxera de Theresienstadt para embrulhar a comida. O problema é que, à custa de tanta utilização, não foi apenas o balde que se tornou imundo; o papel castanho também. A folha ficou de tal modo suja que deixou de ter qualquer utilidade. Assim sendo, numa ocasião em que o comboio parara numa estação, alguém a atirou para fora. O interessante é que um soldado alemão, de capacete e espingarda com baioneta, intrigado com aquela massa estranha que viu no chão e que não reconheceu, teve a brilhante ideia de lhe espetar a baioneta e a seguir pegar nela com as mãos.

O relato do sucedido pelos poucos passageiros que espreitavam pela pequena abertura e assistiram à cena espalhou-se como um incêndio pelo vagão e constituiu o único momento de felicidade ao longo da viagem interminável.

A noite já caíra duas horas antes e estavam mergulhados na escuridão total quando a voz da mulher percorreu o vagão, entoando uma velha canção infantil para embalar a filha de cinco anos.

> *Eine rosa Krinoline*
> *kauf ich dir, mein Kind,*
> *wenn wir...*

De repente sentiram o comboio abrandar e a mãe calou-se. Todos ficaram subitamente atentos, tentando perceber o que se passava. Como estavam habituados à treva absoluta, a menor luz permitia-lhes destrinçar silhuetas, e os que ocupavam os lugares junto às pequenas aberturas conseguiam vislumbrar indicações acerca do espaço exterior.

"Luzes!", exclamou um dos deportados à janela. "Estamos a chegar a uma estação!"

Ouviram o guincho característico da travagem e a composição voltou a perder velocidade. Momentos depois rolava já devagar, quase como se bufasse de exaustão. Uma claridade passou pelas frinchas entre as tábuas do vagão, rasgando a escuridão total que os envolvia desde que três horas antes a noite caíra. O comboio sacudiu-se com um estremeção final e por fim imobilizou-se. Fez-se um silêncio expectante dentro do vagão.

"O que se passa?", perguntou alguém. "Onde estamos?"

"Num lugarejo qualquer", confirmou uma pessoa junto a uma das janelas. "Mas não vejo tabuletas, não consigo perceber que sítio é este. Apenas se veem luzes. Muitas luzes."

Aguardaram em silêncio. Ao longo dos últimos dias haviam parado em várias estações e apeadeiros e voltado a partir sem que nada de especial tivesse acontecido. Pareceu-lhes que estavam numa situação dessas. A crer no padrão dos últimos dias, o mais certo era daí a algum tempo a composição retomar a marcha. Sentiam-se exaustos, esfaimados e com muita sede. Já haviam morrido dois idosos no vagão e queriam sair dali. Nada podia ser pior do que aquele maldito comboio.

Escutaram vozes e ouviram cães a ladrar. Aguçaram a atenção e perceberam que se gritavam ordens em alemão, embora dentro do vagão não fosse possível entender o que era dito. Subitamente ouviram um som metálico e perceberam que a porta estava a ser destrancada. Fez-se um claque final e uma curta pausa.

"E agora?", sussurrou Gerda, expectante. "Será que..."

A porta foi corrida com um movimento brusco e o interior do vagão foi invadido por luzes fortes, encandeando os deportados, habituados à escuridão.

"*Raus!*", berrou um homem em alemão. "Fora! Toda a gente para fora!"

"*Schnell! Schnell!*", ordenou outro. "Depressa! Depressa! Toca a sair! Depressa!"

Os cães ladravam furiosamente e os Levin sentiram o espaço em torno deles esvaziar-se no meio de grande alvoroço;

as pessoas saíam já. Ouviam-se ordens em alemão e sons secos por entre os gritos. No meio daquela orgia confusa de luz e sombras aperceberam-se de vultos que sovavam os deportados quando estes abandonavam o vagão.

"*Schnell! Schnell!*"

Os homens que batiam eram soldados SS e davam à esquerda e à direita com bastões, atingindo indiscriminadamente velhos, homens, mulheres e crianças. Alguns riam-se até. Ali não havia lei, ou se havia era a lei ditada por homens a quem tudo era permitido. Os cães ladravam, os velhos caíam em resultado das pancadas, as crianças berravam assustadas; o caos havia-se instalado, nascido do nada. Embasbacado com tamanha confusão, Levin ficou por momentos paralisado, sem perceber o que se passava, sem saber como proceder, sem entender o lugar em que desembarcavam, até que a sua vez chegou e, pegando nas malas e protegendo a mulher e o filho com os braços, dirigiu-se à abertura do vagão para sair o mais depressa possível, pois enquanto havia muita gente as hipóteses de escaparem aos bastões eram maiores.

"*Raus, Juden! Raus!*"

Um bastão atingiu-o no ombro enquanto protegia Peter; gemeu de dor mas não se deteve e avançou até saltar para o exterior. Sentiu o ar gelado esbofetear-lhe a cara e envolver-lhe o corpo e um estranho cheiro a queimado entrou-lhe pelas narinas. Haviam desaguado na plataforma de uma estação de comboios e os deportados, assustados e confusos, meio cegos com toda aquela luz e sem compreenderem o que se passava no meio de tanta confusão, acotovelavam-se ao longo do espaço como gado encurralado. À sua volta caíam levemente flocos, como penas a oscilarem no ar; dir-se-ia neve prateada. Observou-a com estupefação até perceber que não era neve mas cinzas.

"Larguem as malas!", ordenou um SS. "Mais depressa! Larguem as malas e formem em fila. Toda a gente, filas de cinco! *Schnell! Schnell!*"

Vendo a cada dez metros soldados SS aos berros ou a olhá-los com cães furiosos seguros pelas trelas, e desorientados com os focos de luz num espaço que não reconheciam, os deportados obedeciam num silêncio intimidado; comportavam-se como um rebanho. As malas foram depositadas na margem da plataforma até formarem um verdadeiro monte, a que os Levin juntaram as deles. O casal não sabia como as recuperaria, ninguém lhes deu nenhum recibo ou talão, mas nem Levin nem Gerda se atreveram a exprimir a dúvida porque os cães e os bastões mostravam-lhes o que sucederia se questionassem as ordens.

"*Los! Los!*", insistiu um SS que passava por eles a balouçar ameaçadoramente o bastão. "Vamos lá! *Los!*"

Ao depositar as malas que trazia de Theresienstadt, Levin apercebeu-se de que as bagagens dos recém-chegados eram carregadas para carroças por homens de cabelo rapado à escovinha e fardas às riscas cinzento-azuladas, como pijamas, com estrelas amarelas de seis pontas ao peito. A maior parte destes prisioneiros judeus caminhava em silêncio, mas ouviu alguns trocarem palavras e compreendeu que falavam polaco. Embora não soubesse a língua, tinha esperança de que compreendessem checo, por se tratar de línguas eslavas com afinidades, pelo que arriscou uma pergunta.

"Onde estamos?"

O homem hesitou antes de responder, e quando o fez foi num sussurro disfarçado.

"*Oświęcim.*"

O recém-chegado nunca tinha ouvido falar em tal lugar, duvidou até que tivesse ouvido bem, mas não insistiu; pareceu-

-lhe arriscado. Fosse onde fosse aquele sítio estranho, parecia claro que se encontravam algures na Polónia e que haviam atingido o destino final da viagem. Obedecendo às ordens dos SS, alinhou-se na plataforma junto à mulher e ao filho e, apesar de assustado, procurou tranquilizá-los.

"Chegámos", murmurou para Gerda. "Ao menos a viagem acabou. Qualquer coisa é melhor do que o comboio."

A mulher não respondeu, tão apavorada se sentia. Levin também nada mais disse, pois havia o elevado risco de ser escutado pelos SS que os rodeavam. Com os olhos já habituados à luz, perscrutou o espaço para tentar apreender o máximo de informação. A noite cercava-os com o seu manto opaco e viu filas de luzes cintilantes, lâmpadas penduradas em arame farpado e em colunas inclinadas de cimento até formarem vastos perímetros em retângulo que se estendiam por quilómetros e quilómetros, mais torres de vigilância com holofotes a passearem os seus focos sobre filas sucessivas de barracões de madeira dentro dos retângulos. Apercebeu-se do perfil de uma torre e para lá dela uma chama altíssima lambia a noite. Era uma chaminé e estava ativa.

"Toda a gente alinhada!", berrava ainda um SS. "*Los!* Vamos lá! Todos alinhados! *Schnell! Schnell!*"

Olhou para o oficial alemão que dava ordens aos recém--chegados e mesmo ao lado dele viu o nome da estação escrito numa tabuleta, já não *Oświęcim* em polaco, o nome que o prisioneiro lhe soprara momentos antes, mas o equivalente em alemão.

Auschwitz.

II

Um halo alaranjado rompia a treva, pontuando o horizonte com um clarão vermelho. Intrigado, Francisco passou a mão pelo vidro da janela do automóvel, desembaciando-o, e aguçou o olhar. Estaria um edifício a arder? Não parecia uma construção. Dir-se-ia antes uma tocha gigante. A chama no topo era enorme, com vários metros de altura, e iluminava a escuridão como um farol.

Olhou para o motorista da polícia militar que o fora buscar à estação ferroviária de Katowice e constatou que não parecia preocupado. Ou não reparara na chama ou não lhe atribuía importância, como se fosse normal. Esta segunda hipótese era absurda, considerando que por causa da guerra havia uma ordem de apagão geral. O *chauffeur* devia estar distraído.

"*Entschuldigung*", interpelou-o Francisco, apontando para a chama. "Desculpe, sabe o que é aquilo?"

O motorista atirou para lá um olhar de relance.

"Auschwitz."

A informação levou o português a fixar a luz com olhos novos. Fora então para ali que tinham enviado Tanusha. Estaria ela nesse momento a fitar a mesma chama? Ao fim de tanto tempo de separação ia enfim reencontrá-la. Desde a última vez que a vira em Pushkin, três meses antes, não tivera notícias dela nem seria de esperar que as tivesse no campo de treinos das SS para onde fora. O ano de 1943 acabara, janeiro de 1944 chegara e com o novo ano viera o fim do treino e a sua colocação em Auschwitz. O campo para onde ela fora enviada. O problema era a chama. A que propósito expunham os alemães o campo às miras inimigas?

"É permitido o *Katzet* estar iluminado desta maneira?"

"Não é iluminação. É a chama de um *Krema*."

"O que é isso?"

"Crematório."

A resposta foi dada como se tudo explicasse, mas ao português pareceu que o uso de um crematório à noite era anómalo, uma quebra de segurança tão absurda que não se poderia ignorar.

"Porque usam o crematório a esta hora?", quis saber. "Não seria melhor acendê-lo apenas de dia?"

"São as ordens."

"Mas assim a aviação inimiga vê-nos a centenas de quilómetros de distância e a chama pode orientar o inimigo na navegação aérea. Isto para não dizer que nos tornamos um alvo maior do que um elefante."

"São as ordens."

O motorista falava com indiferença e Francisco percebeu que dali não viria resposta útil, mas não pôde deixar de refletir naquela falha de segurança. O uso noturno de um crematório durante a guerra parecia-lhe coisa de tolos e inconscientes. Uma negligência criminosa. Então estavam todas as cidades da Europa submetidas a um apagão geral, justamente para dificultar os raides aéreos inimigos, e Auschwitz deixava-se iluminar como uma árvore de Natal?

"Vocês têm a noção de que o Exército Vermelho acabou de entrar na Polónia?", perguntou, incapaz de se conter. "Sabem que os russos já se estão a aproximar?"

"Se fosse a si tinha cuidado com o que dizia, *SS-Mann*", respondeu o *chauffeur* à laia de aviso. "Isso é propaganda derrotista."

Propaganda uma ova!, teve Francisco vontade de responder. Mas não podia, pois a informação apenas circulava nas rádios dos Aliados e entre as unidades alemãs posicionadas na linha da frente. Todos sabiam que era verdadeira, claro, mas tinha de se fingir que não passava de propaganda. Os russos haviam tomado Kiev no mês anterior e, poucos dias depois do ano novo, tinham penetrado na Polónia. E o que faziam os alemães? Iluminavam Auschwitz como a Torre dos Clérigos! Seriam eles assim tão burros? Rir-se-ia, não se desse o caso de Tanusha estar ali e ele próprio se dirigir para lá. Aquela luz podia perfeitamente guiar as colunas do Exército Vermelho. Com uma chama assim a iluminar a noite, era no mínimo inevitável que os aviões inimigos bombardeassem o campo. Com ele e a sua russa lá dentro.

Que idiotas!

A frase *Arbeit macht frei* fixada a metal negro no topo do portão pareceu auspiciosa a Francisco. *O trabalho liberta.* Chegara a um campo de trabalho. A ideia pareceu-lhe meritória. Em vez de deixarem os presos o dia inteiro sem nada para fazer a não ser intrigar e conspirar, os responsáveis de Auschwitz pelos vistos tinham-nos posto a produzir. Qual teria sido a tarefa entregue a Tanusha?

Mas o carro não cruzou o portão. Em vez disso, seguiu em frente e, na esquina exterior do campo, virou à direita. Havia três grandes edifícios alinhados logo a seguir ao arame farpado, todos erguidos em tijolos cor de laranja como os que se encontravam dentro do KL. O automóvel imobilizou-se diante do do meio e os dois homens apearam-se. Fazia muito frio, talvez uns dez graus negativos, e a neve acumulava-se na berma e misturava-se com lama, formando uma espécie de gelo sujo. Em passo rápido para sair dali o mais depressa possível, Francisco aproximou-se do edifício central.

"Estamos em Auschwitz I, o campo principal, ou *Stammlager*", explicou-lhe o motorista ao subir as escadas para o primeiro andar. "Este é o edifício da administração central."

"Disse Auschwitz I?", admirou-se o recém-chegado. "Há mais?"

"O *Katzet* de Auschwitz tem uns quarenta campos. O principal é este, mas o maior é aquele onde viu a chama. O novo comandante mudou-lhe há pouco tempo o nome para Auschwitz II, mas toda a gente o conhece por Birkenau. Depois há uma série de campos de trabalho, como Auschwitz III, também conhecido por Monowitz e onde está instalada uma fábrica da IG Farben, e dezenas de outros pequenos campos de trabalho ao longo de vários quilómetros."

"Caramba, isto é uma cidade..."

"Uma metrópole."

Encostaram-se ao guiché da repartição de pessoal e Francisco pousou os documentos sobre o balcão. O funcionário de serviço, um oficial das SS com galões de *Hauptsturmführer*, cabelo grisalho e rugas de sexagenário, olhou para a guia de transferência.

"*Ach so!* Veio de Heidelager!"

O *Hauptsturmführer* carimbou a guia do campo de treino das SS e guardou-a numa pasta. A seguir entregou-lhe um formulário. O português percorreu-o com os olhos e hesitou.

"Uh... desculpe, *Hauptsturmführer*", gaguejou, evitando o *Herr* pois fora-lhe explicado em Heidelager que nas SS imperava a camaradagem e o *Herr* não se usava; tratava-se de uma forma respeitosa apenas existente na Wehrmacht. "Eu falo alemão, mas escrever é outra coisa."

O funcionário reagiu com uma careta enfadada, mas começou ele próprio a preencher o documento. Fez algumas perguntas ao recém-chegado, sobretudo pormenores da sua identidade e percurso profissional, apurando todos os dados relevantes para efeitos burocráticos. Quando o formulário ficou pronto, deu-o a assinar e foi ao armário guardá-lo noutra pasta. A seguir sentou-se a uma secretária, meteu uma nova folha numa máquina de escrever e datilografou um texto. Depois tirou o papel da máquina com um movimento rápido e veio entregar-lho ao balcão.

"Apresente-se amanhã no *Politische Abteilung* às oito da manhã com esta guia", ordenou numa voz monocórdica. "Como é português, deverá entregá-la ao *Unterscharführer* Broad, o oficial SS a quem ficará adstrito."

Francisco achou estranho ele dizer "como é português", mas, considerando que o homem parecia ter vontade de o despachar o mais depressa possível, decidiu não complicar. Já não podia ignorar, contudo, a referência ao departamento de Broad, pois era pelos vistos o seu futuro local de trabalho.

"*Politische Abteilung?*", admirou-se. "O que é isso?"

"Não sabe o que é o Departamento Político?", atirou o alemão com ar trocista. "Nunca ouviu falar na Gestapo?"

O português abriu e fechou a boca, surpreendido; conhecia bem a reputação da polícia secreta.

"Vou ficar na Gestapo?!"

"É o que está aqui escrito."

"Mas, *Hauptsturmführer*, não sou polícia", protestou. "Não passo de um simples soldado das SS, vim aqui para..."

O rececionista interrompeu-o com uma palmada no tampo do balcão.

"*SS-Mann!*", rugiu. "O que é isto? Desde quando se discutem as ordens? Um SS obedece e não discute! Não lhe ensinaram isso?"

"Naturalmente, *Hauptsturmführer*", devolveu o recém--chegado. "Tem toda a razão, *Hauptsturmführer*. Longe de mim a intenção de questionar as ordens." Fez uma careta. "Apenas acho que... enfim, deve haver um engano, só isso. Pedia-lhe, por favor, que verificasse. Sou soldado, não sou polícia. Provavelmente alguém se enganou e..."

O rececionista bateu com a ponta do indicador na guia.

"Está aqui escrito que deve apresentar-se no *Politische Abteilung*. Se está escrito, é porque é assim."

"Não duvido, *Hauptsturmführer*. Mas, tanto quanto sei, o nome oficial da Gestapo é *Geheime Staatspolizei*, Polícia Secreta do Estado, não é *Politische Abteilung*, Departamento Político."

"O Departamento Político dos *Katzet* está entregue à Gestapo."

Francisco respirou fundo, derrotado.

"Estou a ver."

Definitivamente aquele SS não gostava de complicações. Com maus modos, o funcionário estendeu-lhe um cartão do KL Auschwitz.

"Este cartão só lhe permite circular pelo *Stammlager*, o campo principal. Para entrar nos outros campos precisa de uma autorização escrita da hierarquia. O seu alojamento será nos barracões das SS, fora do campo."

"*Danke, Hauptsturmführer*", agradeceu o português. "O problema é que não faço a menor ideia onde sejam os barracões das SS nem a Gestapo. Nunca aqui estive, não conheço nada."

O funcionário abriu a boca para lhe dar uma resposta previsivelmente torta, mas o motorista da polícia militar interveio.

"Deixe estar, *Hauptsturmführer*. Eu mostro-lhe."

A noite recebeu-os de novo com o seu hálito gelado, mas Francisco pensou que mesmo o frio era melhor do que aturar aquele rececionista. Felizmente a parte burocrática estava concluída e podia descansar depois da longa viagem do campo de treinos para Auschwitz. Dirigiu-se ao automóvel.

"Está a ver aquele edifício?", perguntou o motorista, apontando para o outro lado da rua. "É a Gestapo, onde se deve apresentar amanhã."

A escuridão apenas deixava perceber os contornos de dois edifícios. O recém-chegado indicou o mais afastado, à esquerda.

"Aquele ainda faz parte da Gestapo?"

O motorista abanou a cabeça.

"É o *Krema*."

"Mas a chama está apagada..."

Voltando-se para o bloco da administração central, de onde tinham acabado de sair, o alemão apontou para o clarão avermelhado que ascendia do horizonte, do outro lado.

"Já lhe disse que a chama que vimos há pouco era de Birkenau. Fica para aqueles lados."

"Ah, bom. Então há aqui dois crematórios, este e o de Birkenau."

"Cinco."

"Cinco?!"

"Um aqui em Auschwitz I e quatro em Birkenau. E ainda há valas a céu aberto para cremar mais."

"Ena! Para quê tanto crematório?"

"Auschwitz é o maior *Katzet* do Terceiro Reich. Há milhares e milhares de pessoas nos vários campos deste complexo, mas sobretudo em Birkenau. Isto é uma metrópole, já lhe disse. Com tanta gente, precisamos de instalações para cremar corpos, caso contrário é um problema."

"Mesmo assim, cinco crematórios é de mais, não? Morre assim tanta gente?"

O motorista ignorou a pergunta. Em vez disso, apontou para o arame farpado por detrás do edifício da administração central.

"Auschwitz I situa-se no setor vedado. Os blocos lá dentro são todos de prisioneiros." Indicou o edifício à direita do da administração central. "Este é o hospital SS. Se tiver algum problema é para aqui que virá. Tenha sobretudo atenção a sintomas de tifo, que é muito corrente em Auschwitz." Apontou para o bloco da esquerda. "Aqui é a *Kommandantur*." E depois para o fundo da rua, na mesma direção. "Ali ao fundo é a residência do comandante. O *Obersturmbannführer* Höss já cá não está, pois assumiu funções mais importantes no Reich, mas deixou a família a viver ali."

A casa ainda se encontrava a alguma distância, mas mesmo na escuridão percebeu que se tratava de uma boa moradia. Entraram no automóvel. Apesar do frio, a viatura começou imediatamente a funcionar, pois ainda estava quente da viagem. Percorreram a rua, passando pela *Kommandantur*, até chegarem a uma transversal na esquina do campo. Viraram à direita e meteram por uma estrada lateral a Auschwitz I.

"Viu o funcionário que nos atendeu?", perguntou o português. "Um pouco irritável, não?"

"Veio certamente a contragosto", explicou o motorista. "A maior parte dos homens dos *Katzet* são das SS Totenkopf e andam a ser transferidos para a frente russa. Como falta pessoal em Auschwitz, começaram a trazer soldados mais velhos das Waffen-SS, como é o caso do rececionista. Estão também a recrutar SS estrangeiros, muitos dos quais vêm para cá."

"Como eu."

O homem da polícia militar não respondeu. Depois de contornarem o campo de Auschwitz I, passaram por uns edifícios do outro lado da rua e o motorista apontou para eles.

"Aqui é a cantina SS e ali a fábrica de tabaco e a padaria." Três blocos apareceram imediatamente a seguir e o carro imobilizou-se diante de um deles. "São aqui os barracões das SS."

Francisco saiu e foi à bagageira buscar o seu saco. Quando a fechou ouviu um *"Auf Wiedersehen"* de despedida, viu uma mão acenar do lugar do condutor e o automóvel arrancou, fundindo-se na noite.

Enquanto simples *SS-Mann*, o grau mais baixo da hierarquia SS, Francisco não tinha direito a mais do que uma simples camarata no dormitório dos guardas. O *Scharführer* do seu bloco indicou-lhe o sítio onde iria dormir, um beliche numa camarata cheia de outros beliches, e deixou-o junto ao cacifo a arrumar os pertences. Na camarata encontravam-se algumas dezenas de homens das SS, uns a jogar às cartas e outros deitados nos beliches; quase todos fumavam ou bebiam o que parecia ser *vodka* ou *Schnaps*. Alguns pareciam ébrios, o que espantou o recém-chegado. Acabara de vir de um campo de treino onde ficara muito claro que um SS não se embebedava; tais comportamentos constituíam uma grave quebra de disciplina. No entanto, ali estavam vários homens das SS quase a cair de bêbados.

O soldado no beliche por baixo do seu, um *SS-Mann* como ele, suspendeu a leitura da carta que tinha nas mãos.

"*Heil Hitler!*", cumprimentou-o. "Sou o Heinz. És novo aqui?"

"*Heil Hitler*", devolveu o recém-chegado enquanto desfazia o saco. "Acabei de chegar."

Ao ouvir a resposta, o alemão alçou uma sobrancelha.

"Que sotaque é esse?"

Francisco começou a meter as roupas no cacifo. Trazia vestido o sobretudo e o primeiro uniforme, mas o segundo uniforme tinha de ser arrumado; pendurou-o num cabide.

"Sou português."

O *SS-Mann* olhou-o dos pés à cabeça, quase como se não acreditasse. A seguir sentou-se na borda do beliche e levantou a voz.

"Ei, *Kameraden!*", chamou. "Agora recrutam portugueses!"

"Estás a reinar..."

"A sério!" Apontou para Francisco. "Acabou de chegar um *SS-Mann* português!"

Ouviram-se risadas.

"Já vale tudo nas SS!", observou alguém. "Quando o meu tio entrou na Leibstandarte SS, há uns anos, só aceitavam candidatos com um mínimo de um metro e oitenta e quatro de altura. Foi obrigado a mostrar documentos a provar que não tinha um único antepassado judeu nas três ou quatro gerações anteriores. Só se aceitavam arianos puros."

"*Ach*, onde vão esses tempos!", retorquiu outro. "Agora até já temos SS muçulmanos, vê lá tu!"

"Vai gozar com a tua tia..."

"A sério! Não ouviste falar nas SS Handshar? São a companhia SS que formaram nos Balcãs. Está cheia de muçulmanos. Aquilo é só gente de rabo para o ar virada para Meca. E há ainda SS tártaros, cossacos, albaneses, azeris... eu sei lá. Parece a porra da Sociedade das Nações!"

"Mas esses gajos não são sub-humanos?"

"Também os ucranianos são sub-humanos e temo-los aqui a servir nas SS, ou não temos?"

"Pois, é verdade. E olha o bonito resultado que deu no ano passado, quando esses anormais viraram as armas contra nós!"

"Os ucranianos?", questionou outro em tom zombeteiro. "Deixem-me rir. Chamamos-lhes ucranianos, mas na verdade muitos são russos. Vieram do Exército Vermelho, sabiam? Uma vergonha! Como podemos ter russos nas SS, e ainda por cima do Exército Vermelho? Só nos falta recrutar a porra do Estaline!"

"Vamos lá, *Kameraden!*", apelou uma nova voz. "O mais importante é garantir a *Endsieg*, a vitória final. Se isso implicar as SS aceitarem sub-humanos... paciência. Depois da vitória se verá."

Os comentários não estavam a agradar a Francisco. Sabia que em todas as unidades a vida era difícil para os recém--chegados, pois não conheciam ninguém e em regra iam parar a grupos já formados e com o seu próprio espírito de corpo, mas era a primeira vez que implicitamente o incluíam na categoria de sub-humano. Além do mais, nem sabia exatamente o que aquilo queria dizer. O que eram sub-humanos?

A conversa na camarata prosseguia, evoluindo para comentários depreciativos sobre a fraca prestação em combate de algumas companhias SS com os ditos sub-humanos, mas o parceiro do beliche de baixo desinteressou-se e voltou as suas atenções de novo para Francisco.

"De onde vieste agora?"

Com tudo o que ali se discutia, o português não estava com muita vontade de lhe responder, mas não se podia deixar isolar.

"Do campo de treinos militares das SS, em Pustków. Antes combati em Leninegrado com a Divisão Azul e antes disso em Espanha com a Legião Estrangeira."

A informação pareceu impressionar o alemão.

"*Ach so*, os espanhóis!", exclamou o *SS-Mann*. "O *Führer* elogiou muito a vossa unidade. Parece que vocês dormem muito, mas são duros de roer."

O recém-chegado pendurou um cinto e duas gravatas num gancho pregado na parte interior da porta do cacifo. A seguir meteu um prato, um copo, os talheres e um pequeno jarro de compota num espaço estreito à esquerda e o capacete de aço na parte de cima do cacifo.

"Combatemos a dormir."

O companheiro do beliche de baixo olhou para a carta cuja leitura interrompera, como se avaliasse se deveria ou não pegar nela.

"Olha lá, tens fome?"

A pergunta foi feita num tom inesperadamente amigável. Francisco já acabara de arrumar as suas coisas e encarou o camarada.

"Estou esganado."

A cantina das SS ainda estava aberta, apesar da hora adiantada. Tratava-se de um espaço vasto e com muitas mesas, algumas ocupadas por soldados a comer ou simplesmente à conversa. Depois de escolherem um lugar, Heinz conduziu o novo camarada a uma enorme mesa coberta de comida.

"Serve-te à vontade."

Francisco ficou especado a contemplar a mesa. Existia ali de tudo. *Tudo*. Havia mais de um ano que se habituara às magras rações de combate da Divisão Azul e também do campo de treinos das SS, neste caso pão e salsichas. Os ranchos reforçados eram excecionais, como acontecera pelo Natal com o Aguinaldo de España. Naquela mesa, porém, havia muitos alimentos e variados; era como um Aguinaldo de España reforçado. Além do pão e das salsichas viam-se latas de arenque e sardinhas em conserva, tâmaras e figos secos, amêndoas e múltiplas iguarias do Sul da Europa. Igualmente incrível era o que se passava com as bebidas; havia dezenas de garrafas diferentes. Decerto uma ocasião especial.

"O que estão a festejar?"

"O que vês aqui é o normal na nossa cantina", riu-se Heinz. "Todos os dias é assim."

Francisco encarou-o de olhos esbugalhados.

"Todos os dias?", espantou-se. "Que raio de sítio vem a ser este?" Olhou em volta, incrédulo. "O paraíso?"

"Quase, português! Quase!"

O recém-chegado fez um gesto largo a indicar o recheio da mesa.

"Mas onde diabo foram buscar isto?"

Nova gargalhada do alemão.

"Foi *organizado*."

Disse-o como se assim tudo se explicasse, mas na verdade Francisco não entendeu nada. Pegou numa garrafa e, olhando para o rótulo, presumiu pelos carateres gregos que se tratava de *ouzo*. Ao lado estava uma garrafa amarela de *limoncello* italiano e outra transparente, esta de *rakja* sérvia. Um pouco mais à frente viu uma garrafa de vinho tinto. Espreitou o rótulo e a designação *Château Haut-Brion Pessac-Léognan* não deixou dúvidas.

"Vinho francês?"

"Auschwitz, meu caro!"

A atenção de Francisco regressou à comida, e em particular às sardinhas em lata e aos frutos secos. Começou a servir-se com um pouco de cada iguaria.

"Isto são coisas da minha terra", constatou enquanto enchia o seu prato. "De onde vêm os vossos abastecimentos?"

"É tudo *organizado*, já te disse."

Outra vez a mesma expressão. Francisco pensou que não entendera à primeira porque o seu alemão tinha limitações evidentes, mas à segunda percebeu que precisava de entender.

"O que é isso, *organizado? Organizado* como?"

"Vem dos abastecimentos."

Com o prato já cheio, o português encaminhou-se com o camarada para a mesa.

"Isto não faz sentido", disse ao começar a comer. "Como se explica que haja racionamento em toda a parte, incluindo em Berlim, e Auschwitz seja abastecida com os melhores produtos? Que raio de lugar vem a ser este? Não há racionamento por estas bandas?"

Heinz mirou-o com um sorriso estranho nos lábios.

"Oh, já vais perceber..."

De momento, o português não estava a perceber grande coisa. Mas isso também não importava. O importante é que tinha fome, podia servir-se das melhores comidas e bebidas, coisas a que estava habituado em Portugal e em Espanha mas não naquelas latitudes. Não percebia como era possível algo assim num buraco perdido no meio da Polónia gelada, mas não se iria queixar.

"Hmm...", murmurou de prazer ao mastigar os frutos secos. "Estes figos são..."

Nesse instante a porta da cantina abriu-se e apareceu um SS com ar esbaforido.

"Transporte!"

Ao ouvir isto, a maior parte dos soldados, incluindo Heinz, largou tudo e saiu a correr. Francisco ficou plantado na cadeira a vê-los desaparecer pela porta fora. Olhou em redor e, estupefacto, percebeu que tinham ficado menos de dez homens na cantina. Não seria isso que lhe iria tirar o apetite, pensou. Levantou-se e foi buscar a garrafa de Pessac-Léognan francês, determinado a tirar a barriga de misérias.

III

Os deportados acabados de chegar de Theresienstadt passaram em silêncio por baixo da grande torre escura, intimidados com o ambiente opressivo, e entraram no perímetro de um complexo gigantesco. O campo estendia-se a perder de vista e estava rodeado por arame farpado e múltiplas torres de vigilância, todas separadas em espaços iguais, todas com holofotes a varrerem a noite. O cheiro a queimado tornara-se mais forte e as cinzas no ar mais densas, como se estivessem sob um nevão escuro.

Levin percorreu o horizonte com o olhar, tentando perceber que estranho lugar era aquele. Todo o espaço era plano e havia luzes alinhadas como candeeiros de rua a perder de vista, mas ao passar perto de algumas dessas luzes viu que na realidade não se tratava de postes de iluminação mas de meras lâmpadas, pontos de luz que iluminavam vedações envolvidas em arame farpado e ornadas por tabuletas com uma caveira e ossos cruzados e um aviso em alemão.

Halt! Lebensgefahr! Hochspannung!

Gerda leu o aviso com uma expressão horrorizada.

"Já viste?", sussurrou, assustada. "As tabuletas dizem perigo de morte e falam em linhas de alta tensão."

"São vedações elétricas."

As vedações perdiam-se para lá do horizonte. O ar enchia-se com os latidos dos cães e o choro assustado de crianças que as mães não conseguiam calar. E, claro, com os berros omnipresentes dos SS.

"*Schnell!*", gritavam os alemães, como se todo o vocabulário da sua língua se reduzisse àquelas palavras. "*Schnell, Juden!*"

"*Los!* Vamos lá! *Los! Los!*"

Passaram por um caminho estreito, emparedado pelas vedações com arame farpado. Aperceberam-se de vultos que se moviam na sombra, atrás das redes, e uma passagem momentânea da luz dos holofotes sobre essas vedações revelou-lhes figuras magríssimas, verdadeiramente cadavéricas, sem cabelo, os olhos esbugalhados e os malares salientes, esqueletos ambulantes com caveiras vivas.

"Que horror!", exclamou Gerda, impressionada. "Já viste isto, Bertie? Será que chegámos a um asilo de loucos? Parecem... sei lá, alucinados."

O marido não sabia o que pensar. Os esqueletos vivos, envoltos nos uniformes às riscas dos prisioneiros, tinham de facto o ar desvairado das gentes dos sanatórios ou dos manicómios, mas considerando toda a singularidade que envolvia aquele estranho lugar era difícil perceber quem eram. Os holofotes incidiram nos que tinham acabado de desembarcar e nesse instante os prisioneiros cadavéricos atrás do arame farpado agitaram-se.

"*Dzieci!*", gritaram, os braços estendidos a apontar para os recém-chegados. "*Dzieci!*"

Pelas vozes percebia-se que os esqueletos não eram homens mas mulheres; o cabelo rapado facilitava o equívoco e a extrema magreza acentuava-o. As mulheres escaveiradas berravam, desvairadas, apontando para a coluna de deportados, e muitas até choravam.

"O que estão a gritar?", perguntou-se no grupo. "Alguém entende?"

"É polaco", respondeu alguém. "Não vê que é parecido com o *děti* checo? *Dzieci* quer dizer crianças. Estão a gritar *crianças!*"

Os SS intervieram prontamente, distribuindo bastonadas na zona onde ocorrera a troca de palavras entre os recém--chegados.

"Silêncio!"

Os deportados emudeceram, para evitar mais punições e também porque não compreendiam a reação das prisioneiras atrás do arame farpado. Porque se espantavam elas por ver crianças no grupo? O que havia de tão extraordinário nisso? Aquele comportamento era incompreensível. Decididamente, estavam num manicómio.

A multidão deteve-se diante de um edifício enorme. Os que iam à frente começaram a entrar, mas o avanço decorria a conta-gotas. Fazia um frio glacial e o vento enregelava-lhes os ossos. Levin seguia de mão dada com a mulher e o filho, sempre preocupado em tranquilizá-los. A progressão na fila tornara-se lenta, em pequenos passos, na verdade pé ante pé, até que ao fim de quarenta minutos chegaram finalmente à porta e a cruzaram. Fazia menos frio lá dentro, mas mesmo assim as temperaturas deviam ser negativas. Quando o átrio do edifício ficou repleto de gente, os SS fecharam as portas. Um oficial apareceu.

"Dispam-se!"

Os deportados olharam-no e entreolharam-se, desconcertados e sem perceberem a ordem. A reação era pelos vistos esperada, uma vez que o alemão repetiu a ordem no tom de quem sabia que ela era desconcertante para gente habituada aos pudores do corpo.

"Dispam-se!", ordenou de novo, apontando para um espaço vazio no átrio. "Ponham as roupas e os sapatos ali!"

Os recém-chegados voltaram a entreolhar-se; a ordem era clara, mas continuava a não fazer sentido.

"O que quer ele dizer com isto?", perguntou Gerda ao marido, perplexa. "Despimo-nos como? Aqui? À frente das crianças? Com toda esta gente a ver? Não pode ser, ele não..."

Os SS que cercavam a multidão começaram nesse instante a fustigar os deportados com os seus bastões.

"Dispam-se!", repetiu o oficial das SS, elevando a voz no tom de quem fazia o último aviso. "*Los!* Vamos a isso! Toda a gente despida e a roupa e os sapatos ali! *Schnell! Schnell!*"

As dúvidas dissiparam-se à força da pancada e todos começaram a despir-se apressadamente, tentando evitar o castigo. Já não importavam os pudores, queriam apenas esquivar-se às bastonadas e se o preço fosse ficarem nus diante uns dos outros, expondo os corpos a filhos, netos e desconhecidos, paciência.

"Será que me vão devolver o casaco?", questionou-se Gerda com a expressão de quem se despedia da sua mais preciosa peça de roupa. "É pelo verdadeiro, custou uma fortuna..."

O marido não fazia a menor ideia e não respondeu. Instantes depois já toda a gente estava nua; pais diante dos filhos, avós à frente dos netos. Nunca tinham imaginado ver-se numa situação daquelas, pois o respeito entre gerações envolvia naturalmente a reserva da nudez.

"Mulheres de um lado, homens do outro!", gritou o oficial, indicando corredores dos dois lados. "Os rapazes com menos de doze anos podem ir com as mães! *Schnell! Schnell!*"

Trocando um olhar assustado, pois a última coisa que queriam era separar-se, os Levin perceberam que não tinham alternativa. Gerda e Peter foram para a esquerda com todas as outras mulheres e crianças, Levin meteu pela direita com os restantes homens, os três de olhares trancados até se perderem de vista.

A grande sala tinha chuveiros pregados ao teto. Estavam no que parecia um salão de banhos gigantesco, tão grande que se diria concebido para lavar um regimento. Encolhidos nos seus próprios braços numa tentativa vã de se aquecerem, os deportados deslizaram nus em massa compacta para baixo dos chuveiros; mal se podiam mexer sem tocarem uns nos outros. De repente os chuveiros foram ativados.

"Aaaah!"

Um grande bruá ergueu-se da multidão, ecoado à distância por outro bruá, este das mulheres e das crianças numa sala vizinha algures no mesmo edifício. A água jorrava por toda a parte e vinha gelada. Levin tiritava e mal conseguia ver o que se passava a não ser que os homens se encostavam uns aos outros em busca de calor. Passado o impacto inicial, que o atingiu com a força de um choque elétrico, concentrou-se e, forçando a vontade, expôs as partes mais sujas do corpo à água dos chuveiros, sobretudo porque tinha consciência de que vinha imundo com excrementos secos. Não fora distribuído sabão, mas a água sempre limpava. Ao mesmo tempo escancarou a boca para cima, engolindo toda a água que pôde. Tão depressa como veio, e cedo de mais para a sede que todos sentiam, a água deixou de cair.

"Toda a gente para aqui!", ordenou o oficial SS, indicando o fundo do corredor. "Vamos lá! *Los!* Todos para aqui!"

Molhados e enregelados, os braços de novo em redor dos corpos para tentarem aquecer-se, os homens saltitaram pelo

corredor e desembocaram numa outra sala. Aguardavam-
-nos prisioneiros com uniformes às riscas e estrelas de seis
pontas junto a montanhas de roupas. Os recém-chegados
formaram filas e, ao frio, esperaram por algo que não percebiam o que seria. Foi já a alguns segundos da sua vez,
ao observar o procedimento dos homens à sua frente, que
Levin entendeu.

"O seguinte."

Deu um passo em frente e um prisioneiro fardado passou-
-lhe com movimentos rápidos uma lâmina pelos pelos genitais
e pelos pelos do peito, removendo-os e deixando um rasto
de sangue.

"Vire-se."

Levin girou sobre os calcanhares e o prisioneiro da lâmina
fez o mesmo com os pelos das nádegas. A seguir lançou-lhe um
líquido sobre as partes por onde a lâmina passara e o ilusionista sentiu a pele a arder, como se lhe tivessem passado álcool
sobre as feridas.

"O seguinte."

O procedimento concluído, encaminhou-se para as montanhas de vestuário. Os prisioneiros fardados atiravam roupas
aos recém-chegados como quem atira alpista aos pássaros.
Os homens nus davam saltos, intercetando as peças lança-
das pelo ar. Levin apanhou uma camisa, depois umas calças,
a seguir um casaco e por fim umas cuecas. Quando ia calçar
estas últimas, olhou para elas e vacilou, chocado.

"Isto é... é um *tallit!*"

Encarou escandalizado os prisioneiros que lançavam as
roupas, mas estes pareciam indiferentes. Haviam atirado
cuecas feitas com *tallit* de orações e pelos vistos ninguém se
incomodava, como se isso fosse perfeitamente normal. Levin
não era um homem religioso, o *sabat* e a visita à sinagoga não

passavam de tradições, mas... cuecas de *tallit?* Percebendo que nada daquilo era relevante nesse momento, pois, se ninguém pelos vistos se escandalizava, por que razão se escandalizaria ele?, conformou-se e vestiu-as. Ficavam-lhe apertadas, mas era melhor que nada. Depois vestiu a camisa, muito larga, e as calças, tão pequenas que lhe estavam absurdamente curtas. O casaco também era demasiado apertado, com a ponta das mangas a três dedos dos pulsos. Olhou em redor e verificou que o mesmo sucedia com os outros deportados. Havia homens grandes com roupas pequenas e homens minúsculos a segurarem roupas enormes. Alguns trocavam-nas já. Ciente de que em breve as trocas ficariam completas e a oportunidade para encontrar vestuário à sua medida acabaria, interpelou um homem pequeno com calças e casaco grandes.

"Trocamos?"

O desconhecido concordou e completaram a troca. Manteve contudo a camisa, pois apesar de grande não lhe ficava mal. A seguir dirigiu-se à zona dos sapatos e apropriou-se de umas botas que lhe pareceram do seu tamanho. Já vestido, olhou-se dos pés ao peito. Tinha umas botarras negras, umas calças roxas às riscas verticais e um casaco laranja berrante; sentia-se incongruente, um palhaço de circo. Os homens à sua volta estavam na mesma situação; nenhuma roupa dava com nada e alguns, que não encontraram parceiro com quem trocar os trajes, vestiam calças enormes com as bainhas a arrastarem pelo chão ou tão pequenas que as bainhas ficavam a meio da perna, e o mesmo se passava com os casacos, uns absurdamente grandes, outros demasiado apertados e curtos. Uma trupe ridícula.

Um homem magro e alto aproximou-se dele e, com uma expressão desconsolada, exibiu uma peça branca.

"Não haverá por aí cuecas do meu tamanho?"

As que ele mostrava, e que tinham ao menos a vantagem de não ser feitas de *tallit* de orações, eram de uma criança de cinco anos.

As inevitáveis bichas formaram-se na sala seguinte. Levin pôs-se em bicos de pés para tentar compreender a finalidade das novas filas, mas apenas percebeu que desembocavam noutros prisioneiros com os uniformes às riscas, entretidos com algo que não descortinou. A fila foi avançando sempre devagar. Ao cabo de meia hora chegou junto de um prisioneiro sentado a uma mesa a tomar notas num livro.

"Nome?"

"Herbert Levin."

O homem escrevinhou a informação no livro.

"Data e local de nascimento?"

"Berlim, 9 de setembro de 1906."

Mais rabiscos.

"Profissão?"

"Carpinteiro."

Podia ter respondido corretor de mercado financeiro ou mágico, mas decerto nada disso tinha qualquer utilidade num campo de trabalho nazi. Percebera em Theresienstadt que a profissão de carpinteiro, com a qual se familiarizara na oficina do Hokus-Pokus, tinha muita procura. Quanto mais útil se revelasse, melhor para si e para a sua família. Depois de escrever, o prisioneiro indicou-lhe que avançasse de maneira a pôr-se diante do prisioneiro que estava sentado ao seu lado e olhou para o deportado seguinte.

"Nome?"

Levin dirigiu-se ao segundo prisioneiro sem saber o que se esperava dele. O homem estava sentado a uma longa mesa e tinha na mão um objeto aguçado, como um lápis com uma agulha, e um frasco de tinta.

"Levante a manga do braço esquerdo."

Ainda sem entender nada, o ilusionista obedeceu. Puxou a manga do casaco e da camisa e expôs o braço esquerdo. Com um movimento rápido, o prisioneiro espetou-lhe o objeto aguçado no braço, provocando-lhe uma dor aguda, como um beliscão forte. O processo durou breves instantes e de imediato o prisioneiro do objeto aguçado lhe indicou um corredor com o polegar.

"Pode ir."

Com o braço esquerdo dorido, Levin meteu pelo corredor sem perceber o que acontecera. Enquanto caminhava olhou para o braço e constatou que a zona onde lhe tinham espetado a agulha estava vermelha, ensanguentada e inchada, mas também com traços de tinta. O que raio lhe teria feito o prisioneiro? Perscrutou o inchaço e, por baixo das gotas de sangue e de tinta, vislumbrou algo inscrito. Limpou aquela parte do braço com saliva e por momentos o que lá estava desapareceu. Receou ter apagado o trabalho e ser forçado a submeter-se de novo à agulha e à tinta, mas umas letras e números emergiram da pele entumecida. Contraiu o rosto num esgar de perplexidade. Uma tatuagem? Aguçou o olhar e descortinou as formas que a tinta da agulha lhe havia cravado na pele.

A-1676.

IV

O gemido prolongado de um instrumento de sopro soava algures do interior do edifício da Gestapo quando Francisco se apresentou na receção, eram oito da manhã em ponto. Consultando o nome na guia que lhe fora entregue na véspera, o português aproximou-se do rececionista e, depois do "*Heil Hitler!*" do costume, pediu para falar com o *Unterscharführer* Pery Broad.

"Aguarde um pouco."

O recém-chegado permaneceu de pé à espera que fossem chamar o oficial ao qual ficara adstrito. O miado melodioso do instrumento musical prolongou-se por um minuto, suscitando trocas de olhares agastados entre os homens das SS na receção, mas foi bruscamente interrompido. Instantes depois, o rececionista reapareceu e fez sinal a Francisco de que o seguisse.

A porta de um gabinete abriu-se e o novo *SS-Mann* viu-se diante de um homem novo de óculos, pouco mais de vinte anos, pequeno e fardado de cinzento, de cócoras a guardar um instrumento de sopro num armário. O homem ostentava na farda a patente de *Unterscharführer*, o equivalente nas SS ao cabo-mor da Wehrmacht.

"Oi!", disse o *Unterscharführer*, ainda de cócoras. "Você não acha o *jazz* muito bacana?"

Francisco ficou pregado ao chão, incrédulo. O homem falara *em português*. Com o saxofone já guardado, o oficial das SS encarou-o com um sorriso.

"Ué! O gato mordeu a língua?"

O recém-chegado sacudiu a cabeça, recompondo-se da surpresa.

"O senhor... uh... o *Unterscharführer* fala... português?"

"Nasci no Brasil, no Rio de Janeiro." Fez um sinal a indicar uma cadeira. "Você não quer sentar não?"

Quase como um autómato, Francisco obedeceu. Olhava estupefacto para o interlocutor e não acreditava.

"Peço desculpa pela impertinência, *Unterscharführer*, mas... o que está um brasileiro a fazer nas SS?"

"O mesmo que um português, presumo eu."

"O *Unterscharführer* também foi forçado a entrar nas SS?"

O oficial sorriu.

"Forçado não é a palavra", disse. "Meu pai é brasileiro e minha mãe alemã. Quando eu era mais novo minha mãe me trouxe p'ra Berlim e me botou na Escola Técnica Superior. Depois veio a guerra. Aí me alistei nas SS, faz agora três anos, e em 1942 me mandaram p'rá cá."

"Como o *Unterscharführer* deve calcular, é uma grande surpresa encontrar um SS brasileiro."

Pery Broad levantou-se e foi ao armário, cujas prateleiras eram ocupadas por filas de livros.

"Da mesma maneira que é uma surpresa ver um SS português", disse. "Veja isso." Retirou um livro de uma das prateleiras e, ajeitando os óculos, verificou o título. "Você já leu?"

Virou a capa para o subordinado e aguardou a reação; a obra intitulava-se *Phèdre* e o autor era Racine.

"Não conheço."

"Imagina! Isso é uma obra-prima, cara!" Devolveu o livro à prateleira. "Racine, Molière... Obras-primas!" Voltou-se para ele. "Acho que você só lê Eça de Queiroz..."

As perguntas eram desconcertantes e mostravam um nível intelectual bem superior ao de Francisco ou de qualquer SS que o português conhecera.

"Eu... enfim, a leitura não é o meu forte."

O SS brasileiro pegou numa pasta que estava numa outra prateleira e regressou com ela à sua secretária. Ao sentar-se, e tal como havia feito instantes antes com *Phèdre*, voltou o dossiê para o seu interlocutor.

"Também leio currículos, e o seu é impressionante." Emitiu um assobio. "Puxa vida! Você só faz guerra, hem? Como isso aconteceu?"

"Bem, tive uns problemazitos em Portugal", explicou. "Fiz lá uma coisa que não devia ter feito e, para não ir parar à cadeia, tive de fugir para Espanha. Como precisava de trabalho, alistei--me na Legião Estrangeira. Só que rebentou a guerra civil e... olhe, passou a ser esta a minha vida." Afinou a voz, vendo ali a oportunidade para suscitar a questão que o preocupava desde a véspera. "Peço desculpa, *Unterscharführer*, mas vou mesmo ficar colocado na Gestapo?"

"Claro que não. Sua transferência nos foi comunicada do Heidelager há uma semana. Como você é português, o nosso comandante, o *Obersturmbannführer* Liebehenschel, me pediu pra ser seu tutor. Assim será mais fácil pra você se integrar ao *Katzet*. A aceitação de SS estrangeiros por parte dos SS alemães nem sempre é pacífica e tem havido uns probleminhas entre o pessoal. Ainda no verão passado os SS ucranianos se revoltaram aqui em Auschwitz, por acharem que queriam matá-los. Bancaram os pistoleiros e saíram por aí aos tiros."

"A sério?"

"Verdade. Puxa, foi coisa séria. Morreram três SS alemães e oito ucranianos, veja só. De modo que o *Obersturmbannführer* quer evitar esses problemas e me pediu p'ra dar uma mãozinha com você. Por outro lado, todo mundo sabe que a chegada a Auschwitz é em geral um choque, mesmo p'ra alguns dos SS alemães mais durões, n'é? Então esse vai ser o meu papel. Vou bancar a babá com você."

"Agradeço a sua atenção, *Unterscharführer*, mas não se deve preocupar comigo. É verdade que ontem à noite houve SS alemães que torceram o nariz quando me viram nas camaratas, mas outros foram amigáveis e até me levaram à cantina. Não me parece que venha a ter dificuldades. Além do mais, já sou crescido e sei cuidar de mim. Depois de tudo o que vi e vivi em Espanha e em Leninegrado, não é um simples campo de trabalho que me impressiona."

De olhos fixos no subordinado, o *Unterscharführer* tamborilou os dedos sobre a secretária como se ponderasse o que dizer.

"Veremos se Auschwitz o impressionará ou não", acabou por murmurar, como se falasse mais para si próprio do que para o seu interlocutor. "Vai depender muito de sua disciplina, cara. O que te ensinaram no Heidelager?"

"Bem... todos aqueles exercícios físicos, mais as lições de manejo de armas, de tática e de estratégia militar, tudo coisas que já sei há muito tempo. Foi canja."

"Estou falando das aulas de doutrina."

"Ah, sim. Lealdade e honra. Passavam a vida a repetir isso. Lealdade e honra. Um SS deve obedecer sem questionar, obedecer sempre, mesmo que não compreenda a ordem, mesmo que até não concorde com ela. A hierarquia, quando dá uma ordem, sabe coisas que nós não sabemos. Ao SS cabe simplesmente executá-la, goste ou não. Temos de ser leais à chefia em qualquer circunstância e honrar o juramento de lealdade."

"Lealdade e honra", repetiu Broad, devagar, sublinhando essas palavras. "Ou seja, obediência à hierarquia. Obediência cega e inquestionável. Esse conceito é básico em Auschwitz. Você entendeu? Básico."

A ênfase na ideia causou estranheza a Francisco.

"Se me permite, *Unterscharführer*, que eu saiba a obediência às ordens é um dever básico em qualquer exército. Não é só aqui. Um soldado deve sempre obedecer às ordens da hierarquia. Isto é verdade nas SS, mas também na Divisão Azul, na Legião Estrangeira ou, imagino eu, no exército português."

"Auschwitz é especial."

"Em quê, *Unterscharführer?*"

O superior hierárquico recostou-se no assento.

"O que te ensinaram sobre doutrina política?"

"Bem... disseram que as SS têm duas missões. Uma é construtiva. As SS são a escola dos chefes de amanhã, a elite das elites, essas coisas. A outra é repressiva. Cabe às SS eliminar os inimigos da Alemanha, aqueles que querem destruir a civilização e arrastar a humanidade para as trevas animalescas."

"E quem são os maiores inimigos?"

O português sentiu que estava a ser testado. Concentrou-se por isso no que ouvira nas aulas de doutrina do Heidelager e repetiu as ideias-chave para mostrar que aprendera a lição.

"Os judeus. Foram os judeus que criaram o capitalismo e o socialismo internacionalistas, os grandes inimigos do socialismo nacionalista. Os socialistas internacionalistas e os capitalistas internacionalistas querem conquistar o mundo e destruir as nações. Os bolcheviques, por exemplo, procuram com a sua luta de classes encorajar a guerra civil, a guerra na nação em

que todos se viram contra todos. O nacional-socialismo opõe-
-se à guerra civil, quer a reconciliação e a harmonia interna,
quer a cooperação entre todos na nação em prol do bem
comum, o bem da nação. A nação é um corpo. As diferentes
partes do corpo têm de se articular harmoniosamente e os ger-
mes devem ser expurgados para manter o corpo são."

O *Unterscharführer* fez com a cabeça um movimento de
aprovação.

"Ótimo, tem a matéria na ponta da língua", constatou.
Como se lhe tivesse ocorrido uma ideia, a expressão animou-se.
"Você gosta de *jazz*?"

A mudança inesperada de tema surpreendeu Francisco. Depressa percebeu, no entanto, que as perguntas para o testar tinham
acabado e que o seu superior hierárquico queria descontrair-se.

"Era o *Unterscharführer* quem estava há pouco a tocar
corneta?"

Pery Broad olhou-o com uma expressão divertida.

"Saxofone, cara."

"Pois, isso. O *Unterscharführer* toca bem..."

"Às vezes pratico um bocadinho de manhã cedo, enquanto
os chefões não chegam", disse em tom de confidência. "Sabe,
o nosso *Führer* detesta o *jazz*. Dizem que é *Negermusik*, música
degenerada de pretos e modernizada pelos judeus em Nova
Iorque. Foi por isso que a proibiram. Mas eu amo o *jazz* e vou
tocando sempre que posso."

A confissão espantou Francisco.

"Mas se é proibido, a chefia não lhe diz nada?"

"Oh, aqui em Auschwitz tudo é diferente."

"Diferente, como?"

"Você vai ver", devolveu cripticamente. "Por vezes até sinto-
nizo a rádio americana só p'ra escutar Glenn Miller, o branco
do *jazz*. Ouve só, ele toca muito!"

O português coçou a nuca.

"Peço desculpa, *Unterscharführer*, mas... escutar a rádio inimiga não é também proibido?"

"Claro que é, mas todo mundo escuta. Não é p'ra ouvir o Glenn Miller, lógico, mas os oficiais das SS sintonizam a rádio dos gringos p'ra saber as notícias da guerra." Fez um gesto vago no ar. "É como eu digo. Aqui em Auschwitz tudo é diferente."

O subordinado sacudiu a cabeça, sem compreender.

"Mas um SS é obrigado a manter lealdade e honra, *Unterscharführer*. Lealdade e honra. Se um SS tem de obedecer cegamente às ordens dos superiores, mesmo que não as compreenda nem concorde com elas, e se há uma ordem para não ouvir a rádio inimiga, como se explica que os SS desobedeçam?"

Boa pergunta.

"P'ra obedecer às ordens mais difíceis às vezes é necessário desobedecer às mais simples."

"Não compreendo, *Unterscharführer*."

"A seu tempo entenderá", limitou-se Broad a dizer. "A seu tempo."

Nada daquilo parecia muito germânico, o que constituía uma completa novidade para Francisco. Embora não tivesse convivido muito com os alemães, com exceção de Rolf e mais uns quantos homens da Legião, observara as unidades da Wehrmacht em desfile ou em combate em Krasny Bor e em Pushkin e familiarizara-se com as suas armas e táticas. Tudo neles era pensado, tudo neles eram regras e eficiência, tudo se encontrava mecanizado; dir-se-iam verdadeiras máquinas. A própria formação das SS, a que fora submetido no campo de treinos de Heidelager, enfatizava a obediência cega às ordens. Lealdade e honra, diziam e repetiam até à exaustão. Essa era a base na qual assentava qualquer exército disciplinado, e se havia exército disciplinado era o alemão. Os seus homens dir-se-iam robôs.

Daí o espanto por tudo o que estava a descobrir em Auschwitz. A comida abundava no campo quando o país estava submetido a racionamentos rigorosos e os SS faziam ali coisas proibidas como embebedar-se, tocar *jazz* e escutar a rádio inimiga. Ou seja, furavam abertamente as regras. Havia mesmo alemães dos trópicos nas fileiras, como o oficial diante dele. Afinal existiam homens por detrás dos autómatos, homens que saíam da linha traçada para robôs e que pelos vistos desobedeciam a ordens, homens que preferiam discorrer sobre *jazz* a falar do trabalho. Mas Francisco precisava mesmo de falar do trabalho.

"Tenho uma pergunta para lhe fazer, *Unterscharführer*", disse, quase como se se desculpasse. "Quais vão ser exatamente as minhas funções?"

"Precisamos de guardas, uma vez que as transferências de quadros das SS p'ra unidades de combate na frente russa fizeram com que perdêssemos muitos efetivos. Mandaram vir os vovôs, uns SS mais velhinhos dos postos administrativos lá na Alemanha, mas eles são moles com os presos. O *Reichsführer-SS* sugeriu que substituíssemos os guardas por cachorros, mas a ideia não funcionou. É muito fácil um prisioneiro enganar um cachorro. Basta atirar comida p'ra um lado, o cachorro vai p'rá lá e... ó, o prisioneiro fugiu pelo outro lado. Portanto não podemos prescindir dos guardas, e de preferência jovens. É por isso que amanhã mesmo você será colocado no *Stammlager* para fiscalizar um *Kommando*."

"Vou para os comandos?"

"Não, não. Aqui em Auschwitz os *Kommandos* não são tropas especiais, mas unidades de trabalho. Um *Arbeitskommando*. Trabalho de prisioneiros, claro. Há *Kommandos* p'ra fazer estradas, há *Kommandos* p'ra carregar madeira, há

Kommandos p'ra tratar das cozinhas... há *Kommandos* p'ra tudo. Os prisioneiros estão nos barracões submetidos à autoridade de um prisioneiro-chefe, o *Blockälteste*, e quando saem num *Arbeitskommando* estão às ordens de outro prisioneiro-chefe, o *Kapo*. Precisamos de guardas SS a fiscalizar os *Blockältesten* e os *Kapos* e garantir que eles têm os prisioneiros sob controle. Os prisioneiros respondem aos *Blockältesten* e os *Kapos* e estes respondem aos SS. Se um prisioneiro se comporta mal, quem bate nele é o *Blockälteste* ou o *Kapo*. Se o *Blockälteste* ou o *Kapo* não baterem, o SS dá uma porrada nele e o substitui por outro. Um *Blockälteste* ou um *Kapo* despromovido é morto pelos outros prisioneiros na hora, pois ninguém esquece as porradas que levou, de modo que os *Blockältesten* e os *Kapos* fazem o possível e o impossível p'ra nos agradar." Apontou para o subordinado. "Seu trabalho será vigiar um *Arbeitskommando* e punir o *Kapo* se ele não punir os prisioneiros relapsos."

Não parecia complicado e depressa a atenção de Francisco se desviou para a questão que verdadeiramente o preocupava, a do paradeiro de Tanusha. Encontrá-la era para ele a prioridade, mas tinha de ser prudente. Perguntar no primeiro dia por uma mulher poderia levantar suspeitas. Mas precisava de começar a preparar o terreno.

"Como é a relação com os prisioneiros, *Unterscharführer?*"

"É simples. Nós mandamos e eles obedecem."

"Sim, mas... as relações são boas?"

"Os prisioneiros são inimigos do Reich. Isso significa que confraternizar com eles é confraternizar com o inimigo. É estritamente proibido, entendeu?"

"Sim, *Unterscharführer.*"

"Você tem de ter atenção com as mocinhas", acrescentou Broad. "Algumas delas, sobretudo as polonesas, são muito gostosas e por vezes o pessoal fica tentado." Ergueu a mão, à laia de aviso. "Nem pense numa coisa dessas, está ouvindo? É proibido o envolvimento com prisioneiras. Quem o fizer será severamente punido."

"Seremos expulsos das SS, *Unterscharführer?*"

O brasileiro quase se riu.

"Expulsos? Só se for expulsos da vida, cara. Havia aí um camarada, o *Hauptscharführer* Palitzsch, que perdeu a mulher. Então ele se meteu com uma prisioneira da Letônia. Sabe o que aconteceu? No ano passado foi preso, acusado de degeneração racial e condenado à morte."

"Executaram-no?!"

"Está nesse momento esperando a decisão do recurso. O próprio comandante de Auschwitz, o *Obersturmbannführer* Rudolf Höss, foi investigado por causa de uma relação com uma prisioneira e ele tentou matá-la para a impedir de pôr a boca no trombone." Baixou a voz. "Parece que o *Untersturmführer* Boger, meu superior aqui no *Politische Abteilung*, também andou transando com umas mocinhas. Dizem que teve de matá-las p'ra não ser descoberto." O tom regressou ao normal. "Estou contando isso p'ra que você tenha cuidado, ouviu? Confraternizar com os prisioneiros é proibido e a punição muito severa."

"Então como nos relacionamos com os prisioneiros, *Unterscharführer?*"

Como em resposta, o SS empurrou a cadeira para trás e pôs-se de pé.

"Quer mesmo saber?"

Dando a volta à secretária, Pery Broad foi buscar o sobretudo pendurado no cabide. Abriu a porta e, vestindo o sobretudo, convidou o subordinado a segui-lo. Ia mostrar-lhe Auschwitz por dentro.

V

"*Appell!*"

O grito acordou Levin. O ilusionista estava deitado sob a manta, encolhido, e abriu os olhos, estremunhado e desorientado, por momentos sem entender onde se encontrava ou o que se passava.

"*Appell!*", insistiu a voz. "*Appell! Schnell! Appell! Los, los!*"

Ouviu ruídos surdos e gemidos. Despertando totalmente, viu dois homens aproximarem-se, um SS e o *Blockälteste*, e era este que gritava e ao mesmo tempo distribuía bastonadas à esquerda e à direita pelas camaratas, atingindo sobretudo os dos estrados de cima. Os deportados saltavam atabalhoadamente para o corredor, alguns ainda bêbedos de sono, e convergiam aos tropeções para a porta de saída.

Lembrou-se de tudo. Haviam chegado na véspera e, após o banho e os registos, e sem que lhes dessem de comer nem soubessem o que acontecera às famílias, tinham-no levado, a ele e aos homens do seu transporte de Theresienstadt, para um campo protegido por vedações e coberto de barracas de tijolo e madeira. Os SS entregaram-nos a um homem com a estrela amarela de David ao peito que lhes fora apresentado como sendo o *Blockälteste*, o responsável pelo barracão. Um dos recém-chegados, o antigo guarda da polícia judaica Václav, reconhecera-o como Bondy, um dos judeus de Theresienstadt deportados no transporte anterior.

O *Blockälteste* conduzira-os para o bloco doze. Depararam--se no barracão com camaratas miseráveis, cada beliche com três estrados, um inferior, um no meio e um por cima, e cada estrado com espaço para três pessoas. Estavam extenuados e, depois de lhes serem distribuídas apenas mantas leves, foram-se deitando onde encontraram beliches vazios. A ele coubera-lhe um lugar apertado a meio do estrado inferior de um beliche, rodeado por cinco deportados, todos encaixados e compri-midos uns contra os outros, três virados para um lado e três para outro, o que fazia com que tivesse dos dois lados da sua cabeça os pés de outros deportados que o ensanduichavam. Parecera-lhe incrível que um estrado concebido para três pessoas estivesse ocupado por seis, o que perfazia a incrível soma de dezoito pessoas por beliche, dezoito!, mas não podia fazer nada.

Dormira mal. Sentia-se mortalmente preocupado com Gerda e Peter. Essa ralação era extensível a todos homens que com ele tinham vindo para o barracão, uma vez que ninguém fazia a menor ideia do que sucedera às mulheres e às crianças e ques-tionar os SS revelara-se um erro para os poucos que o come-teram, pago com bastonadas e nenhuma resposta. Esse não fora o único problema da noite. Alguém do beliche de cima estava com diarreia e alguns excrementos haviam pingado; não o tinham atingido, mas o cheiro ácido era repugnante e o parceiro ao lado ficara com a manta borrada. Além disso mal se conseguira mexer, uma vez que o beliche era apertado; o movimento de um afetava todos os outros. Por outro lado, havia a fome e a sede. Todos tinham dor de estômago por falta de alimentos.

"*Appell!*", repetiu o *Blockälteste* Bondy sempre aos gritos, progredindo pelo barracão à bastonada contra os que ainda estavam deitados. "*Schnell! Schnell!*"

Os que se alojavam nos estrados inferiores, como Levin, saltaram depressa para o corredor e escaparam às bastonadas, mas os do meio e sobretudo os do alto não se apeavam com a mesma facilidade e eram sobretudo eles os castigados pelo responsável do barracão.

Ainda era noite cerrada e soprava um frio cortante, com as estranhas cinzas da véspera sempre a pairarem. Os prisioneiros foram plantados em linhas de cinco no espaço diante do barracão, os pés mergulhados na lama e os corpos a tiritarem de frio, à espera da contagem. As luzes nas vedações permaneciam acesas e os holofotes das múltiplas torres de vigilância perscrutavam o campo sem cessar. Levin olhou em redor com ansiedade, buscando sinais das mulheres e das crianças, mas não viu nada. Já na véspera tinha percebido que no perímetro havia outros barracões e dissera a si mesmo que a família se encontrava decerto num deles.

Olhou para a nuca dos homens que, tal como ele, aguardavam o *Appell*. Também em Theresienstadt havia chamadas para contabilizar os reclusos, mas eram raras.

"*Achtung!*"

A chamada de atenção, feita pelo *Blockälteste*, pô-los de novo em sentido. Dois oficiais SS apareceram nesse instante na *Appellplatz* e plantaram-se ao lado de Bondy e do SS responsável pelo bloco doze. Depois de trocarem umas palavras com este SS e com o *Blockälteste*, os oficiais recém-chegados encararam os prisioneiros. O que parecia chefiar o duo era um homem magro e alto, os olhos claros de uma grande palidez, e vinha impecavelmente vestido, com um sobretudo quase até aos pés e botas reluzentes, o que Levin achou incrível. Como conseguiria o alemão manter-se tão aprumado no meio de toda aquela lama?

"*Juden!*", berrou o oficial com um claro sotaque bávaro, a voz rouca a sobrepor-se ao silêncio. "Bem-vindos a Birkenau! Eu sou o *Obersturmführer* Johann Schwarzhuber, o *Lagerführer* de Birkenau. Isto é o campo BIIb, conhecido aqui em Birkenau como o *Familienlager*, o campo das famílias. Este campo foi criado em setembro especificamente para os deportados de Theresienstadt e aqui os prisioneiros gozam de privilégios especiais. Têm até direito a escrever postais para as famílias e os amigos em Theresienstadt e a receber pacotes deles. Mas não têm só direitos. É meu dever lembrar-vos que estão num campo de trabalho, não num campo de lazer. Haverá três *Appelle* por dia e serão todos feitos frente aos vossos barracões. Aconselho-vos a cumprirem o vosso dever e a não darem problemas a ninguém, pois a disciplina será férrea e a justiça implacável. O trabalho começa hoje. Deixo-vos com os vossos *Blockältesten* e *Blockführer*, que vos saberão conduzir com mão firme mas justa."

Terminada a breve intervenção, o *Obersturmführer* Schwarzhuber retirou-se na companhia do oficial junto ao qual aparecera, presumivelmente para repetir o discurso no *Appell* do barracão seguinte. O *Blockälteste* deu um passo atrás, enquanto o SS que ficara, evidentemente o *Blockführer*, começou a percorrer as fileiras de prisioneiros e a contá-los, tomando notas num pequeno caderno.

Tal como a generalidade dos deportados, Levin sentia-se cansado e considerou a ideia de se sentar no chão enquanto a contagem prosseguia. Ouviu à esquerda um ruído seco e um gemido e voltou-se. Viu o SS com a espingarda nas mãos com a coronha voltada para um deportado estendido no chão, atingido com uma pancada da arma.

"Isso é que são maneiras de estar no *Appell*, *Jude?*", vociferou o *Blockführer*. "Levanta-te! Quero toda a gente em sentido durante o *Appell!*"

O homem agredido pôs-se em pé e, apesar de dorido e amedrontado, ficou muito direito. Todos os deportados lhe seguiram o exemplo. Pelos vistos exigia-se deles que se mantivessem inertes ao longo da contagem. Quando ela terminou, o SS voltou a repeti-la. Todo o processo durou cerca de uma hora e Levin sentia-se já desesperado com o frio e enfraquecido pela fome.

A certa altura o oficial das SS entrou no barracão para verificar se alguém ficara lá dentro e dez minutos depois saiu a arrastar um velho, que atirou para os pés do *Blockältester* como se não passasse de um saco de batatas.

"*Blockältester?*"

"*Jawohl, Herr Rottenführer Baretzki?*"

"Pune-me este sabotador!"

Bondy aproximou-se do idoso e deu-lhe uma bofetada.

"Malandro!", repreendeu-o. Apontou para o grupo alinhado na *Appellplatz*. "Já para a fila!"

O homem tremia, e não era apenas de frio.

"Eu... uh... adormeci, *Herr Blockältester*", titubeou num fio de voz. "Estava muito cansado e..."

Aparecido vindo não se percebia bem de onde, o SS deu uma coronhada nas costas de Bondy, atirando-o ao chão.

"*Blockältester!*", vociferou o *Rottenführer* Baretzki. "Quero uma punição exemplar, não uma bofetada mole. Põe-no na ordem a sério. Vinte e cinco vergastadas a doer. Entendeste, *Blockältester?*"

"*Jawohl, Herr Rottenführer* Baretzki."

Reprimindo um esgar de dor, o *Blockältester* levantou-se e desferiu um pontapé no idoso que o SS trouxera do interior do barracão.

"Com que então a esconderes-te do *Appell*, hem?" Apontou para uma tábua pousada ao lado da *Appellplatz*. "Baixa as calças! Depois deita-te ali de rabo para o ar! Vais aprender a obedecer!"

O idoso olhou para a tábua, horrorizado, mas não se atreveu nem a hesitar. Como um aluno malcomportado a preparar-se para o castigo no gabinete do reitor, encaminhou-se para a tábua, baixou as calças e deitou-se sobre ela. Bondy aproximou-se com a vara, arregaçou as mangas e pôs-se a sovar o prisioneiro, contando os golpes em voz alta.

"*Ein..., zwei..., drei...*"

A cada golpe, o corpo do velho era sacudido e ouvia-se um gemido, mas era notório que a vítima se esforçava por não gritar. Como todos os outros deportados, Levin assistia à cena estarrecido. Nunca vira uma coisa assim e nem em Theresienstadt se tratavam as pessoas daquela maneira. E a punição era ministrada por outro prisioneiro. Que sítio seria aquele? Nunca imaginara que se descesse tão baixo. Vendo o castigo por tão pequena falha, sentiu que tinha batido no fundo.

"*... vierundzwanzig... fünfundzwanzig!*"

Aos vinte e cinco, o *Blockältester* parou e fez sinal aos dois prisioneiros mais próximos.

"Levem-no lá para dentro."

Os reclusos obedeceram e, levantando o idoso com cuidado, o corpo a revolver-se em espasmos, carregaram-no para o interior do barracão. Depois de assistir a tudo com uma expressão aprovadora, o *Rottenführer* Baretzki escrevinhou qualquer coisa no seu bloco de notas e levantou os olhos.

"Desporto."

O *Blockältester* voltou a encarar os deportados.

"Um ato de indisciplina de um prisioneiro é um ato de indisciplina de todos os prisioneiros", berrou. "Toda a gente no chão a fazer flexões e a contar. Imediatamente!"

Ninguém se atreveu a desobedecer e todos se deitaram sobre a lama a fazer flexões enquanto contavam em coro. "*Ein...*, *zwei...*, *drei...*" Quando chegaram aos vinte e cinco, o SS levantou a mão.

"Chega de desporto."

A ordem foi berrada por Bondy, como se o *Blockältester* do bloco doze não passasse de uma extensão da vontade do *Blockführer*.

"Homens... destroçar!"

VI

O frio de janeiro era realmente inclemente e fez-se sentir logo que puseram o pé no exterior. Ao abandonar o edifício do *Politische Abteilung* apertaram os sobretudos e calçaram as luvas, e foi assim que se dirigiram ao *Stammlager*, o campo principal de Auschwitz. A atenção de Francisco desviou-se para o bloco ao lado do edifício da Gestapo, que o motorista na véspera lhe tinha dito ser o crematório.

"Este crematório funciona?"

"Raramente", foi a resposta. "Foi o primeiro *Krema* de Auschwitz, mas hoje se usam os *Kremas* de Birkenau." Sorriu. "Não queremos cremar corpos mesmo ao lado da Gestapo e da *Kommandantur*, n'é?"

"Ontem, quando estava a chegar, vi a chama de um crematório acesa à noite..."

"E daí?"

O facto de Broad não perceber o que para Francisco era óbvio parecia incompreensível.

"Mas, *Unterscharführer*, uma chama daquelas à noite viola as ordens de apagão noturno e é um convite à aviação inimiga. É como se dissessem ao inimigo: estamos aqui, podem largar as bombas!"

O SS brasileiro encolheu em ombros.

"Tem de ser."

"Mas não podiam ter esperado pelo dia?"

"Se tivessem esperado, os cadáveres se acumulariam e seria um problemão. A regra é queimá-los assim que possível. Só desse modo as coisas funcionam."

A resposta deixou Francisco desconcertado.

"Não entendo, *Unterscharführer*", insistiu. "Qual é o problema de aguardar pelo dia para fazer as cremações?"

"São muitos cadáveres, cara. Muitos mesmo. Se eles se acumulam, entopem toda a cadeia e o sistema deixa de funcionar. Sabemos que corremos um risco, mas não há alternativa."

A resposta, em vez de esclarecer, confundiu ainda mais o português. O que quereria ele dizer com entupimento de cadeia e funcionamento do sistema? Qual cadeia? Qual sistema? E, sobretudo, que conversa era aquela sobre os cadáveres?

"Peço desculpa, *Unterscharführer*, mas não entendo. O que é isso de serem muitos cadáveres? Por mais que haja, é evidente que nunca serão tantos que não se possa esperar pela manhã seguinte para os cremar."

"Isso é você quem diz, mas quando vir a situação você compreenderá. Têm de ser cremados na hora."

Chegaram à esquina exterior do campo e viraram à esquerda, acompanhando a nova direção do arame farpado. Havia torres de vigia em todos os cantos e no interior da vedação viam-se os habituais barracões de tijolos avermelhados com telhados altos. Os blocos dos prisioneiros.

"Está a falar de quantos cadáveres? Dez? Vinte?"

"Milhares."

Francisco arregalou os olhos, incrédulo.

"Milhares?!"

"Mil, cinco mil, dez mil."

"Por ano?"

"Por dia, cara. Por dia."

O português encarou o superior hierárquico de olhos arregalados, absolutamente atónito. Ao cabo de dois segundos, porém, sorriu. Que parvo! Aquilo era evidentemente uma partida de receção ao caloiro. Esse tipo de brincadeiras era muito comum quando os novatos chegavam às unidades militares. E ele, patinho, a engolir tudo!

"Pois, pois", disse, alinhando na brincadeira. "Se calhar até são vinte mil por dia."

"Já chegou a isso. E mais até!" Mudou o tom de voz, como se fizesse uma ressalva. "Com o novo comandante, o *Obersturmbannführer* Liebehenschel, as coisas estão bem mais calminhas." Apontou para o horizonte, em frente. "Olha p'ra ali. Você está vendo?"

Francisco fixou os olhos na direção apontada e viu um rolo de fumo negro ascender ao céu à distância.

"É o crematório do campo maior?"

"Exato, um dos *Kremas* de Birkenau. O fato de haver apenas um *Krema* funcionando mostra que a atividade é mais lenta. Mas nem sempre foi assim tão tranquilo." Colocou a palma da mão sobre a testa. "Minha nossa, você nem imagina! Quando chegava mais matéria-prima do que agora tínhamos de pôr todos os *Kremas* p'ra funcionar ao mesmo tempo. Quatro, e às vezes com valas comuns também. Sobretudo judeus e poloneses. Milhares e milhares. Esses dias eram terríveis, cara."

Francisco olhou-o de relance, divertido com o empenho do superior hierárquico na receção ao caloiro. Não havia dúvida, os brasileiros eram uns brincalhões.

A sentinela pôs-se em sentido e os dois homens cruzaram o portão do *Stammlager*, passando sob o metal que se contorcia para formar *Arbeit macht frei*. Francisco entrou em Auschwitz I. À direita erguia-se um edifício vasto, que Broad identificou como a cozinha, e o resto do espaço era ocupado por blocos sucessivos de imóveis em tijolo avermelhado onde viviam os prisioneiros, todos alinhados. O brasileiro indicou com o polegar o primeiro edifício à esquerda, depois do portão, isolado dos restantes por uma nova vedação de arame farpado.

"Você está querendo raparigas?"

Francisco olhou para o imóvel e viu à janela uma loira com ar atraente a fumar distraidamente um cigarro.

"É uma prisioneira?"

"Lógico."

Arqueando as sobrancelhas, o português trocou um olhar cúmplice com o superior hierárquico.

"Ricas prisioneiras vocês têm por aqui, hem?"

"Se você quiser, pode provar."

A afirmação espantou Francisco.

"Não percebo", disse, confuso. "O *Unterscharführer* não disse há pouco que a confraternização com os prisioneiros é estritamente proibida?"

"Relaxa", devolveu o oficial do *Politische Abteilung*. "Essas são putas, n'é?"

"Têm putas aqui?"

"Esse é o bloco vinte e quatro. Por ordens do *Reichsführer-SS*, no verão passado esse edifício foi transformado em bordel, mas por pudor nós o chamamos de *Sonderbau*, o edifício especial. Tem aí umas mocinhas alemãs, polonesas, ucranianas e russas que são fogo."

"Onde as foram desencantar?"

"Ao campo, claro. São prisioneiras."

Francisco voltou a ficar preocupado.

"Forçam-nas?"

"Essas raparigas não são obrigadas a nada. São voluntárias p'ra esse trabalho porque no *Sonderbau* comem bem, estão quentinhas, têm boas roupas e até perfume. Às vezes levam-nas para dar um passeiozinho. É uma vida boa p'ra elas, sobretudo comparado à vida de todo o mundo aqui em Auschwitz, n'é?"

"Bem, não há dúvida de que..."

"Olha aí!", interrompeu-o o alemão. "Nem de propósito!" Ergueu a voz e mudou para alemão: "*Oswald, komm her!*"

Francisco virou-se na direção de quem o superior hierárquico chamava e viu um grupo de prisioneiros a puxar uma carroça. Sempre a procurar Tanusha, verificou instintivamente se havia ali mulheres. Só viu homens. Um único SS acompanhava a unidade de trabalho, o tal Oswald, cuja magreza acentuava as orelhas de abano. Ao ver Broad encaminhar-se para ele, o SS estendeu o braço direito.

"*Heil Hitler!*", cumprimentou. "Chamou, *Unterscharführer?*"

"*Ach*, ainda bem que te vejo." O oficial fez um gesto a indicar o seu acompanhante. "Oswald, o *SS-Mann* Francisco Latino é um reforço que acabou de chegar. Será o seu novo ajudante para as funções de vigilância dos *Arbeitskommandos* sob sua responsabilidade." Virou-se para o português. "Este é o *Rapportführer* Oswald Kaduk. Está encarregado de alguns *Kommandos*. Você deve se apresentar a ele amanhã às cinco da manhã ali na *Appellplatz*, entendeu?"

Francisco sabia que *Rapportführer* não era um posto de carreira nas SS, mas uma função.

"*Jawohl, Unterscharführer.*"

O SS que acompanhava os prisioneiros bufou de alívio.

"Já não era sem tempo, *Unterscharführer*", disse Oswald num alemão com sotaque estranho. "Preciso de ajuda para vigiar os *Kommandos*. Não podemos estar sempre a mandar homens para a frente e ficar aqui sem ninguém. Veja só, sou *Rapportführer* e ando a exercer funções de *Kommandoführer*. Não pode ser. Se continuarmos assim, qualquer dia não temos ninguém."

"Fica descansado, Oswald. A partir de amanhã terás o Francisco a dar-te uma mãozinha no *Arbeitskommando*. Acompanha-o durante algum tempo, para ele perceber o que deve fazer e..."

Enquanto os dois SS conversavam, o português observou os prisioneiros que puxavam a carroça. Estavam vestidos com fardas às riscas, como pijamas, e traziam cosidos ao peito triângulos verdes e vermelhos apontados para baixo, em alguns casos com letras no vértice inferior dos triângulos coloridos; viam-se sobretudo P, mas também alguns F e outras letras. Perguntou a si mesmo se Tanusha, onde quer que estivesse, também andaria assim vestida. O que realmente lhe chamou a atenção, no entanto, foi o estado físico dos homens; tinham caras ossudas, malares salientes, e os seus corpos esqueléticos pareciam nadar nas fardas. Quando Broad se despediu do *Rapportführer*, Francisco não pôde deixar de comentar o estado dos reclusos.

"Que magros!", constatou, chocado sobretudo porque os prisioneiros podiam muito bem ser um retrato da sua noiva. "Não lhes dão de comer?"

O alemão analisou-os de relance a afastarem-se.

"Que nada!", disse, fazendo um gesto displicente com a mão como se o estado dos prisioneiros fosse uma banalidade. "Me parecem legais."

"Mas estão magríssimos..."

"Todo mundo no *Katzet* está magro, isso é normal. Recebemos um determinado fornecimento de comida, mas como tem muita gente em Auschwitz os alimentos não chegam p'ra todo o mundo. Então a comida fica meio apertada." Indicou o grupo que já passara. "Mas esses aí me parecem normais mesmo. Você tinha de ver os homens em Birkenau. Aí é que não está fácil."

"Pior do que isto?"

"Opa! Muito pior! Olha, quando você vir um *Muselmann* a gente se fala."

"Há muçulmanos aqui?"

A pergunta arrancou ao *Unterscharführer* um sorriso ambíguo.

"Mais do que em Meca."

Francisco não percebeu a resposta nem o sorriso, mas não insistiu. Tinha a atenção ainda fixa nos prisioneiros que já iam ao longe.

"O que são aqueles triângulos verdes e vermelhos ao peito?"

"As cores indicam o tipo de prisioneiro", explicou Broad. "Os triângulos vermelhos são os presos políticos. Comunistas, liberais e sociais-democratas. Os verdes são os de delito comum. Assassinos, estupradores, ladrões. Embora muitos nada tenham feito. Há prisioneiros aí que foram condenados por sabotagem só porque compraram uma batata na rua. Trouxeram-nos aqui p'ró *Katzet* e botaram uns triângulos verdes neles."

"Por comprarem uma batata?!"

"É meio louco, n'é? O *Katzet* está cheio de prisioneiros assim. Tem gente que nem sabe o que fez p'ra vir aqui.

Alguém escreveu uma carta dizendo que a pessoa falou mal do *Führer* e... ó, foi preso."

"Quer dizer, se eu não gostar do meu vizinho, mando uma carta a dizer que ele insultou o *Führer* e o gajo vai dentro?"

"Isso mesmo", confirmou Broad. "A ideia do pessoal é de que mais vale prender dez inocentes do que deixar escapar um culpado. É por isso que tem gente com triângulo vermelho ou verde que não fez nada."

"Chiça!"

"Mas tem aí outras cores. Triângulos pretos são os associais e as putas. Os cor-de-rosa são os homossexuais, os violeta as testemunhas de Jeová e as estrelas de David amarelas os judeus. As letras identificam o país de origem. P p'ra polonês, F p'ra francês, B p'ra belga e por aí vai. Os alemães não têm nenhuma letra."

O olhar do português fixou-se nas fardas dos prisioneiros com os quais se cruzavam.

"Só vejo vermelhos e verdes."

"São a maioria dos presos aqui no *Katzet*. Estão sempre brigando uns com os outros. E nós encorajamos isso, claro. Enquanto brigam entre eles não brigam connosco. Até os vermelhos brigam uns com os outros. Dizem que em Dachau os comunistas e os sociais-democratas quase se matam, mas aqui, como as condições são bem mais difíceis, isso não acontece tanto. De qualquer modo, a grande maioria dos *Kapos* e dos *Blockältesten*, os prisioneiros que chefiam os outros prisioneiros, são os verdes *mesmo* verdes. Gente ruim, você não imagina. Estupradores, assassinos, pessoal violento. Puxa vida! Uns canalhas! Os outros presos passam um mau bocado com eles. Mas o novo comandante, esse que chegou há três meses, mandou embora os piores verdes e substituiu-os pelos vermelhos. É gente mais educada. Nos *Arbeitskommandos* onde os

Kapos são vermelhos e nos barracões onde os *Blockältesten* também são vermelhos a coisa melhorou."

"Desculpe, *Unterscharführer*, mas não é preciso ser-se um génio para se perceber que, se se puserem assassinos e violadores em posições de chefia, a coisa vai dar para o torto."

"É precisamente por isso que eles foram lá postos."

"Está a brincar!"

"Sério mesmo", confirmou o alemão. "Não te explicaram lá no Heidelager que é preciso ser impiedoso p'ra com os inimigos do Reich?" Fez com a mão um gesto a indicar os prisioneiros que passavam por eles. "Essas pessoas são inimigas do Reich."

"Mas estes já estão presos, *Unterscharführer*."

"Não interessa", sublinhou. "A ordem não é p'ra ser impiedoso com os inimigos do Reich que estão em liberdade. A ordem é p'ra ser impiedoso com os inimigos do Reich, ponto final. Se estão em liberdade ou não, isso não tem relevância. Quem concebeu esse sistema foi o Eicke, um chefão das SS que morreu no ano passado na frente russa. Eicke disse: quem mostrar o menor vestígio de simpatia com os presos tem de ser afastado. Precisamos de SS durões e empenhados. Não há lugar entre nós p'rós molengas. Não podemos mostrar piedade pelos presos, e quem o fizer não vai longe. Essas são as ordens em vigor em todos os *Katzet* do Reich."

"Qual é a lógica disso?"

"Darwin, cara."

"Outro chefe das SS?"

Broad sorriu.

"Darwin era um inglês que descobriu que a vida é uma selva e que só os mais fortes sobrevivem. Os mais fracos são mortos. Essa ideia é muito importante p'rá evolução da humanidade. Quem mostra simpatia p'ra com os presos revela fraqueza. Quem revela fraqueza é fraco, logo ameaça a força da raça. Os fracos são extintos. Como um SS não pode ser fraco, pois é a elite da elite e o futuro dos arianos e da humanidade, então não pode ceder a sentimentos humanitários com relação aos presos. É por isso que os verdes foram colocados como *Kapos*. A ideia é que, sendo violentos, infernizam a vida dos outros presos e os mais fracos morrerão. Só ficarão os mais fortes, entendeu? Seleção natural."

"Mas o *Unterscharführer* não disse há instantes que o novo comandante está a substituir os mais violentos? Não acha que isso contraria toda essa lógica?"

O oficial brasileiro das SS encarou o subordinado com uma expressão apreciativa.

"Você pode não saber quem é Darwin, mas está atento aos pormenores", observou. "Sim, tem razão. O *Obersturmbannführer* Liebehenschel não acredita na filosofia de Eicke, acha que é uma besteira ultrapassada e contraproducente, e é por isso que desde que chegou começou substituindo os *Kapos* e os *Blockältesten* verdes pelos vermelhos. Ele quer melhorar a vida dos presos. Isso está acontecendo aqui em Auschwitz I. Menos em Birkenau, onde a maioria dos lugares de *Kapo* e de *Blockälteste* continua sendo ocupada pelos verdes."

Chegaram à última rua do campo e, por indicação de Broad, viraram à direita. Francisco continuava a observar os prisioneiros que iam aparecendo, analisando sobretudo o aspeto macilento e a cor dos triângulos que usavam nas fardas listadas.

"É curioso, não se veem judeus..."

"Em Auschwitz I não tem muitos." Apontou para o rolo negro de fumo, à distância. "Eles estão indo sobretudo p'ra Birkenau, cinco ou seis quilómetros naquela direção. A maioria sai *durch die Kamine*. Pelas chaminés."

Esta última palavra pareceu absurda no contexto da conversa.

"Chaminés?"

"É. Saem por lá."

Francisco abanou a cabeça.

"Desculpe, *Unterscharführer*, mas não estou a entender..."

O interlocutor olhou-o como se percebesse muito bem que ele não compreendia.

"Ouça, estou vendo que seus camaradas de dormitório não te explicaram o que está acontecendo aqui", disse com uma expressão muito compenetrada. "É uma surpresa p'ra todo o mundo que chega no campo, incluindo os SS. O que vou te contar é um segredo. Ninguém fora do campo pode saber, entendeu?"

"Com certeza, *Unterscharführer*. Pode confiar em mim."

Fez um gesto a indicar novamente o espaço para lá do edifício das cozinhas, na direção de Birkenau.

"Você viu esses trens que estão chegando daquele lado?"

"Os transportes?"

"Isso. Você já viu?"

"Não vi comboios nenhuns. Mas ontem, quando estava a jantar, apareceu um SS a dizer *transporte!*, e toda a gente saiu a correr. Presumo que seja a isso que o *Unterscharführer* se está a referir."

"É isso mesmo. Esses trens, que todo mundo designa por *transporte*, estão trazendo judeus de toda a parte. Chegam a Birkenau e os judeus são despejados. Uma parte fica aí p'ra trabalhar. Os outros... *durch die Kamine*. Saem pelas chaminés."

"Que chaminés?"

"São mortos."

O português esboçou uma expressão de enfado.

"Oh, vá lá! Fale a sério."

"Estou te dizendo, cara", declarou Broad de forma enfática. "Os judeus que não ficam a trabalhar são enviados p'rós

Kremas e mortos. Você não lembra da chama que viu ontem de noite?" Apontou na direção de Birkenau. "Não está vendo o fumo negro ali ao fundo? São os corpos deles sendo queimados. Os judeus chegam, são mortos e depois cremados. É isso que fazemos aqui."

O português hesitou. Em circunstâncias normais teria mandado o interlocutor ir gozar à custa de outro, até porque se convencera de que a cremação de milhares de corpos por dia não passava de uma peta para caloiros. Mas a verdade é que a informação encaixava com a sua observação da véspera, a da enorme chama a iluminar a noite, e com o fumo negro que continuava a ver erguer-se de Auschwitz II, ou Birkenau. Para que um crematório funcionasse assim ininterruptamente não bastavam os mortos de um campo, pois não podiam morrer assim tantas pessoas em Auschwitz. Havendo tantos corpos, eles tinham obrigatoriamente de chegar de outro sítio. Poderia ser dos tais transportes?

Além disso, não esquecia o que Rolf lhe tinha dito em Pushkin, três meses antes, quando falara nos *Einsatzgruppen*, as unidades SS que segundo ele executavam civis judeus na frente russa, incluindo mulheres e crianças. O camarada alemão da Legião jurara-lhe ter visto essas execuções com os próprios olhos e, quando confrontado com essa afirmação, o oficial das SS que o recrutara não a desmentira. Ora se os SS matavam judeus na frente russa, o que os impedia de fazer o mesmo na tranquilidade de um campo de concentração?

Mesmo assim, custava-lhe acreditar.

"Não pode ser, *Unterscharführer*."

O oficial brasileiro abriu os braços e encolheu os ombros.

"É isso o que está acontecendo. Que Deus nos proteja de um dia fazerem ao nosso povo o que nós estamos fazendo com eles."

Francisco fitou o superior hierárquico com intensidade.

"O *Unterscharführer* viu matarem judeus ali no campo?"

"Uma vez. No *Krema* número três."

O português nada disse por alguns momentos. Continuaram os dois a caminhar ao longo da última transversal do campo de concentração, Francisco a amadurecer o que escutara e vira. Virou os olhos para o horizonte, à direita, e estudou de novo a coluna de fumo negro que se erguia para além dos blocos de Auschwitz I. Seria possível estarem mesmo a matar judeus e a cremá-los? A ideia era demasiado absurda para ser verdadeira. No entanto, encaixava em tudo o que já sabia. A cabeça acreditava, o coração não. A informação estava em conformidade com os factos observados, mas não fazia sentido.

"O *Unterscharführer* disse que o novo comandante está a tentar mudar Auschwitz", lembrou, quebrando o breve silêncio que se instalara entre ambos. "Mudar como?"

Chegaram ao fundo da rua e detiveram-se diante dos últimos barracões. O oficial brasileiro das SS indicou os dois da esquerda, mesmo na esquina.

"Está vendo esses edifícios?", perguntou. "São os blocos B11 e B10." Apontou para o último, encaixado no canto do *Stammlager*. "O B11 é esse aí. O barracão mais temido pelos prisioneiros aqui do campo principal. Não há quem não conheça o B11, apesar de terem sido poucos os que dali saíram vivos p'ra contar a história. É nesse lugar que os prisioneiros são interrogados. E quando digo interrogados, bota *interrogados* nisso. Até há pouco tempo eram pendurados e levavam porrada até desmaiarem. Depois eram jogados nas celas. Algumas delas, chamadas *bunkers*, são tão apertadas que os prisioneiros nem conseguem se sentar. Ficavam ali fechados dias e dias, sempre em pé."

"O *Unterscharführer* já lá foi?"

Broad assentiu com um movimento suave da cabeça.

"O B11 está sob a responsabilidade do *Politische Abteilung*."

"Interrogou presos?"

O SS brasileiro tirou um cigarro do bolso, pô-lo entre os lábios e chegou-lhe a chama de um isqueiro à ponta. Tudo com o vagar típico de quem ganhava tempo para pensar na resposta.

"Cheguei a bater neles até esguicharem como porcos no açougue."

Pressentindo que a questão era muito sensível para o seu superior hierárquico, Francisco manteve-se calado. O oficial abriu a boca e largou uma baforada lenta, os olhos sempre fixados no último edifício do campo como se revisse as cenas.

"Tínhamos dois tipos de presos, os penais tipo um e os penais tipo dois", disse num tom monocórdico, retomando a narração como se falasse mais para si do que para o seu interlocutor. "Os penais tipo um eram acusados de coisas menores, como roubar umas batatas ou fumar durante o *Arbeitskommando*. Levavam umas chicotadas e acabavam numa companhia penal fazendo trabalho pesado. Já os penais tipo dois tinham menos sorte. Eram levados p'ró lavatório do piso térreo e obrigados a se despir. Com uma caneta de tinta indelével escreviam os números deles nos corpos. Depois mandavam-nos sair nus p'ró pátio entre o B11 e o B10, onde estava um homem da Gestapo com uma pistola." Simulou uma pistola com a mão, o indicador a fazer de cano, e apontou para um alvo invisível. "Bang. O próximo. Bang. O próximo. Bang." Baixou o braço. "Eram abatidos contra um muro preto no fundo do pátio, quase colado ao arame farpado. O número escrito nos corpos era usado depois p'ra identificar os executados. No relatório se escrevia que tinham tentado fugir."

"O... o *Unterscharführer* também assistiu a isso?"

A pergunta foi feita num murmúrio e o brasileiro, de olhar sempre vidrado na memória desses momentos, voltou a assentir.

"Várias vezes." Calou-se por um momento, como se revisse uma cena, e de repente pareceu voltar ao presente. "Você lembra aquele camarada de quem falei há pouco, o *Hauptscharführer* Palitzsch?"

"O que foi condenado à morte por se ter metido com uma prisioneira?"

"Esse mesmo. O Palitzsch se gabava de ter executado vinte e cinco mil prisioneiros diante do muro preto."

"Vinte e cinco mil? Um único homem executou vinte e cinco mil pessoas?" Esboçou um esgar incrédulo. "Não é possível."

"Era o que ele dizia. E eu vi que o Palitzsch matava muito!" Abanou a cabeça. "Ele era maluco." Virou-se para o seu interlocutor. "Quando foi preso, no ano passado, sabe onde o puseram?"

"Não me diga que o mandaram para o B11..."

O brasileiro sorriu.

"Irónico, n'é?"

O olhar de Francisco manteve-se fixo no edifício na esquina do campo.

"Ainda fazem ali execuções?"

Desta feita o movimento da cabeça de Broad foi negativo.

"No verão do ano passado, um pacote remetido por um SS aqui de Auschwitz levantou suspeitas. O pacote era pequeno, mas muito pesado. Abriram-no e viram que continha três lingotes de ouro. Isso era um indício de que havia SS roubando o ouro tirado dos judeus aqui no *Katzet*. Chegou um inspetor, o juiz Morgen, e começou as investigações. Além de documentar a corrupção, foi confrontado com o mesmo que você agora, a matança dos judeus. Foi informado de que essas execuções foram ordenadas pelo *Führer* e não pôde fazer nada. Mas o juiz detetou muitos casos de fuzilamentos não autorizados de poloneses diante do muro preto, uma grande parte da responsabilidade do chefe do *Politische Abteilung*, um canalha chamado Grabner."

"O seu chefe?"

"Não é mais", disse Broad. "Ele não passava de um camponês, bastava ouvi-lo falar. O alemão dele era básico, parecia um bronco. Aliás, antes de ser SS andava pelos campos levando vacas para pastar. Pois veja só que puseram um idiota desses na chefia!" Esboçou uma expressão de desaprovação. "O Grabner várias vezes nos acusou, aqui no *Politische Abteilung*, de sermos moles com os presos só porque não propúnhamos execuções em número suficiente. Ele exigiu mais dureza."

"E vocês?"

O brasileiro fez um gesto vago com a mão.

"Tivemos de obedecer, lógico", retorquiu. "Mas o problema não foram só as execuções aqui no B11. O chefe dos médicos do campo, o doutor Wirths, também acusou Grabner de ordenar a morte de polonesas grávidas e disse que estava em prática nas enfermarias uma política de seleções periódicas de doentes a quem era injetado fenol no coração. Essas execuções não eram regulamentares porque não estavam incluídas na ordem verbal do *Führer* nem tinham sido autorizadas pelo *Reichsführer-SS*. Grabner foi detido em outubro, faz agora três meses. Também seu superior, o chefe da Gestapo de Katowice, acabou substituído. Esses homens de Katowice eram uns verdadeiros açougueiros, você nem imagina. E a coisa não ficou por aí. Na mesma altura, o próprio comandante do campo, o *Obersturmbannführer* Höss, foi afastado."

"As execuções tramaram-no."

"Não foram só as execuções. No ano passado a rádio inglesa começou a dar notícias das matanças aqui em Auschwitz. O *Reichsführer-SS* veio até aqui e lhe disse que tudo isso podia ser embaraçoso para a Alemanha. O Höss tinha de sair.

A investigação do juiz Morgen apenas precipitou a ocasião. Na verdade o comandante Höss acabou promovido e alocado em Berlim, o que mostra que não foi exatamente uma punição. Mas o fato é que foi embora."

"E chegou o novo comandante..."

"O *Obersturmbannführer* Liebehenschel assumiu o posto em outubro e começou mudando tudo. Acabaram as seleções periódicas nas enfermarias e nos campos, os *bunkers* do B11 foram demolidos, o muro preto foi derrubado e foi revogada a ordem de fuzilar todos os que tentavam fugir do *Katzet*. Além disso, pela primeira vez foi nomeado um prisioneiro vermelho p'ra chefiar um bloco e os verdes mais perigosos foram afastados e transferidos p'ra outros campos. Essas mudanças se sentiram aqui em Auschwitz I, onde as coisas melhoraram muito. Em Birkenau houve também mudanças, é verdade, mas poucas."

"E os judeus?"

O brasileiro das SS aspirou de novo o cigarro e largou mais uma baforada. Depois rodopiou sobre os calcanhares e iniciou distraidamente o caminho de regresso, deixando os blocos B10 e B11 atrás das costas.

"Estou te contando tudo isso por causa dos judeus", recordou enquanto caminhava. "Da mesma maneira que pôs fim a uma série de situações graves aqui, o *Obersturmbannführer* Liebehenschel acabou com a matança dos poloneses e tentou parar a matança dos judeus. Como eu disse, suspendeu as seleções no campo. Aí todo o mundo ficou tranquilo."

Francisco indicou o fumo negro que subia de Birkenau.

"Então e o crematório, *Unterscharführer*? Está a queimar o quê? Lenha?"

"Espere, ainda não acabei", disse, erguendo a mão. "Quando viu que parámos a matança dos judeus em Auschwitz,

Berlim deu ordens expressas e formais p'ra retomar as seleções. O *Obersturmbannführer* começou bancando de distraído e arranjando desculpas, disse que os trens com judeus tinham de parar porque a rampa da estação precisava de ser consertada e não sei mais o quê, mas o pessoal em Berlim ficou uma fera e insistiu. O *Obersturmbannführer* foi então a Berlim p'ra convencer os chefões a acabar com tudo isso, mas não foi bem--sucedido. Na semana passada, após dois ou três meses sem nada acontecer, os trens reapareceram. É por isso que aquele fumo está ali."

"O comandante opõe-se às matanças?"

"Lógico."

"Então como se mantém ainda em funções, *Unterscharführer?*"

Broad ergueu o indicador no ar, como um professor a lembrar a matéria ao aluno.

"Lealdade e honra, cara. Lealdade e honra, lembra disso? Um SS obedece à hierarquia, obedece sempre, mesmo quando não concorda ou não entende. Lealdade e honra."

Como se a lição estivesse concluída, Pery Broad virou para o portão de saída e o subordinado acompanhou-o, os olhos a dardejarem em todas as direções em busca de Tanusha. Sempre em vão.

VII

Foi com profundo desconsolo que Levin contemplou o líquido negro que lhe fora despejado no recipiente de alumínio. Café *Ersatz*. Olhou em redor e constatou que todos os outros estavam tão desgostosos como ele. O problema não era ser café *Ersatz*. O problema era ser *só* café. Não comiam desde que tinham engolido no comboio o último pedaço de comida trazida de Theresienstadt e a única coisa que lhes davam para o pequeno-almoço era aquela mistela?

"Já viram isto?", perguntou Václav, tão desconsolado como os demais com o "pequeno-almoço". "Parece água de lavar pratos."

Disse-o como se fosse uma piada, mas ninguém se riu. Levin engoliu o café quase de uma assentada, tal a fome que tinha. Quando acabou, e sentindo-se insatisfeito, teve ganas de perguntar ao *Blockälteste* se não havia nada sólido para trincar, mas travou o ímpeto. Depois do que o vira fazer no *Appell* ao idoso, mesmo sabendo que só o fizera por causa do SS, achou que talvez fosse mais aconselhável ser prudente.

Um dos vizinhos do beliche apareceu de repente, ofegante. "Elas estão nas latrinas!"

Não eram precisas grandes explicações para perceberem a quem se referia. Deram todos um salto e puseram-se de pé. "Onde é isso?"

"Ao fundo do campo", indicou, apontando para o fundo do corredor mas evidentemente apenas a indicar a direção. "Fui às latrinas e estavam lá... quer dizer, vi só algumas mulheres e crianças, claro, mas elas disseram-nos que tinham sido todas alojadas nos barracões do outro lado."

A novidade espalhou-se rapidamente pelo barracão e o burburinho degenerou em algazarra; todos se preparavam para ir às latrinas e alguns encaminhavam-se já para a porta.

"Onde pensam que vão?"

A pergunta do *Blockälteste*, formulada com os dentes arreganhados e num tom prenhe de ameaça, travou-os. Ficaram imóveis, sem se atreverem a dar nem mais um passo. Bondy destacou-se de um punhado de homens de uniformes listados com triângulos verdes ao peito. O *Blockälteste* deu dois passos em frente, as mãos à cintura na pose de quem se sabia observado pelo SS e pelos *Kapos* alemães.

"Eu sei muito bem para onde vocês vão", rosnou, falando sempre em alemão como era da regra quando havia SS por perto. "Vão trabalhar, que isto não é para preguiçosos. Como o *Lagerführer* disse esta manhã, aqui no bloco doze a disciplina será férrea e a justiça implacável, e cabe-me a mim administrá-las em primeiro lugar. E administrarei. Deixem-me recordar-vos que em Birkenau vocês já não são deportados. São prisioneiros. Dentro deste barracão quem manda sou eu e quem sair da linha leva. Quem quiser viver terá de obedecer." Fez um gesto a indicar os homens com fardas listadas de prisioneiro que se encontravam atrás dele. "Estes são os vossos *Kapos*. Cada um é responsável por um *Kommando* de trabalho. Quero toda a gente lá fora, preparada para seguir o seu *Kapo* até ao local de trabalho." Bateu palmas, dando as ordens por concluídas. "Vamos lá, todos a andar. *Los, los!* Ala para o trabalho!"

O que os prisioneiros mais desejavam nesse momento era rever as famílias, a ansiedade a esse propósito era enorme, mas claramente o reencontro teria de ser adiado. Ao fim de alguns minutos já estavam todos a sair do barracão. Tal como os companheiros, Levin foi para a *Appellplatz* do bloco e formou atrás de um dos *Kapos*.

"E se nos escondêssemos?", murmurou para o homem que ficara ao lado dele, o que viera das latrinas. "Acha que davam pela nossa ausência?"

"Nem pense nisso", foi a resposta. "Os que encontrei nas latrinas são do transporte de setembro. Avisaram-me que tivéssemos muito cuidado com os *Kapos*. Os *Blockältesten* do nosso campo são judeus e apenas nos tratam mal quando há alemães por perto. Mas os *Kapos* de Auschwitz não são judeus e os piores são os dos triângulos verdes. Trata-se de presos de delito comum. Ladrões, assassinos, violadores. Disseram-me que podem ser muito violentos."

O olhar dos prisioneiros daquele *Kommando* fixou-se nos triângulos cosidos à roupa dos *Kapos* que enchiam a *Appellplatz;* a maior parte tinha de facto triângulos verdes, embora alguns fossem vermelhos. Era o caso do *Kapo* adstrito ao seu grupo. O homem encarou-os e levantou os braços, chamando-lhes a atenção.

"Chamo-me Mieczysław, mas todos me conhecem por Metek", apresentou-se num alemão rudimentar; tratava-se manifestamente de um polaco. "Sou o responsável pelo *Kommando* das pedras e vocês estão no grupo C, a minha unidade.

Quero ordem e disciplina. Não me deem problemas e não terão problemas. Compreendido?"

O grupo respondeu com um murmúrio de assentimento. O *Kapo* fez então um gesto com o braço, ordenando aos prisioneiros que o seguissem.

"*Kommando*... ao trabalho!"

VIII

Os fios de arame farpado roçavam ao vento, emitindo zumbidos prolongados; dir-se-iam violinos desafinados. Enquanto caminhava ao longo da vedação Francisco estudava os reclusos, tentando encontrá-la em cada rosto, mas Tanusha parecia invisível. Inúmeras vezes julgou vê-la numa rua do campo, a entrar num barracão de prisioneiros ou a trabalhar num *Arbeitskommando*. Em certa ocasião pensou tê-la vislumbrado na *Appellplatz* e até a chamou pelo nome. Sempre falso alarme.

Começou a perguntar-se se o SS que o recrutara em Pushkin não o teria enganado. A verdade é que ainda era cedo para tirar conclusões. Havia imensa gente em Auschwitz I, além de que a noiva poderia estar num dos restantes quarenta campos do complexo; parecia-lhe até o mais provável. Poderia percorrê-los a todos, claro, mas eram muitos e além do mais o seu passe restringia-se ao campo principal. Pôs-se a imaginar maneiras de a encontrar e chegou à conclusão de que o melhor seria fazer alguém procurá-la por si. Precisaria de um bom pretexto e jamais poderia deixar perceber a sua ligação a ela. O assunto requeria a maior cautela.

Foi com a estratégia já delineada que saiu mais cedo essa manhã. Antes de ir ao *Stammlager* apresentar-se ao *Rapportführer* Kaduk dirigiu-se ao edifício do *Politische Abteilung*. Entrou no gabinete de Pery Broad e deu com o brasileiro a ler. O oficial das SS levantou os olhos.

"*Privet!*", saudou. "*Kak dela?*"

Francisco não entendeu.

"Como disse, *Unterscharführer?*"

"*Ja gavario po-ruski.*"

Reconheceu as palavras da sua passagem pela frente de Leninegrado.

"O *Unterscharführer* fala russo?"

Broad mostrou-lhe a capa do livro. O título dizia *Deutsch-Russisches Wörterbuch. Dicionário Alemão-Russo.*

"Estou aprendendo", respondeu. Voltou-se para a porta. "Dima!"

Um prisioneiro da área administrativa apareceu à entrada do gabinete.

"Às suas ordens, *Herr Unterscharführer.*"

"Diz-se *ja gavario po-ruski* ou *ja panhimayo po-ruski?*"

"Depende do que pretende dizer, *Herr Unterscharführer*", esclareceu o recluso. "*Ja gavario* quer dizer *eu falo* e *ja panhimayo* significa *eu compreendo*. São coisas diferentes, *Unterscharführer.*"

"*Ach*, pois é!"

"Mais alguma coisa, *Herr Unterscharführer?*"

O SS brasileiro fez um gesto com a mão a mandá-lo embora. "Vai trabalhar."

O russo regressou ao seu posto, deixando-os de novo a sós.

"Para que quer o *Unterscharführer* aprender russo?"

"As minhas responsabilidades no *Politische Abteilung* incluem a tradução. Como falo português, espanhol, inglês e francês, me chamam p'ra traduzir coisas nos interrogatórios. Então porque não aprender também russo? O sotaque até é meio parecido com o português."

O saxofone estava pousado num canto do gabinete e sobre a mesa havia umas pautas de música. Forçando o pretexto para chegar onde pretendia, Francisco pegou numa delas e contemplou as notas musicais como se fosse um entendido. Sabia que Broad, além de ser um amante de música, estava ligado a uma orquestra de prisioneiros.

"Isto é para o concerto que o *Unterscharführer* anda a organizar?"

"Sim, estou trabalhando com minha orquestra p'ra fazer *O Anel dos Nibelungos*, de Wagner. Você conhece?"

"Não", foi a resposta. "Mas pergunto-me se o *Unterscharführer* ainda procura prisioneiros com talento para a música."

"Lógico. Porquê?"

O português afinou a voz, preparando-se para lançar a mentirinha que trazia preparada.

"Disseram-me que há no campo um desses talentos."

"Verdade? Quem?"

O subordinado deitou a mão ao bolso e extraiu um papel, que desdobrou como se procurasse uma informação aí anotada.

"Uma russa", respondeu. "Chama-se... deixe cá ver... Tanya Tsukanova."

O oficial fez um olhar opaco.

"Nunca ouvi falar."

"Disseram-me que é uma grande artista."

"Vou perguntar ali ao Dima. Se a mocinha é famosa lá na Rússia, ele conhece."

"Ainda não é famosa", apressou-se Francisco a esclarecer. "Mas garantiram-me que é muito promissora. Um talento emergente."

O interesse do brasileiro pareceu esmorecer.

"Só procuro artistas consagrados."

O assunto havia sido ponderado por Francisco, que decidira ser moderado na mentira. Pretender que Tanusha era uma artista consagrada jamais funcionaria, pois havia muitos prisioneiros russos no campo e alguns no próprio edifício do *Politische Abteilung*, como era o caso daquele Dimitri. Se os consultassem, afirmariam inevitavelmente que nunca tinham ouvido falar em nenhuma Tanya Tsukanova. Além do mais, quando ela fosse encontrada e apresentada a Broad, depressa se tornaria evidente que não tinha o menor talento para a música. Isso poderia levantar suspeitas. Quanto menos mentisse, menos os factos o contraditariam.

"Falaram-me muito bem dela, *Unterscharführer*. Disseram-me que, embora não seja ainda conhecida, é um diamante por lapidar. Porque não verificar?"

"Quem falou isso p'ra você?"

"Uns... uns prisioneiros do campo."

Broad fez um gesto de desinteresse.

"Perda de tempo. Alguém está querendo tirar a mocinha de apuros e lhe contou essa historieta p'ra ver se dava certo."

"Mesmo que assim seja, o *Unterscharführer* não perderia tempo", sublinhou ele. "Como sempre gostei de brincar aos detetives, faria eu o trabalho. Se percebesse que é mesmo o grande talento que dizem ser, informava-o e o *Unterscharführer* reforçava a sua orquestra. Se não prestasse para nada, nem o incomodaria. O que tem o *Unterscharführer* a perder?"

O oficial SS fitou o português. Realmente, o que tinha a perder?

"Se você quer mesmo gastar seu tempo nisso, tudo bem. Desde que cumpra seus deveres de guarda do campo, não tem inconveniente."

Francisco indicou a porta do gabinete com o polegar.

"Posso pedir aos administrativos que me localizem a rapariga? É que não tenho acesso aos ficheiros dos prisioneiros."

Distanciando-se da questão, o superior hierárquico voltou a pegar no *Deutsch-Russisches Wörterbuch* e recostou-se no seu assento, folheando o dicionário em busca de mais uma palavra em russo.

"Fale com o Dima."

A grande vantagem de lidar com um prisioneiro em Auschwitz era que ele jamais questionaria um pedido de um homem das SS, mesmo um simples *SS-Mann*. Daí que, quando o português saiu do gabinete do *Unterscharführer* Pery Broad e foi ter com ele, o recluso russo do *Politische Abteilung* se tivesse posto de imediato em pé a aguardar ordens.

"Fui informado de que tem aí as pastas com os registos dos prisioneiros", disse Francisco. "Estive a falar com o *Unterscharführer* e precisamos de localizar uma pessoa."

Sem perder tempo, Dimitri dirigiu-se à estante dos dossiês referentes aos reclusos.

"É para já, *Herr SS-Mann*", disse. "Qual é o número, *Herr SS-Mann?*"

"Por acaso é uma pessoa do seu país", informou-o o português, fingindo consultar o nome anotado no papel que trazia na mão. "Tanya Tsukanova."

Ainda parado junto à estante, o prisioneiro russo insistiu.

"Sim, *Herr SS-Mann*, mas qual o número dela?"

"Sei lá. Procure pelo nome."

Sem se atrever a encarar o SS nos olhos, Dimitri pareceu atrapalhado.

"Mas, *Herr SS-Mann*, quando os prisioneiros dão entrada no *Katzet* o que os identifica é o número tatuado nos braços. Como sabe, os nomes dos reclusos geralmente não são registados."

A resposta não convenceu Francisco.

"Ó Dima, em alguma pasta hão de estar."

"Não aqui no *Politische Abteilung, Herr SS-Mann*", disse o russo. "E que eu saiba nem na *Kommandantur* nem na administração central há registo dos nomes de todos os prisioneiros. Com algumas exceções, os reclusos neste *Katzet* são apenas identificados pelos números."

Era verdade e o português já o sabia, mas não contemplara as consequências de uma coisa dessas para a sua busca de Tanusha.

"Não há registo dos nomes em parte nenhuma?"

Dimitri considerou a questão.

"Só se for nos blocos onde os prisioneiros vivem, *Herr SS-Mann*", alvitrou. "Imagino que os *Blockältesten* conheçam algumas das pessoas nos seus barracões."

A ideia não era má.

"Mande uma circular a todos os *Blockältesten* a perguntar por ela."

"A todos os *Blockältesten, Herr SS-Mann?*"

"Sim."

"*Todos?*"

A insistência, e sobretudo a forma como pronunciara a palavra a segunda vez, deu a Francisco a ideia de que havia um problema.

"Alguma dificuldade?"

Ainda junto à estante à espera de uma decisão, Dimitri parecia não saber o que fazer.

"É que... enfim, são quase quarenta campos, centenas de blocos e dezenas e dezenas de milhares de prisioneiros, *Herr SS-Mann*. É complicado fazer um pedido desses a todos os *Blockältesten*. Isto vai levantar muitas perguntas."

"Hmm... então o que sugere?"

"Talvez o melhor seja proceder metódica, discreta e seletivamente, *Herr SS-Mann*. Se a pessoa em causa é russa, o mais adequado seria começamos por um campo onde haja russos. Se não der em nada, passamos a outro campo com russos e depois a outro ainda. Penso que se conseguirão assim melhores resultados."

"Por onde sugere que comecemos?"

"Auschwitz I, *Herr SS-Mann*."

Ciente de que não conhecia suficientemente a maneira de funcionar no KL, Francisco fez um gesto vago com a mão.

"Proceda como entender."

O russo pegou numa pasta e trouxe-a para junto do SS. Abriu-a e identificou os nomes dos *Blockältesten* de cada bloco do *Stammlager*. A seguir, e devidamente autorizado por Francisco, sentou-se atrás da sua secretária e começou a redigir a circular com o pedido de informação sobre a prisioneira Tanya Tsukanova.

O prisioneiro do triângulo vermelho com um P, um polaco, ia a descarregar o saco da carroça quando foi esmurrado pelas costas; embateu brutalmente na carroça e estatelou-se no chão, desamparado. Levantou-se e, apesar de trémulo, pegou de novo no saco sem olhar para o *Kapo* que o agredira. Plantados a alguns metros de distância a assistir à cena estavam os dois SS responsáveis pela vigilância daquele *Arbeitskommando*.

"Viu isto?", quis saber o *Rapportführer* Kaduk. "O que acha que se deve fazer?"

A pergunta atrapalhou Francisco. Sabia o que se devia fazer e sabia o que o *Rapportführer* achava que se devia fazer, mas não sabia como conciliar as duas visões.

"Bem... talvez se deva falar com o *Kapo*."

Um sorriso malicioso desenhou-se na cara de Kaduk.

"Isso mesmo", disse em aprovação. "Fala você?"

"Uh... seria melhor o *Rapportführer* mostrar-me como se faz."

Kaduk voltou-se para o prisioneiro-chefe do *Arbeitskommando*, um prisioneiro com um triângulo verde ao peito, e chamou-o com o dedo.

"*Kapo*, anda cá!"

O prisioneiro encarregado da unidade de trabalho, até aí tão feroz com os restantes reclusos, aproximou-se dos SS com a mansidão de um cordeiro.

"Às suas ordens, *Herr Rapportführer*."

"Esse prisioneiro foi punido porque estava a trabalhar devagar, o que constitui sabotagem contra o Reich. É assim que se pune um sabotador, *Kapo?*"

O *Kapo* pareceu atrapalhado.

"Não quis atrasar o serviço, *Herr Rapportführer*."

"Atrasas o serviço se não lhes incutires disciplina, *Kapo*." Apontou para o prisioneiro em causa. "Faz o teu trabalho."

O *Kapo* voltou para junto do prisioneiro e assentou-lhe mais dois murros que voltaram a atirá-lo ao chão; com o homem estendido na lama, pontapeou-o até ele ficar inerte. Depois olhou de relance para o *Rapportführer*, como se quisesse saber se tinha ficado satisfeito.

"*Sehr gut*", aprovou Kaduk. "Se esse animal voltar a cometer atos de sabotagem contra o Reich, trata dele de forma definitiva. Senão trato eu de ti, ouviste?"

"*Jawohl, Herr Rapportführer*."

Obedecendo a uma ordem do *Kapo*, dois prisioneiros do *Arbeitskommando* pegaram na vítima e levaram-na de regresso ao seu bloco enquanto os restantes reclusos prosseguiam o trabalho num silêncio pesado, descarregando sacos da carroça e levando-os para o edifício da cozinha. Com um sorriso de satisfação, Kaduk virou-se para Francisco.

"Percebeu como se faz? Os polacos têm de saber quem manda aqui. Se somos a *Herrenvolk*, a raça dos senhores, precisamos de o mostrar às raças dos escravos. Têm de nos temer para nos respeitar."

O português forçou um sorriso.

"Bem visto."

Como acontecia diariamente desde que na semana anterior mandara Dimitri distribuir a circular pelos *Blockältesten*, Francisco passou pelo *Politische Abteilung* logo que terminou o serviço. Ao entrar no edifício, um dos SS na receção fez-lhe sinal.

"O Dima quer falar consigo."

O coração deu-lhe um salto no peito. Teria havido alguma resposta positiva à circular? Quase correu até à salinha dos assuntos administrativos. No momento em que entrou, os prisioneiros puseram-se de pé e em sentido.

"Dima!", chamou-o, ignorando os restantes reclusos. "Há novidades?"

O russo, também ele em sentido, balançou afirmativamente a cabeça.

"*Jawohl, Herr SS-Mann*", anuiu Dimitri. "Tenho o prazer de lhe comunicar que temos uma resposta positiva."

Tanusha fora encontrada!

"Onde está ela?"

"Aqui em Auschwitz I. Bloco vinte e quatro."

"Excelente!", exclamou, contendo-se para não dar um salto de alegria. "Excelente!" Olhou para o mapa do campo pregado na parede. "Onde é isso?"

"É o *Sonderbau, Herr SS-Mann.*"

"O *Sonder*... quê?"

"*Sonderbau, Herr SS-Mann.*" Baixou a voz. "O bordel."

"Como?!"

"Ela está no bordel."

Incrédulo, Francisco fitou o prisioneiro por um longo momento, como se estivesse paralisado. Esperava que ele se corrigisse, decerto por se ter exprimido mal. Mas Dimitri nada corrigiu.

"O bordel?"

"*Jawohl, Herr SS-Mann.*"

A confirmação foi dada com um sorriso de orgulho. Era evidente que o russo se sentia satisfeito por ter localizado a reclusa.

"Ela... foi metida num *Kommando* de limpeza ao bloco vinte e quatro, ou coisa parecida?"

"*Nein, Herr SS-Mann*", negou Dimitri. "É uma das raparigas recrutadas para o *Bordellkommando*. Desempenha as funções de *Feldhure.*"

Feldhure significava *puta do campo*.

"Como sabe isso?"

O prisioneiro pegou numa pasta sobre a sua secretária.

"A informação consta dos arquivos do próprio *Politische Abteilung, Herr SS-Mann.*" Folheou os documentos do dossiê. "Embora em geral não mantenhamos registos com os nomes dos prisioneiros, este é um dos casos em que o registo é feito. Um *Blockältester* que leu a circular chamou-me a atenção para essa prisioneira do *Sonderbau* e fui verificar." Virou mais algumas páginas até localizar a que pretendia. "Ah, aqui está!"

Tirou a folha da pasta e entregou-a ao português. "É o sétimo nome da lista, *Herr SS-Mann*."

A lista era encabeçada pelo símbolo das *SS-Totenkopfverbände*, o que confirmava tratar-se de um documento oficial. Os olhos de Francisco desceram para o nome datilografado na sétima linha.

Tanya Tsukanova 25 404

Não havia dúvidas; era Tanusha.

"O que está ela a fazer aqui?"

A pergunta foi meramente retórica, era Francisco na sua perplexidade a falar consigo próprio, mas Dimitri pensou que se tratara de uma tentativa de humor.

"A divertir-se, *Herr SS-Mann*..."

A graçola foi um erro e mereceu ao russo a honra duvidosa de se tornar o primeiro prisioneiro do campo a experimentar os punhos do SS português. Ninguém se riria por Tanusha se ter tornado prostituta do bordel de Auschwitz.

IX

A pedra era pesada e Levin sentia-se extenuado, mas sabia que o *Kapo* Metek e o soldado das SS adstrito ao *Kommando* os observavam e não podia parar. Seguindo o homem da frente, arrastou-se penosamente pela lama. Tinha saudades de Gerda e de Peter e pôs-se a cantarolar a velha canção em ladino que a mãe lhe ensinara e o filho adorava, tentando manter vivo o que o ligava à família.

> *Era en un bodre de mar*
> *Ke yo empesi a amar*
> *Una ninya kon...*

Calou-se no momento em que chegou ao pequeno monte de pedras e depositou a sua sobre as restantes. Endireitou-se e, juntamente com os outros elementos do *Kommando*, contemplou com alívio o espaço de onde haviam retirado as pedras. Estava vazio. Tinham concluído o trabalho da manhã.

"É meio-dia", anunciou o *Kapo*. "Almoço."

Os prisioneiros davam mostras de exaustão, mas arrebitaram com a notícia. O pequeno-almoço não passara de café *Ersatz* e precisavam desesperadamente de algo mais substancial se queriam aguentar o resto do dia. Apesar da fraqueza e das dores musculares, provocadas pelo esforço de carregar pedras ao longo de várias horas, Levin seguiu os companheiros e dirigiu-se ao local onde o *Kostträger*, o *Kommando* que viera das cozinhas, os aguardava ao lado de uma panela fumegante. Formou-se uma fila diante da panela, pois o *Arbeitskommando* era constituído por trinta e oito elementos, e o conteúdo da panela começou a ser distribuído pelos dois prisioneiros do *Kostträger*, ambos polacos com fardamento às riscas e triângulos encarnados ao peito.

Quando chegou a sua vez, Levin espreitou com desânimo a tigela. O almoço não passava de uma sopa aguada e o único sólido era um pedaço de nabo que flutuava no líquido amarelado. De olhos fixos na sopa, interrogou-se pela primeira vez seriamente sobre as suas possibilidades de sobrevivência. Como queriam os alemães que os deportados fizessem trabalhos pesados, por exemplo transportar pedras ao frio e no meio da lama durante horas a fio, se os alimentavam a café *Ersatz* e a sopas aguadas? Se já tinha tanta dificuldade em aguentar-se, como seria ao fim de duas ou três semanas submetido àquele regime de trabalho com uma dieta assim?

Sentou-se no chão e, apesar da fome, sorveu devagar a sopa pela borda da tigela, prolongando o momento. Quanto mais tempo a sopa durasse, maior seria a ilusão de que almoçava. O problema é que, por mais vagaroso que tentasse ser, em poucos instantes a tigela ficou vazia. Lambeu sofregamente os restos, mergulhando a cara como um animal até a tigela reluzir.

As botas de cano alto arrancaram Levin dos seus pensamentos. Levantou o olhar e viu plantado ao seu lado o SS encarregado de vigiar o *Kommando*. Assustado, deu um salto e pôs-se em sentido.

"Às... às suas ordens, *Herr SS-Mann!*"

"Sou *Unterscharführer*."

"As... as minhas desculpas, *Herr Unterscharführer*."

Levin esperava ser punido pelo erro, com sorte apenas com duas bofetadas ou uma coronhada, mas o SS pareceu deixar passar a falta em claro. Decididamente, teria de memorizar os galões e os postos para não cometer erros tão primários.

"Ouvi-o há pouco a cantar. Que língua é essa?"

A pergunta surpreendeu o judeu tanto como não ter ainda levado uma coronhada, pois por tudo o que vira os SS batiam primeiro e perguntavam depois.

"É... é ladino, *Herr Unterscharführer*. Uma língua dos judeus."

"*Ach so!*", exclamou o SS. "Sabe, o meu nome é Pestek e, apesar de ser alemão, na verdade nasci na Roménia. Sou o que por aí se chama um *Volksdeutscher*, um elemento da minoria alemã da Roménia. Acontece que as palavras que cantou há pouco se parecem vagamente com romeno. Por exemplo, ouvi-o cantar *mar* e nós dizemos *mare* em romeno. Também cantou *ke yo*, quando nós dizemos *ca eu* em romeno. Ora que eu saiba o romeno não tem nada a ver com o ídiche. Se estava a cantar uma língua de judeus, como explica as semelhanças com o romeno?"

"Se me permite, *Herr Unterscharführer*, o que eu estava a cantar não era ídiche mas ladino", esclareceu Levin, sempre amedrontado e sem confiar nos modos inesperadamente afáveis do SS. "O ídiche é o dialeto dos judeus asquenazes da Europa Central e de leste baseado sobretudo no alemão, enquanto o ladino é um dialeto dos judeus sefarditas da Península

Ibérica baseado sobretudo no castelhano. Os judeus cultos de Amesterdão eram na sua maioria portugueses e falavam português como primeira língua, mas usavam o castelhano como língua literária. É por isso que o ladino assenta no castelhano, embora também tenha algum português. Ora o castelhano e o português são línguas latinas. Como a raiz do ladino é latina e o romeno também é uma língua latina..."

"*Ach so*", assentiu Pestek. A curiosidade já satisfeita, começou a afastar-se, mas ao fim de três passos parou e apontou para a tigela vazia na mão do judeu. "Deixe-me dar-lhe um conselho. Se não começar a *organizar* coisas, não se vai safar."

"Como disse, *Herr Unterscharführer?*"

"Sabe o que é *organizar?*"

"Uh... bem, claro", disse, sem compreender exatamente onde o SS queria chegar. "Quer dizer planear."

Percebendo que o deportado não fazia a menor ideia do verdadeiro significado daquela expressão típica de Auschwitz, Pestek abanou a cabeça.

"Quando regressar ao campo pergunte a alguém que esteja cá há mais tempo o que significa *organizar*."

O *Unterscharführer* Pestek afastou-se de vez, deixando o ilusionista confundido. Esperara ser agredido, como acontecia quando o SS encarregado do seu barracão disciplinava os deportados, mas nada disso sucedera. Como compreender aquela gente?

A um sinal do *Unterscharführer* Pestek, o *Kapo* pôs-se em pé e bateu palmas para chamar a atenção dos elementos do *Kommando* à sua responsabilidade.

"*Achtung!*", disse Metek. "Todos de volta ao trabalho! *Los, los!* Toda a gente a trabalhar! Vamos lá a carregar as pedras! Não temos o dia todo! *Los, los!*"

Os deportados começaram a movimentar-se mas pareciam perdidos, sem entender exatamente o que se esperava deles. Já haviam transportado as pedras para o sítio que lhes tinha sido indicado, justamente o local onde se encontravam nesse momento, e não viam a que novas pedras se referia o *Kapo*.

"Peço perdão, *Herr Kapo*", acabou um dos judeus por dizer num fio de voz intimidado, sem se atrever a levantar os olhos. "Já não há mais pedras."

O *Kapo* Metek aproximou-se dele. Parecia fumegar com a observação e desferiu-lhe na cara uma bofetada tão violenta que o atirou ao chão.

"Idiota!", exclamou. Apontou para o monte de pedras que os prisioneiros tinham feito nessa manhã. "O que é isto? Hã?" Aproximou-se do deportado que esbofeteara e inclinou-se sobre ele, sempre a apontar para o monte de pedras. "O que é isto? Diz lá, o que é isto? Vá, diz!"

Encolhido para se proteger, o homem tremia.

"São... são pedras, *Herr Kapo*."

"Ah! Então afinal sempre há pedras, ou não há?"

"Sim, *Herr Kapo*."

Depois de esbofetear de novo o judeu, o *Kapo* Metek endireitou-se e apontou para o espaço vazio de onde nessa manhã tinham tirado as pedras para as colocarem no monte.

"Ponham as pedras todas aqui!"

Os deportados hesitaram e entreolharam-se, como se se interrogassem sobre o sentido da ordem; na verdade, duvidavam que a tivessem entendido.

"Não ouviram?", berrou o *Kapo*. "Não me obriguem a repetir as coisas! Ponham as pedras no mesmo sítio de onde as tiraram esta manhã!" Bateu palmas para os incentivar. "Vamos lá! *Los, los!* Toda a gente a trabalhar! Isto não é um campo de férias! Toca a mexer! *Schnell, schnell!*"

Um a um, os judeus pegaram nas pedras que tinham amontoado num lado do baldio e começaram a transportá-las de volta ao seu lugar original. Foi assim que Levin percebeu que o seu trabalho em Birkenau era levar pedras de um lado para o outro e depois de novo para o ponto de partida, para a seguir recomeçar tudo. Seria daí em diante o seu grande contributo para a glória e a riqueza do Reich.

X

Francisco não pregou olho durante toda a noite. A revelação de que Tanusha era uma das prostitutas do bordel de Auschwitz I abalara-o. Se tivesse descoberto que ela morrera não teria ficado mais infeliz. A noiva tornara-se prostituta e era usada pelos homens do campo. A situação parecia-lhe irreal e deixou-o em choque.

Pela manhã, quando se levantou para se vestir, tinha tomado uma decisão. Iria esquecê-la. Não podia aceitar uma coisa daquelas e mais valia pensar nela como se já não existisse. Tanusha morrera. A sua última hora de vida fora a daquela manhã em que ficara na cave de Pushkin a preparar o enxoval. A noiva desaparecera ali. Mesmo que ainda fizesse parte do mundo, já não fazia parte de Francisco.

Mas as paixões do coração não obedecem às decisões da cabeça, como o SS português, perdido na sua inexperiência das coisas do amor, depressa descobriu. Por mais que dissesse a si mesmo que Tanusha morrera, o coração dizia-lhe que não, que estava viva e que ele era um tolo por querer matar quem mais amava. O conflito dilacerava-o, a razão de um lado e a emoção do outro. Ou talvez a razão não passasse afinal de mera emoção e a emoção fosse no fundo a verdadeira razão. O certo é que o conflito interior extravasou e nesse dia teve um novo ataque de fúria enquanto fiscalizava o *Arbeitskommando*. Por uma ninharia, bateu em dois prisioneiros e até no *Kapo*. O *Rapportführer* assistiu ao incidente com um sorriso de satisfação.

"É dessa massa que se fazem os SS!"

Foi assim que Oswald Kaduk venceu as dúvidas e se convenceu de que tinha homem à altura das SS. O *Rapportführer* comunicou nesse dia a Pery Broad que a adaptação de Francisco fora completada e que o novo recruta estava preparado para assumir todos os deveres de um membro das *SS-Totenkopfverbände*.

Não foi preciso esperar muito tempo para que o SS português compreendesse que não seria capaz de levar a sua decisão até ao fim. Não sem perceber o que acontecera. Para isso teria de a confrontar. Quem lhe garantia que não tinham existido circunstâncias extraordinárias? Bastava ver o que se passava em redor dele, e em particular os comboios que chegavam à gare e as colunas de fumo que ascendiam dos crematórios, para constatar que Auschwitz era tudo menos um lugar como os outros. Nada ali podia ser considerado normal.

Tinha de falar com Tanusha. Esta decisão apaziguou-o. Mas era mais fácil de tomar do que de levar à prática, como muito bem sabia, uma vez que os guardas estavam proibidos de confraternizar com os prisioneiros. Precisava de um bom pretexto para chegar junto dela, algo que não passasse outra vez por Broad pois a insistência poderia levantar suspeitas.

No dia seguinte, após o *Appell* matinal diante do edifício da cozinha, acercou-se de Kaduk.

"*Rapportführer*, tenho uma pergunta delicada para lhe fazer."

"O que quer saber?", foi a resposta. "Se pode matar um judeu à pancada? Não pode! Deve!"

Kaduk soltou uma gargalhada sonora, muito satisfeito com o chiste, e o português forçou uma risada; dir-se-ia que fora a coisa mais cómica que escutara na última semana.

"Ah, *Rapportführer*, o senhor tem piada, não há dúvida", disse. "Mas não era sobre isso que queria falar." Apontou para o bloco vinte e quatro. "O que gostaria de saber é... enfim, como poderei visitar o *Sonderbau*..."

"Seu maroto!", devolveu o Rapportführer. "Queres ir às meninas..."

Baixando os olhos de embaraço fingido, Francisco assumiu uma postura de confidência.

"Sabe como é, *Rapportführer*. Um homem não é de pau, não é verdade?"

"Eu diria que o problema é justamente o homem ser de pau!"

Novas gargalhadas de Kaduk, sempre acompanhadas pelo subordinado.

"Ah, *Rapportführer*, o senhor é impagável!"

"*Ach*, eu sei. Só os prisioneiros não entendem o meu sentido de humor..."

Renovou a gargalhada, como se achasse que tinha dito a piada do dia.

"O senhor é realmente engraçado."

Já refeito da casquinada, Kaduk acendeu um cigarro e, visivelmente bem-disposto, encarou o português.

"Oiça, temos um bordel na cidade para os SS", disse. "As raparigas são alemãs. *Himmel!* Umas deusas!"

"Eu sei, *Rapportführer*. O problema é que não sou alemão. Se aparecer no bordel das SS, e sendo eu português, acha que me deixam ir com uma alemã? Então e o perigo da mistura racial e da degeneração da raça?"

O superior hierárquico libertou uma baforada de fumo.

"Pode ser um problema", reconheceu. "Use o bordel dos SS ucranianos. Tem lá ucranianas e russas."

"Esse bordel é em Monowitz, *Rapportführer*. Não está propriamente à mão de semear. Russas por russas, prefiro este do *Stammlager*. Encontra-se mesmo aqui, é mais prático."

"Pois é, mas o bordel do *Stammlager* está interditado aos SS."

Aquilo era novidade para Francisco.

"Está a brincar..."

"É verdade", confirmou Kaduk. "É proibido os SS frequentarem o *Sonderbau*. O bordel do bloco vinte e quatro destina-se exclusivamente aos prisioneiros que tenham prestado bons serviços no *Katzet*. Estou a falar sobretudo dos *Kapos* e dos *Blockältesten* que se mostrem implacáveis com os prisioneiros, claro. A ideia de instituir o bordel aqui no *Stammlager* veio aliás do próprio *Reichsführer-SS,* que quis introduzir nos *Katzet* um sistema destinado a premiar os prisioneiros de confiança, como fazem os comunistas nos seus campos de concentração."

"Mas noutro dia ouvi o Heinz, o meu camarada de beliche, contar lá nas camaratas que, como tinha curiosidade de provar uma ucraniana, veio uma vez ao *Sonderbau* picar o ponto. Outros *Kameraden* elogiaram também as polacas do bloco vinte e quatro. Ora se o Heinz e os outros *Kameraden* são SS e alemães, e mesmo assim entraram lá, *Rapportführer*, isso significa que os SS podem frequentar o bordel do *Stammlager*."

Era verdade, e Kaduk sabia.

"Bem... é um facto que alguns SS violam a interdição", admitiu. "Não vou negar."

"Além do mais, e como os SS ucranianos estão interditados de usar o bordel das SS porque não podem tocar em alemãs, usam o de Monowitz, que como sabe é um bordel para os *Kapos* da IG Farben. Se os SS ucranianos frequentam um bordel que não é para as SS, não posso fazer a mesma coisa?"

"Realmente..."

"Então como devo proceder?"

O *Rapportführer* olhou em volta, para se assegurar de que não havia ninguém a escutá-los, e inclinou-se para o português.

"Compre um bilhete a um *Kapo*."

O nervosismo deu-lhe a volta ao estômago e surpreendeu-o um pouco. Francisco deitou pela enésima vez a mão ao bolso e, como se se quisesse assegurar de que não teria surpresas desagradáveis, sentiu entre os dedos a superfície rugosa do papel que o *Kapo* lhe vendera. O bilhete custara-lhe seis *Reichsmarken*, o triplo do preço que o prisioneiro desembolsara por ele, mas não se importara de o pagar.

Uma campainha soou algures no edifício e um SS com galões de *Scharführer* apareceu na sala de espera, no rés do chão do bloco vinte e quatro. Era o *Blockführer* do bordel.

"O próximo."

Antecipando-se ao prisioneiro que se encontrava em primeiro lugar na lista, Francisco estendeu o bilhete ao SS.

"Sou eu, *Scharführer*."

Vendo um SS entre os clientes, o *Scharführer* fitou-o com desaprovação, embora sem parecer surpreendido.

"Isto é só para prisioneiros com privilégios especiais..."

"Desculpe, *Scharführer*, mas sou português e foi-me recusada entrada no bordel das SS na cidade", mentiu. "Disseram que era só para alemães." Baixou a voz, como se fizesse um aparte. "Questão de pureza de raça." Retomou a voz normal. "Portanto vim aqui."

Aceitando a explicação, que pelos vistos lhe pareceu plausível e até natural, o alemão fez-lhe sinal a indicar um gabinete.

"Entra."

"Disseram-me que há aqui uma russa especial. Só a quero a ela. Chama-se..."

"Entra!", cortou o *Scharführer* com impaciência. "Depois vemos quem te cai na rifa. Para já, tens de ser visto."

Francisco obedeceu e entrou no gabinete indicado. Um médico de bata branca com um estetoscópio pendurado ao pescoço aguardava-o sentado junto a uma secretária.

"Baixa as calças."

O português desfez o cinto e desceu as calças e as cuecas até quase aos joelhos. O médico pôs os óculos, inclinou-se para o ventre dele e deu-lhe uma olhada aos genitais, em busca de sintomas de maleitas venéreas.

"Está bem", concluiu, tirando os óculos e regressando à posição inicial na cadeira. Virou-se para a secretária, pegou num carimbo e imprimiu a marca na mão do cliente como um amanuense a registar um documento. "Podes ir."

Depois de apertar as calças, Francisco regressou para junto do *Scharführer*.

"Vai para aquela sala", ordenou o SS, indicando a porta ao lado. "O *Sturmmann* Gröning está encarregado da distribuição pelas meninas."

O soldado encaminhou-se para a sala seguinte, pasmado com todos aqueles procedimentos. Até a gerir um bordel os alemães pareciam na linha de montagem de uma fábrica. A eficiência acima de tudo. Uma vez inspecionada a marca do carimbo na mão, o tal *Sturmmann* Gröning olhou-o com uma expressão analítica.

"Não é alemão, pois não?"

"Sou português."

"Só os alemães podem frequentar as alemãs", avisou. "Embora seja SS, o facto de ser estrangeiro obriga a que apenas possa visitar uma estrangeira. As misturas de raça são contra os regulamentos."

"Ótimo."

O alemão deitou uma olhadela a uma lista pousada sobre um aparador.

"A próxima não alemã a vagar é a Alinka", constatou. "Quando a campainha tocar, siga para o quarto número nove."

"Não quero essa", foi a resposta segura de Francisco. "Prefiro a Tanya."

"Mas a próxima a ficar livre é a Alinka."

"Quero a Tanya."

O *Sturmmann* Gröning encolheu os ombros com indiferença; a ele tanto se lhe dava. Um novo cliente apareceu entretanto, um prisioneiro polaco de triângulo verde, e logo a seguir uma campainha tocou no corredor; fora pelos vistos a tal Alinka que ficara livre. O SS indicou ao prisioneiro que seguisse para o quarto número nove. A seguir apareceu outro prisioneiro com a mão carimbada e, ao toque de mais uma campainha, foi encaminhado para o quarto número dois.

"É a primeira vez que aqui venho", disse Francisco. "Quanto tempo terei lá dentro?"

"Quinze minutos", foi a resposta. "Atenção que a única posição permitida é a de missionário. Todas as outras são perversões e estão proibidas pelo regulamento."

"Ora, ora. Com a porta fechada, farei o que entender lá dentro."

"Todas as portas têm um óculo", revelou o SS. "O *Scharführer* espreita periodicamente para ver se dentro do quarto está tudo a ser feito conforme as regras. Portanto..."

O português ficou perplexo.

"Está a brincar..."

"Controlo de qualidade. Tudo é inspecionado para garantir o respeito escrupuloso do regulamento em vigor."

Uma fábrica, pensou Francisco, atónito. Os alemães haviam conseguido a proeza de transformar um bordel numa fábrica de esvaziar os testículos com a máxima eficiência!

Soou uma nova campainha.

"Quarto número sete", disse o *Sturmmann* Gröning. "Siga."

O português percebeu que era ele o destinatário da ordem.

"É o quarto da Tanya Tsukanova?"

"Siga."

Engolindo em seco, Francisco ajeitou a farda e, o coração aos saltos na batucada desordenada de quem sabia que chegara a hora, saiu do gabinete e caminhou em passo trémulo para o quarto número sete. Viu um prisioneiro de triângulo verde sair do quarto ainda a apertar as calças, ao fundo do corredor, e ao cruzar-se com o recluso teve vontade de lhe partir a cara. Suportava com dificuldade o pensamento de que um porco daqueles tinha acabado de montar a sua Tanusha, mas conteve-se e, cerrando os dentes, seguiu em frente.

Chegou à porta, olhou para o interior e viu-a.

XI

Os homens do *Kommando* quase nem sentiam o corpo quando ao final da tarde atravessaram o descampado plano e árido e voltaram a entrar no complexo concentracionário. O *Unterscharführer* Pestek seguia à frente, sempre com a espingarda a tiracolo, e o *Kapo* permanecia junto deles, sem nunca deixar de os vigiar, e foi assim que calcorrearam os caminhos de lama entre as múltiplas vedações eletrificadas.

Um burburinho percorreu de repente a fila de deportados. "Olha! Olha!"

De olhar abstraído, do cansaço, Levin regressou ao presente e virou-se na direção indicada. Vários prisioneiros com estrelas de seis pontas puxavam uma carroça, como se fossem animais, mas o que chocou os homens do campo das famílias foi o conteúdo. Cadáveres. A carroça transportava cadáveres, empilhados uns sobre os outros. Esqueléticos, pálidos, hirtos, as bocas escancaradas, os olhares fixos no infinito, amontoados como palha ou carne do matadouro.

"Meu Deus!"

Os homens do *Kommando* das pedras tinham dificuldade em acreditar no que viam. A imagem de carros funerários era comum em Theresienstadt, mas nunca se haviam deparado com nada assim. A nudez dos cadáveres, a crueza da cena, a frieza com que os mortos eram empilhados, a extrema magreza que fazia deles esqueletos cobertos por pele e sobretudo a indiferença com que aquela situação era encarada, como se fosse uma coisa banal, tudo isso os deixava abalados. Que sítio era aquele?

"Silêncio!", ordenou o *Kapo* com aspereza. "Nunca viram um *Rollwagenkommando?*"

A própria pergunta do responsável pelo seu *Kommando* pareceu a Levin perturbadora. O *Kapo* Metek achava que os homens à sua responsabilidade estavam espantados por ver uma carroça puxada por prisioneiros, como se a passagem de cadáveres esqueléticos empilhados como entulho nada tivesse de anormal.

Seguiram caminho e, volvidos uns quinhentos metros, viram figuras muito magras em uniformes esfarrapados de prisioneiros a mover-se por detrás das vedações. Mais do que magros, eram verdadeiros esqueletos vivos. O grupo ficou atónito a observar aquelas pessoas que vegetavam atrás do arame farpado, algumas demasiado fracas para conseguirem sequer pôr-se de pé. Já as tinham visto à noite, na altura do desembarque na estação, mas as sombras haviam disfarçado muita coisa. Exposta à luz do dia, a emaciação daquela gente era chocante.

"Meu Deus!"

"Silêncio!", voltou a gritar Metek. "Nunca viram *Muselmänner?*"

Os judeus trocaram um olhar, desconcertados com a pergunta do *Kapo*, e apressaram-se para não provocar a sua ira. Os nazis também prendiam muçulmanos em Birkenau?

"*Halt!*", gritou a sentinela. "Nome, grupo e número de reclusos?"

Pararam à entrada do portão do campo das famílias. Ouvia--se música e viam-se seis prisioneiros a tocar diferentes instrumentos a seguir ao portão, o que surpreendeu os recém--chegados. O SS do *Kommando* abeirou-se da sentinela.

"*Unterscharführer* Viktor Pestek, grupo C, *Kommando* das pedras, trinta e oito homens."

Os dois SS consultaram os documentos e localizaram a lista entregue nessa manhã quando o *Kommando* saíra do *Familienlager* para o "trabalho".

"*Arbeitskommando!*", gritou o *Kapo* Metek, familiarizado com os procedimentos regulamentares de regresso ao campo. "Todos alinhados para o *Appell!*"

Os prisioneiros posicionaram-se em filas de cinco, como já haviam aprendido a fazer, e os dois SS passaram por eles. Com a lista na mão, a sentinela contabilizou-os uma primeira vez em voz alta e depois uma segunda, sempre secundada por Pestek. Após verificar de novo a lista, a sentinela abriu o portão.

"Trinta e oito, a contagem bate certo", confirmou. "Podem passar."

Sempre atrás do *Unterscharführer* Pestek e do *Kapo*, o *Kommando* cruzou a entrada e passou pela banda de seis músicos; havia três violinos, um acordeão, um clarinete e um instrumento de percussão. Levin reconheceu um dos violinistas, tinha-o visto num concerto em Theresienstadt, e compreendeu que se tratava de deportados do transporte de setembro. O *Kommando* percorreu a Lagerstraße e encaminhou-se para o bloco doze, onde outros prisioneiros se encontravam já formados na *Appellplatz* sob a vigilância do *Blockälteste* Bondy e do *Rottenführer* Baretzki.

O MÁGICO DE AUSCHWITZ

"*Blockführer* e *Blockälteste*, Baretzki e Bondy", gracejou alguém num sussurro. "A dupla do duplo bê."

O mágico teve vontade de rir, mas sentia-se demasiado amedrontado. Aquela jornada interminável parecia ainda não ter acabado, exceto para Pestek e o *Kapo* Metek. Os dois foram-se embora uma vez a entrega feita, enquanto Levin e os companheiros tiveram de voltar a posicionar-se em linhas de cinco. Certificando-se de que o *Blockälteste* e o *Blockführer* se encontravam suficientemente longe para não o ouvirem, Levin soprou para o homem ao seu lado.

"O que vai acontecer agora?"

"Acho que é um *Appell*."

"Outro!?"

O homem não disse nada, com medo de que fossem escutados. Muito gostavam os alemães dos seus *Appelle*. Haviam feito uma chamada ao acordar e outra minutos antes, à entrada do campo. Pois pelos vistos não chegava e vinha aí um terceiro *Appell*. Novos *Kommandos* foram entretanto aparecendo e os homens alinharam-se na *Appellplatz*. Quando a última unidade se apresentou, o *Rottenführer* Baretzki percorreu as linhas a fazer a contagem. Levou pouco mais de meia hora. Regressou ao ponto de partida e procedeu a uma segunda contagem, como pelos vistos era regulamentar. Depois de mais meia hora, fez anotações no seu caderno e encarou o *Blockälteste*.

"Tudo certo", disse. "Podes mandá-los embora."

Bondy afinou a voz.

"Prisioneiros!", berrou. "Jantar!"

Não se podia dizer que Levin acreditasse que o jantar seria melhor do que o almoço, mas tinha esperança. Nem soube por isso o que pensar quando o *Kommando* das cozinhas lhes distribuiu a comida. Em vez do café *Ersatz* da manhã, receberam chá. Não havia sopa. Para compensar, passaram-lhes para as mãos um pão e um pedaço de fiambre cheio de gordura. Podia ser pior, mas não seria com aquilo que sobreviveriam.

Usando sempre a mesma técnica, Levin bebeu o chá devagar e comeu o pão e o fiambre com dentadas pequenas. A sua intenção era consumi-lo todo, mas pensou que talvez o resto lhe fosse mais útil de manhã, pois um simples café *Ersatz* ao pequeno-almoço parecia-lhe pouco para a primeira refeição. Poupou por isso metade do pão e do fiambre. A sua profissão passava pela manipulação da perceção, pelo que estava consciente de que uma importante parte da realidade não era exterior aos seres humanos, antes construída nas suas mentes. Se esse princípio lhe servia no ilusionismo, teria de lhe servir como prisioneiro em Birkenau.

A prioridade depois do jantar era ir às latrinas. Por um lado, e apesar de ter ingerido pouquíssimos alimentos durante o dia, tinha de fazer as suas necessidades. Por outro, o que era igualmente importante, alimentava a esperança de encontrar alguma mulher que conhecesse Gerda e Peter e os fosse chamar. O encontro com a família era absolutamente prioritário. Quando se dirigia ao beliche para esconder a metade do pão que não comera, ouviu uma sirene tocar no exterior e olhou para os companheiros, tentando perceber de que se tratava.

"Um *Blocksperre*", alvitrou Václav, como se as suas antigas funções na polícia judaica em Theresienstadt o tornassem uma autoridade na matéria. "Deve ter fugido alguém."

Havia prisioneiros a prepararem-se para sair e Levin suspeitou que tinham tido a mesma ideia pois todos estavam igualmente ansiosos por rever as famílias. A sirene desorganizou os planos. O que deveriam fazer exatamente? Teriam de permanecer fechados no barracão? Ou os regulamentos requeriam que formassem mais uma vez na *Appellplatz*? Uma vez que no bloco doze todos eram recém-chegados, olharam para o *Blockälteste* em busca de orientações.

"Ainda aqui estão? Não têm saudades da família?"

Os homens entreolharam-se, esperando contra a esperança.

"Podemos... podemos sair?"

"Esta sirene assinala o momento em que todos se podem reunir na Lagerstraße", anunciou Bondy. "Só têm vinte minutos. Quando a sirene soar de novo, têm cinco minutos para se porem aqui. Quem chegar depois disso vai arrepender-se."

Não foi preciso dizer mais nada. Desencadeou-se um pandemónio no barracão e, num tropel, os prisioneiros quase se espezinharam na ânsia de saírem. Levin foi dos primeiros e na cabeça só tinha um pensamento. Como estariam a mulher e o filho?

XII

Ficaram pregados um diante do outro, a prostituta loira deitada na cama apenas com um *corset* vermelho vestido e o soldado moreno plantado à entrada na sua farda de SS; era como se vissem e não acreditassem.

"*Tchort!*", acabou ela por exclamar em russo, pondo-se em pé. "Francisco, és... és mesmo tu?"

A alma em ebulição, o português fitava-a com intensidade, chocado e aliviado, na verdade sem saber o que sentia; muitas coisas contraditórias ao mesmo tempo.

"A Tanusha?"

Olga abeirou-se dele; estava tão magra que quase perdera as bochechas e tinha o cabelo curto, mas seminua no *corset* vermelho permanecia uma mulher atraente.

"Está em Birkenau", revelou. "Francisco, por favor, tens de a ajudar. Aquilo é... é terrível. Não imaginas. Se não a ajudares, ela não se aguenta."

O soldado das SS encostou-se à porta de modo a tapar o pequeno óculo aberto no meio, garantindo assim a privacidade.

"Ainda não fui autorizado a ir a Birkenau", explicou. "Onde se encontra exatamente a Tanusha?"

"Num campo chamado *Frauenlager*", disse Olga. "O campo das mulheres. Aquilo é horrível. Tens de ir lá o mais depressa possível. Não sei se vai sobreviver muito mais tempo."

"Não é assim tão simples", argumentou ele. "Para circular pelos campos preciso de uma..."

"Tens de ir lá!"

A russa disse-o de uma maneira tão convicta que Francisco percebeu que o tempo não corria a favor da noiva.

"Fica descansada."

Olga deixou-se cair nos braços dele.

"Graças a Deus!"

O português manteve-a agarrada por uns momentos, afagando-lhe os cabelos loiros. Ao fim de alguns segundos, sentindo-a mais calma, apartou-se.

"O que aconteceu?", quis saber. "No registo está indicado que és a Tanusha."

Olga regressou à cama e voltou a sentar-se, deixando o SS encostado à porta a tapar o óculo.

"Foi uma troca", explicou. "Quando chegámos a Auschwitz fomos colocadas no campo das mulheres." Atirou-lhe um olhar perturbado. "Tens noção do que se passa com os judeus em Birkenau?"

"Já me contaram."

Ela respirou fundo.

"Então vou poupar-te aos pormenores, até porque temos poucos minutos", disse. "Um dia a *Lagerführerin* Mandel, a chefe do campo das mulheres, disse à Tanusha que viesse para o bordel."

"A que propósito?"

"Não faço a menor ideia. Presumo que tenha sido um SS que por ali passou e reparou nela. Não interessa. O facto é que a Mandel, chamamos-lhe a *Besta*, lhe ordenou que viesse para aqui. A Tanusha ainda resistiu, mas não se podia dizer que não à *Besta* assim do pé para a mão. Se o fizesse, o mais provável era ser escolhida na *Selektion* seguinte. Teve de aceitar."

"Ela veio para o bordel?"

"Ficou desesperada", indicou Olga. "Chorou a noite toda. Pus-me a pensar se seria possível contornar a ordem. Foi então que tive uma ideia. Como nós as duas somos um pouco parecidas, ocorreu-me que poderíamos trocar de lugar."

"Isso era possível?"

"Era e foi. Lembra-te que estávamos ambas com o cabelo rapado, tínhamos perdido imenso peso e trazíamos vestidos horríveis que nos deram à chegada ao campo. Ela ficou com um azul pequeno e eu com um amarelo enorme. Se trocássemos de roupa, quem perceberia a diferença? Foi o que fizemos. Quando a *Blockowa* chamou a Tanusha para a transferência para o bordel, quem se apresentou fui eu. Como a Tanusha ia com o vestido azul, ninguém deu pela diferença e a *Besta* tinha mais em que pensar. Foi assim que vim para o *Stammlager* e ela ficou lá."

Francisco engoliu em seco.

"Aquilo é mesmo mau?"

"Tão mau que Auschwitz I é um paraíso."

"Vá lá..."

"Sim, aqui é o paraíso", insistiu ela. "Não imaginas o que se passa em Birkenau. Se nos tivessem trazido diretamente de Pushkin aqui para o *Stammlager*, teria achado isto horrível. Mas depois de ter passado pelo campo das mulheres garanto-te que estamos no paraíso. Birkenau é um pesadelo, nem calculas. Toda a gente passa fome, não há água, vê-se lama e merda por toda a parte, a doença é endémica... um pavor! Repara no que tenho aqui em Auschwitz I, onde todos os dias me servem boa comida e bebidas! Dão-me belas roupas, oferecem-me cigarros, tomo banho de água quente, ando perfumada e até me levam a passear. Considerando isto, o que mais posso pedir?"

"E estes homens todos que vêm ao bordel?", lembrou ele. "Isso não te incomoda?"

Olga esboçou um gesto de indiferença.

"Oh, já estou habituada", respondeu. "No início foi difícil, não vou mentir. Quando chegámos deixámos de ter os rigores mensais das mulheres. Nós e todas as outras no campo. Com o que se come e sofre por aqui, não há nenhuma prisioneira com rigores, posso garantir-te. Nem rigores nem desejo de homem. De modo que foi nesse estado que fui transferida para aqui. Como não sentia desejo, no início custou-me receber os homens. Mas depois, com a boa comida, tudo voltou ao normal. De resto, o que faço aqui é o mesmo que fazia em Sablino, como sabes. A diferença é que estes tipos não me pagam... além de que o trabalho neste bordel é mais monótono. Só somos autorizadas a fazer uma posição e em apenas quinze minutos. Estou deitada na cama, eles entram, baixam as calças, põem-se sobre mim e..."

"Pronto, chega", interrompeu-a Francisco. "Poupa-me os pormenores."

O português achou estranho como ele próprio, tão habituado na Legião Estrangeira a frequentar aquelas mulheres, ficava tão incomodado ao ouvir Olga descrever o que fazia.

Uma batida na porta interrompeu a conversa.

"O que se passa aí?"

Era o SS responsável pelo serviço do bordel que viera inspecionar.

"Está tudo bem, *Scharführer*."

"Então porque não consigo ver nada pelo óculo?"

"Estou encostado à porta, *Scharführer*."

"Encostado à...? *Ach!* Essa posição não é regulamentar!"

"Já saio, *Scharführer*."

O SS grunhiu algo impercetível antes de encerrar a conversa.

"Tem três minutos", lembrou. "Despache-se!"

Dentro do quarto, os dois entreolharam-se; o encontro chegava ao fim.

"Tens de ajudar a Tanusha", insistiu Olga. "Ela não pode ficar sozinha."

"Sozinha?", admirou-se Francisco. "Então e a Margarita?"

Olga respirou fundo e baixou a cabeça.

"O tifo levou-a."

A preocupação de Francisco passou a ser uma só. Custasse o que custasse, tinha de ir a Birkenau encontrar a noiva e protegê-la. Não sentia grande vontade de voltar a falar com Pery Broad sobre Tanusha e os seus supostos talentos musicais. A insistência era arriscada. Contudo, não via outra forma de obter um passe. Ao regressar no dia seguinte do *Stammlager* após mais uma jornada de trabalho, passou pelo *Politische Abteilung*.

"Você já viu suas botas?"

Foi a primeira coisa que Pery Broad lhe disse quando se apresentou diante dele. O português baixou os olhos para os pés, admirado.

"O que têm elas, *Unterscharführer?*"

"Estão enlameadas!"

"Mas... é natural, *Unterscharführer*. Estive a acompanhar um *Kommando* e, como sabe, há lama por toda a parte. É impossível não as sujar."

"Isso não é desculpa", atalhou o brasileiro com rispidez inusitada. "As botas de um SS têm de estar sempre engraxadas e brilhando. Se sujou, limpe na hora. Está no regulamento. O aprumo de um SS é prova da sua superioridade sobre todo mundo, entendeu?"

"Sim, *Unterscharführer*."

A reprimenda deixou Francisco na dúvida. Broad parecia-lhe nessa tarde com má disposição e o português perguntou a si mesmo se seria a ocasião adequada para abordar o tema.

"Então o que está acontecendo?", quis saber o brasileiro, consultando o relógio. "Diga rapidinho, estou com pressa."

"Eu... talvez seja melhor falarmos noutra altura, *Unterscharführer*."

Era tudo o que Broad queria ouvir. O oficial levantou-se do seu lugar e foi buscar o sobretudo.

"Muito bom", exclamou com evidente satisfação. "Já estou atrasado. Estou indo a Birkenau e não tenho tempo p'ra bater papo com ninguém."

A informação era inesperada e Francisco percebeu que se abrira uma oportunidade.

"É... é justamente sobre Birkenau que queria falar consigo, *Unterscharführer*", apressou-se a dizer. "Tenho a informação de que aquele talento de que lhe falei, não sei se se lembra, a russa que dizem ser uma grande artista em ascensão... parece que se encontra em Birkenau."

"É mesmo? Onde?"

"No campo das mulheres, *Unterscharführer*."

O SS brasileiro já vestia o sobretudo.

"Então esqueça."

"Esqueço, *Unterscharführer*?"

"Se ela é mesmo o talento que você diz, a *Lagerführerin* Mandel, que chefia esse campo e gosta muito de música, já a fisgou. O campo das mulheres tem uma orquestra própria formada por prisioneiras e encabeçada, imagina só!, por Alma Rosé."

"Ah, bom..."

Broad abotoava nesse momento o sobretudo e, ao perceber que o nome não produzira o menor efeito no subordinado, parou para o encarar.

"Ué! Você não sabe quem é a Alma Rosé?"

"Não estou bem a ver, *Unterscharführer*."

A graçola fez o brasileiro revirar os olhos.

"Puxa, vida!", exclamou e recomeçou a abotoar o sobretudo. "A Alma Rosé é uma violinista muito famosa, entendeu? Famosíssima! Não é por acaso que é sobrinha do grande Arnold Rosé, o maestro da Filarmónica de Viena, e sobrinha do célebre Gustav Mahler. Ela se chama Alma porque a mulher de Mahler se chamava Alma, entendeu? Estamos falando de uma grande artista!"

"Então o que está ela a fazer em Auschwitz?"

A pergunta deixou o oficial algo embaraçado.

"É... é judia", respondeu quase num sussurro. "Mas está à frente da orquestra do campo das mulheres. Se essa mocinha que você falou tem assim tanto talento, a Alma ou a *Lagerführerin* Mandel já a pegaram de certeza. Por isso esqueça, ouviu?"

Daquele contratempo é que Francisco não estava à espera. Apesar dos riscos que corria, jogara a sua cartada. Mas não surtira efeito.

"Se o *Unterscharführer* o diz..."

Disse-o com um certo desânimo e consciente de que teria de se desenvencilhar para desencantar outro plano.

"Você não gostaria de ir ao campo das mulheres ouvir a orquestra da Alma?"

A pergunta apanhou o português desprevenido.

"Eu?" Hesitou, mas pensou depressa. "Quer dizer... uh... sim, claro. Gostaria." A sua voz ganhou firmeza, tornou-se mesmo entusiástica. "Na verdade gostaria muito, *Unterschar-führer*. Acha que é possível?"

Depois de consultar mais uma vez o relógio e de calçar as luvas para enfrentar o frio da rua, Pery Broad abriu a porta do gabinete e saiu para o corredor em passo rápido.

"Na próxima semana eu te levo a Birkenau."

XIII

Uma multidão enchia a Lagerstraße, a rua empapada de lama que dividia as duas longas filas de barracões do campo das famílias. Muitas famílias estavam já reunidas e Levin reconheceu entre elas rostos do transporte de setembro; estavam ali havia já alguns meses e evidentemente conheciam o espaço e as rotinas. Já os do seu transporte pareciam perdidos, pois ninguém combinara nenhum ponto de encontro com os familiares e era preciso localizá-los no meio da massa de gente.

"Blanička!", gritava um homem.

"Jiří!", chamava uma mulher.

Os gritos cruzavam-se, eles e elas à procura uns dos outros. Perdido e desorientado, Levin parou a meio da Lagerstraße. Considerando que o transporte de setembro somara cinco mil deportados e o seu outros cinco mil, no *Familienlager* havia um total de dez mil pessoas. Dez mil! Uma vez que todos convergiram ao mesmo tempo para a rua central do campo, dir-se-iam na Unter den Linden ao domingo. Como encontrar Gerda e Peter no meio de tanta gente?

Começou a evitar com o olhar todas as pessoas que estavam em grupos, pois decerto eram os do transporte de setembro, e concentrou-se nas figuras femininas que deambulavam sozinhas ou com uma criança. Seria mais fácil se soubesse que roupa Gerda vestia, claro, mas presumia que após o banho lhe tivessem entregado trajos diferentes dos que levara, como acontecera com ele.

"Senhor Levin!", chamou alguém. "Senhor Levin!"

Virou-se e viu um homem novo de cabelo escuro aproximar--se. Tratava-se de Alfred Hirsch, o antigo professor do filho em Praga e dinamizador das atividades da juventude judaica em Theresienstadt.

"Fredy!"

Hirsch chegou ao pé dele; parecia mais magro e cansado.

"Procura a sua família, presumo", disse. "O Peter passou o dia no barracão das crianças, no bloco trinta e um, e a sua mulher foi lá agora buscá-lo." Apontou para um dos lados da Lagerstraße. "Devem estar ali."

Mal reprimindo a ansiedade, o ilusionista agradeceu e saiu disparado.

"Senhor Levin", chamou Hirsch. "Preciso de falar consigo. É um assunto importante."

"Agora não, Fredy", disse Levin sem parar. "Só temos vinte minutos e já passaram dez. Preciso de os encontrar antes que a sirene toque."

Sem mais uma palavra, mergulhou na multidão que enchia a Lagerstraße. Se tivesse visto a expressão desapontada de Hirsch, teria percebido que, mais do que importante, o assunto que o preocupava era de enorme gravidade.

Talvez por causa da camisola laranja-berrante que Levin trazia, cortesia da distribuição caótica de roupas à chegada, não foi ele que encontrou a mulher mas ela quem o localizou a ele.

"Bertie!"

A voz era inconfundível e o ilusionista descortinou-a a uns meros cinco metros de distância. Ficou paralisado por momentos, quase sem a reconhecer. Gerda trazia um vestido azul esfarrapado nas pontas, calçava botas de homem e vestia um casaco verde coçado; estava despenteada e tinha lama seca na cara. Mas ao menos não lhe haviam rapado o cabelo. Passado o choque inicial por vê-la naquele estado, abriu os braços.

"Gerda!"

"Papá!"

A segunda voz era do filho, que aparecia atrás dela e corria na direção do pai. Ao contrário da mãe, Peter parecia limpo e bem vestido. Abraçaram-se.

"Tive tanto medo", soluçou Gerda. "Tanto, tanto medo."

"Pronto, pronto..."

"Só esta manhã é que nos disseram que vocês estavam no campo", explicou ela. "O Fredy veio buscar as crianças para irem para a *škola* e explicou-nos como funcionam as coisas aqui. Tentei vir, mas puseram-me num *Kommando* para limpar a estrada."

"Tiveste mais sorte do que eu. A mim puseram-me num *Kommando* a transportar pedras de um lado para o outro, vê lá tu. Uma coisa estúpida e sem sentido nenhum." Virou-se para o filho. "E tu, Peter? Como é a *škola*?"

"É um barracão, papá", respondeu o menino. "Cantámos, contaram histórias e ensinaram aritmética."

"Comeste?"

Peter fez uma careta.

"Assim-assim."

Metendo a mão ao bolso, Levin tirou a metade do pão e do fiambre que guardara e entregou-o ao filho.

"É para ti."

A mulher olhou-o, admirada.

"O quê? Já estás a *organizar?*"

Era a segunda vez que ouvia aquela expressão.

"O que é isso?"

"*Organizar?* É o que nós em Theresienstadt chamávamos *schleusar*. Se roubamos um pão ao *Kostträger*, isso não é um roubo. É... *organizar.*"

Levin apontou para o pão que o filho já trincava.

"Não, não *organizei* esse pão. Deram-mo para o jantar e guardei metade."

"Ah, que querido."

Ele indicou duas colunas de fumo negro que escalavam o céu ao longe.

"Como pode haver tão pouca comida com as fábricas a laborar?"

"Estás a referir-te às chaminés?", perguntou Gerda. "Uma amiga da lavandaria de Theresienstadt que veio no transporte de setembro disse-me que vamos sair por ali."

"Por ali, onde?"

"Pelas chaminés."

O marido fixou os olhos no fumo com um esgar de incompreensão.

"Vamos sair pelas chaminés?!", questionou. "O que quis ela dizer com isso?"

"Não sei. Perguntei-lhe e ficou com um ar estranho. Disse que a única maneira de sairmos do campo será pelas chaminés. Depois foi-se embora. Perguntei a outro e usou a mesma expressão. Vamos sair pelas chaminés."

Levin abanou a cabeça.

"Oh, estavam a gozar contigo", retorquiu. "Como vieram antes de nós acham-se uns espertalhões e põem-se com parvoíces para se rirem à nossa custa."

Ela pareceu indecisa.

"Talvez tenhas razão", considerou. "Mas passam-se aqui coisas que não são brincadeira nenhuma. Quando saí no *Kommando* vi um *Kapo* a bater num prisioneiro. Uma coisa pavorosa, pobre homem. E havias de ver as pessoas esqueléticas que por aqui há. Mesmo em frente do nosso perímetro está um campo com mulheres que é horrível. Um campo de loucas. Muitas andam seminuas, imundas e com ar demente. Devem ser as que vimos quando chegámos." Estremeceu. "Que sítio será este, Bertie? O que vão os alemães fazer de nós?"

"Somos escravos. Querem-nos para trabalhar."

"A limpar a rua? É para isso que o Reich tanto precisa de nós? Ou para tirar pedras de um lado e pô-las no outro, para depois as trazer de novo para o lugar original? Em que é que isso serve o Reich?"

Na vertigem daquele primeiro dia, Levin não tinha ainda parado para se interrogar quanto ao sentido de tudo o que vira e vivera, mas não podia deixar de dar razão a Gerda. Se os alemães precisavam assim tanto do trabalho dos judeus, por que razão lhe haviam atribuído uma tarefa tão inútil? Não tinha resposta. Encontravam-se todos ali e não havia nada que pudessem fazer. Talvez os alemães precisassem de os ocupar enquanto não encontravam qualquer coisa mais útil. Se calhar estavam a construir uma fábrica algures e quando ela estivesse pronta esse seria o destino de todos.

Ou, quem sabe, talvez os alemães fossem simplesmente estúpidos. Vivera muitos anos entre eles, em rigor nascera alemão, e sabia que eram inteligentes. Mas também não ignorava que havia algo de profundamente irracional na sua racionalidade, algo de genial e ao mesmo tempo insano; bastava ver os seus espantosos contributos para a ciência e para a filosofia e em paralelo a crendice infantil na astrologia, na parapsicologia e nas histórias míticas e místicas de Thule e da Atlântida e dos deuses Wotan e Thor e de todo esse lixo mitológico, mais os complexos de inferioridade associados às manias da superioridade, para lhes sentir o lado negro. Como era possível que tanto génio encerrasse tanta loucura, que tanto racionalismo descambasse em tamanha irracionalidade?

A sirene tocou, assinalando o fim dos vinte minutos concedidos às famílias. Sabendo que só tinham cinco minutos para regressar aos barracões, Levin despediu-se da mulher e do filho.

"Encontramo-nos amanhã nas latrinas uma hora antes do *Appell?*"

A pergunta surpreendeu Gerda.

"Nas latrinas?"

"É o único sítio discreto onde podemos estar juntos."

Ela sorriu, compreendendo a ideia, e ao afastar-se de mão dada com o filho lançou ao marido um olhar cúmplice.

"Maroto!"

A perspetiva de se encontrar com a mulher nas latrinas deixou Levin a sonhar, mas o sonho desfez-se três passos adiante quando uma súbita gritaria irrompeu do seu lado direito. Olhou para lá e viu uma mulher agarrada à vedação eletrificada a tremer convulsivamente no meio de um zumbido tenso. A prisioneira caiu de repente, inerte e a fumegar, e várias pessoas acorreram de imediato para a ajudar.

Uma sentiu-lhe o pulso.

"Está morta."

Todos os que enchiam a Lagerstraße trocavam observações horrorizadas. Preocupado com o filho, o mágico procurou Gerda entre os mirones e viu-a afastar-se e impedir Peter de olhar. Antes assim, pois o espetáculo do suicídio era terrível.

XIV

Os barracões de madeira estendiam-se a perder de vista, o que dava a Francisco uma ideia da dimensão de Birkenau. Era uma megalópole ao pé de Auschwitz I. Os barracões pareciam todos iguais e encontravam-se alinhados geometricamente, formando ruas paralelas e perpendiculares sob o olhar vigilante dos SS no topo das múltiplas torres de observação. Estava um céu pesado de chumbo e um véu azulado cobria o dia. Não se via uma mancha de verde, uma única. Como se a vida tivesse morrido. Apenas terra, poeira, poças de água e lama. Sobretudo lama naquela paisagem desolada. A cor que tudo dominava, como um imenso borrão triste, era o cinzento. Birkenau pintava-se de um cinza fosco e deprimente; dir-se-ia um outro planeta.

"É grande, hem?"

A pergunta de Pery Broad, agarrado ao volante, arrancou ao português um gesto afirmativo.

"Enorme."

"Bem maior do que o *Stammlager*", acrescentou o oficial brasileiro. "E pior. Muito pior." Olhou de relance para o acompanhante. "Se prepara, viu? Auschwitz I é um *Arbeitslager*, um campo de trabalho. Mas isso é diferente. Birkenau também é um *Arbeitslager*, mas esse *Arbeitslager* serve p'ra camuflar sua verdadeira natureza de *Vernichtungslager*, campo de extermínio. A situação aqui é bem mais complicada."

Da estrada tornava-se claro que Birkenau estava retalhado por arame farpado. A vedação cercava o perímetro e no interior cortava a imensa metrópole em secções, como se o campo fosse constituído por vários subcampos. Ao contemplar a vastidão desértica de Birkenau, uma paisagem plana apenas recortada no horizonte pelos montes Beskid, Francisco não pôde deixar de se interrogar sobre o setor em que Tanusha se encontraria.

"O *Unterscharführer* sabe onde é o campo das mulheres?"

"Lógico", retorquiu Broad. "São esses barracões mais próximos." Fez um gesto para os blocos ao longo do arame farpado. "O *Frauenlager*."

Os olhos de Francisco fixaram-se nos barracões indicados. Era então ali. O português sentia-se ansioso por rever a noiva, mas ao mesmo tempo receava o que iria encontrar em Birkenau. As histórias que ouvira em Auschwitz I auguravam o pior.

O carro virou de repente para um descampado onde se encontravam vários automóveis e o brasileiro estacionou num espaço vago. Os dois SS apearam-se e, ao inspirar o ar exterior, Francisco notou um odor intenso.

"Cheira a... a churrasco?"

O brasileiro apontou para o horizonte.

"Esse é o cheiro de Birkenau", revelou. "Os crematórios estão trabalhando em força."

O olhar dos SS fixou-se nas duas colunas de fumo negro que à esquerda alimentavam o chumbo escuro do céu. Francisco

percebeu que o odor era de facto dos cadáveres a serem queimados. Uma neblina sinistra filtrava a luz e tornava o dia som-
brio. O ambiente era opressivo, espesso, opaco; dir-se-ia que as
vedações marcavam uma fronteira, para cá o mundo dos vivos,
para lá o limbo, essa terra-de-ninguém que separava a vida da
morte, o portão do Além.

Sem pronunciarem palavra, como se a atmosfera os intimi-
dasse, fecharam as portas do carro e seguiram a pé em silêncio.
Começou a cair uma chuva leve e fria. O português passou a
mão pela testa húmida, tentando secá-la, e estudou os pingos
que lhe molhavam os dedos. Vinham sujos e cinzentos. *Cinzentos*. A sujidade que impregnava as gotas, percebeu, não vinha
da poeira mas da cinza. A cinza das chaminés. Dos fornos dos
crematórios. Dos cadáveres. Levantou os olhos para as nuvens
sombrias que o fumo das chaminés alimentava sem cessar e,
estarrecido, percebeu que em Birkenau choviam mortos.

A torre erguia-se alta, escura e imponente; parecia uma sentinela gigante. Não era um gigante qualquer, mas um monstro,
um titã silencioso e dissimulado. Um Moloch de pedra. Era ali,
explicara Broad, a entrada principal do campo. A torre vermelha de Birkenau. A boca que a todos engolia. Para lá estavam
os crematórios. E Tanusha.

Caminharam pela estrada enlameada de olhos fixos na
torre, atraídos por aquele espetro sinistro cuja presença os
hipnotizava. Chegaram enfim ao grande edifício de tijolo
encarnado que marcava a entrada em Birkenau, coroado pela
grande torre.

Uma multidão impediu-os de passar pelo grande miradouro.
A massa humana vinda da direita desfilava sob a torre como
um rio a ser engolido pela montanha, os portões guardados por
várias sentinelas das SS debaixo dos chuviscos frios da manhã.

Havia muitos homens naquela corrente, mas a maioria eram velhos, mulheres e crianças, incluindo bebés em berços ou ao colo das mães.

"Judeus", murmurou Broad. Apontou para a direita, de onde a multidão vinha. "Está vendo o trem? Esse mundo chegou agorinha mesmo."

Era um "transporte", percebeu Francisco. Fitou por momentos o comboio imobilizado na plataforma, ao fundo, o lugar de onde emergia o caudal humano; eram centenas e centenas de pessoas, talvez mesmo acima do milhar. A ladear a coluna vinham SS armados, alguns com cães pelas trelas. Uma ambulância com o logotipo da Cruz Vermelha buzinou e, solícita, a multidão abriu alas. Diversos SS iam à conversa com os judeus e o tom entre eles revelava-se inesperadamente amigável.

"... para depois trabalhar", dizia um oficial alemão com os galões de *Oberscharführer* a um grupo de judeus que o acompanhava. "Poderão por gentileza informar-me de quais são exatamente os vossos ofícios?"

Um dos judeus traduziu a pergunta em francês e todos ficaram muito excitados e quase se atropelaram para responder.

"Este aqui é sapateiro, *Herr* Voss", disse ao SS o judeu que fazia de intérprete entre os companheiros e o oficial alemão. "Aquela senhora sabe costurar e aquele mais novo trabalhava numa carpintaria de Nantes."

"*Sehr gut, sehr gut*", aprovou o tal Voss com bonomia. "Todos serão muito úteis aqui no campo de trabalho, até porque..."

O grupo afastou-se, sempre à conversa, e Francisco quase bufou de alívio. Afinal aquele não era um dos tais "transportes" de que os camaradas tanto falavam. Tanto melhor, pois temera o pior, ainda por cima depois de ver tantas crianças. Os diálogos cruzavam-se e o português percebeu que a maior parte até nem falava francês, mas uma língua eslava que lhe pareceu polaco. Percorreu a coluna com o olhar. A longa fila nascia à direita na plataforma férrea, prolongava-se pela estrada, passava à esquerda pelo portão de entrada como engolida pela torre negra e estendia-se entre trabalhos de construção civil que decorriam já bem no interior do campo. Ao fundo, as chaminés dos dois crematórios enrolavam fumo preto como vulcões em fúria.

"Há obras ali?"

"É a nova *Judenrampe*", esclareceu Broad. "Estamos construindo uma nova plataforma p'rós trens passarem sob o portão e descarregarem o pessoal dentro do *Katzet*. Assim será mais eficiente."

A conversa foi interrompida pela voz de mais um SS que conversava com quatro judeus em alemão.

"... poderão tomar chá", indicou o oficial. "Quaisquer diplomas ou certificados serão bem-vindos. Guardem-nos no vestiário, junto à roupa, para depois do banho os entregarem aos funcionários. Não os percam, ouviram? Esses documentos são muito importantes para..."

Também este grupo se afastou e o diálogo fundiu-se no murmúrio distraído da multidão. As pessoas convergiam calmamente para a passagem por baixo da torre, entrando assim no perímetro de Birkenau. Muitas pareciam cansadas, outras aliviadas por a viagem ter enfim acabado. Havia crianças a choramingar e ouviam-se frases soltas quando os recém-chegados passavam pelos dois mirones. Broad levantou o braço, interpelando um SS com galões de *Unterscharführer*.

"Karl!", chamou. "Eh! Karl!"

O SS aproximou-se.

"*Heil Hitler*", cumprimentou. "Por aqui, Pery?"

"Vou ao campo dos ciganos." Indicou a multidão que desfilava. "De onde veio esta gente?"

"Drancy."

"E vão...?"

"Claro, o costume", foi a resposta com um encolher de ombros. "*Sonderbehandlung*."

"*Ach*. Que chato."

Karl fez um gesto de indiferença.

"Habituamo-nos." Acenou. "Até logo, Pery."

O *Unterscharführer* afastou-se e fundiu-se com a multidão, pondo-se de imediato à conversa com alguns judeus ao mesmo tempo que tirava um maço do bolso e lhes oferecia cigarros.

"Não percebi o que ele disse", observou Francisco. "De onde vem esta gente?"

"De Drancy. É um campo de concentração p'ra judeus na França. Estão sendo deportados p'ra cá."

"Mas nem todos falam francês..."

"Verdade. Os franceses nos estão enviando sobretudo judeus poloneses que fugiram p'rá França quando libertámos a Polónia."

Sempre a seguir a multidão com o olhar, o português tentou perceber para onde se dirigiam.

"Aquele camarada disse que vão para um *Sonder*... qualquer coisa."

"*Sonderbehandlung*. Tratamento especial."

A expressão pareceu familiar a Francisco.

"Isso não é...?"

Pery Broad indicou as colunas de fumo que trepavam pelo céu.

"As chaminés."

Tratamento especial, lembrou-se o subordinado, fora a expressão usada pelo oficial SS de Pushkin que o recrutara para se referir ao destino reservado a Tanusha.

"Não pode ser, *Unterscharführer!*", exclamou. "Este caso é diferente. Não ouviu as conversas? Eles vão trabalhar. Estão a perguntar-lhes pelos ofícios e até lhes pedem diplomas e certificados."

"É p'ra enganá-los. Esses judeus estão indo p'rós crematórios e serão submetidos ao tratamento especial. Você não viu aquele *Oberscharführer* falando com eles? É o Peter Voss, chefe dos crematórios. Um bêbado. Mesmo o Karl Steinberg, o homem com quem conversei, é um mau caráter." Fez um gesto para os SS que sorriam e confraternizavam com os judeus. "Ó p'ra eles! O Voss, o Karl e os outros ficam todos delicados e cheios de dedos perguntando se querem bolinhos, quais os ofícios deles, onde têm os diplomas e tudo isso, sabe p'ra quê? P'ra que os judeus não desconfiem de nada."

Francisco permaneceu especado a olhar em silêncio.

"Tudo com calma e tranquilidade", prosseguiu Broad. "Assim os judeus vão caminhando p'rás chaminés pensando que está tudo normal. Se percebessem que iam morrer, coisa que já aconteceu várias vezes, seria uma bagunça horrível. Gritariam, tentariam fugir e teríamos de bater neles. É meio chato, n'é? Podem até se voltar contra nós. Ainda em outubro, na altura em que o Höss foi embora, houve uma judia no crematório, dizem que era uma atriz ou dançarina ou sei lá o quê, que pegou na arma do Schillinger e o matou. Ali, ó! Bang, bang, bang! O Schillinger virou morto. O Emmerich ficou ferido e morreu depois no hospital." Indicou o desfile de judeus. "De modo que assim é mais bacana. Eles acreditam que está tudo bem, vão tomar banho, depois comer, amanhã irão trabalhar, e desse modo todo o mundo fica tranquilo. Estão achando que vão p'ró banheiro, a porta se fecha e... vem o gás. É até mais humano p'ra eles, n'é? Assim não sofrem como quem sabe que vai morrer."

Tudo aquilo parecia surreal ao português.

417

"Mas... e a Cruz Vermelha?", perguntou, apontando para a ambulância que já seguia à frente na Hauptstraße, na zona das obras da nova rampa. "Vocês fazem isso perante a Cruz Vermelha?"

"Que Cruz Vermelha que nada, cara! Essa ambulância faz parte do negócio, viu? Apenas serve p'ra dar a impressão de normalidade, de que há assistência p'ra os doentes que vêm no trem e de que agora vai todo o mundo ser bem tratado. Que nada! Você nem vai acreditar, mas é a ambulância que transporta o gás p'ró crematório."

O português fitou as pessoas que passavam diante dele. Caminhavam para a morte e não tinham a menor consciência do que as esperava. Algumas pareciam nervosas, os olhares ansiosos a avaliar o espaço em redor e sobretudo a perscrutar o rosto dos alemães que as vigiavam; buscavam sinais que lhes dessem pistas sobre o que lhes iria acontecer, se iriam mesmo trabalhar ou se se confirmavam os rumores de que ali no Leste matavam os judeus. As palavras dos SS pareciam produzir o efeito desejado e acalmavam a maioria. Afinal os rumores não passavam disso mesmo, simples rumores. Tudo aquilo impressionava Francisco, mas o que mais o chocava era ver as mulheres que empurravam berços ou levavam crianças pela mão ou nos braços. Conhecia agora o destino de toda aquela gente, mas custava-lhe acreditar que fosse possível fazer uma coisa assim a sangue-frio.

"Também matam as crianças?"

"Lógico."

"Porquê? O que fizeram elas?"

"Um judeuzinho inocente hoje é um judeuzão culpado amanhã", retorquiu o brasileiro. "Além do mais, não esqueça que tudo isso é p'ra livrar a humanidade dos sub-humanos. Se os bebês forem poupados, os sub-humanos vão continuar aí."

Sobre tais assuntos, Francisco nada sabia. Mas as crianças impressionavam-no sobremaneira.

"Vocês conseguem mesmo matá-las?", questionou num tom de incredulidade. "Não vos custa?"

O SS brasileiro soergueu uma sobrancelha.

"Ué! Está bancando de moralista?", questionou. "Li sua folha de serviço e sei muito bem o que você fez na guerra civil de Espanha e em Leninegrado. Não é menino de coro."

"Fiz trabalho de soldado, *Unterscharführer*."

"Também morreram civis, não morreram?"

"Claro que morreram", confirmou Francisco. "Eu próprio matei civis, não o nego. Matei com as minhas próprias mãos. Mas uma coisa é fazermos isso no calor da batalha, num momento de fúria ou num ataque que corre mal. Outra coisa é... é..." Fez um gesto a indicar a procissão diante deles. "É isto."

"Isso é o inimigo, cara."

"Isto são velhos, mulheres e crianças, *Unterscharführer*. Mesmo que sejam o inimigo, que mal podem fazer? Agora o Terceiro Reich tem medo de velhos, mulheres e crianças?"

Por momentos Pery Broad nada disse. O desfile de judeus estava no fim e nessa altura já só passavam os retardatários.

"A matança de judeus obedece a uma lógica terrível, é verdade, mas científica", disse o SS brasileiro. "Não vou negar que também tenho dúvidas. Muitas mesmo. Quando vejo esses civis, sobretudo as mulheres e os bebês, me questiono. Sei que muitos camaradas fazem o mesmo. Mas, quando falamos com os chefões, eles nos lembram que tudo isso, embora muito duro, é necessário p'ra o bem da raça ariana e consequentemente da humanidade." Falava para o seu interlocutor, mas era como se também estivesse em diálogo com a sua consciência. "Precisamos de eliminar as raças inferiores p'ra que a humanidade não sofra de degeneração racial e possa passar à próxima fase da evolução humana. A matança dos judeus é terrível, ninguém nega. Custa muito fazer isso. Mas também cortar uma perna gangrenada é pavoroso, n'é? No entanto tem de ser feito p'ra que o resto do corpo sobreviva. Aqui é o mesmo. Os judeus são a perna gangrenada e a humanidade é o corpo. Temos de cortar a perna p'ra salvar o corpo. O corte é horrível, cheio de sangue, quando pegamos no... no... como chamamos mesmo o instrumento que corta?"

"O serrote?"

"Isso. Quando pegamos no serrote e começamos cortando, não é legal. Mas tem de ser feito p'ra salvar o corpo, n'é? Pois as SS são o serrote. Sempre que duvidamos, e a maioria do pessoal duvida, temos de nos lembrar que somos SS, somos a elite, somos aqueles que fazem o trabalho que mais ninguém quer fazer, o trabalho sujo que tem de ser feito p'ra o bem da humanidade. Somos os que põem o dever acima de tudo, acima dos sentimentos até. Lealdade e honra, você lembra? Lealdade e honra. As ordens dos chefes estão acima de tudo. Lealdade à chefia e honra ao juramento ao *Führer*. Nós podemos não gostar das coisas, podemos não entender, podemos duvidar até, mas os chefões sabem o que fazem e temos de confiar neles. No fim das contas, não esqueça que tudo tem base científica. Isso é nacional-socialismo científico."

"Oiça, eu de ciência não percebo nada, mas sou um soldado e..."

O brasileiro interrompeu-o, colando-lhe o indicador ao peito.

"Você não é soldado!", exclamou. "Você é SS. SS não é uma ordem militar, é uma ordem iniciática! Você não é um soldado, você é um monge guerreiro. Todos nós, SS, estamos ao serviço de forças que não entendemos, forças que vêm do cosmos e nos unem ao transcendente! Somos o homem novo e nosso destino é destruir o homem-animal e criar o homem-deus! É essa a nossa missão. Fazer isso custa? Lógico. Custa muito. É horrível. Mas temos de fazer. P'ró bem final da humanidade é preciso fazer o mal provisório."

Francisco ainda abanava a cabeça.

"Não está certo", murmurou. "Não está certo, ouviu? Já vi muita porcaria, já fiz muita porcaria, mas... *isto?!*"

O cortejo na estrada estava a terminar e os últimos judeus do transporte passavam nesse momento diante deles.

"Veja bem, todo mundo reage assim da primeira vez que vê o pessoal indo p'rós crematórios", disse Broad. "Lembro quando assisti à minha primeira execução na câmara de gás, no *Krema* número três. Fiquei... nem sei como. Passei dois dias sem comer nem dormir. Um horror. Aliás, me recusei a voltar lá. O próprio *Reichsführer-SS* sofreu um abalo quando viu os *Einsatzgruppen* matarem judeus."

"Himmler?"

Ao lembrar-se do assunto, o brasileiro não conteve um sorriso.

"Me contaram que o homem esteve prestes a desmaiar!", disse. "Essa reação é normal, entende? Tem vários camaradas das SS que se sentiram mal, que vomitaram ou que perderam os sentidos. Outros ficaram meio lelés da cuca. O Boger e o Lachmann foram ao médico porque não conseguiam dormir. Diziam que tinham visões dos mortos. O Froll parece que grita durante o sono. O Dylewski, meu camarada do *Politische Abteilung*, caiu de cama em choque seis semanas depois de chegar ao *Katzet*. O Riegenhagen sofreu uma crise nervosa após assistir a uma execução na câmara de gás. Esse trabalho é duro, cara. Muito duro. Mas com o tempo o pessoal vai se habituando."

"Ninguém se pode habituar a isto, *Unterscharführer*. Ninguém. Não estamos a matar inimigos que nos atacam a tiro ou com facas. Estamos a matar mulheres e crianças."

Um pouco mais longe viram camiões a arrancar da plataforma, as cargas cobertas de malas; era a bagagem que os recém-chegados haviam deixado na rampa. O cortejo dos judeus estava já integralmente no interior de Birkenau e a estrada ficara deserta. Com o caminho já desimpedido, Broad deu uma palmada nas costas de Francisco, como se o quisesse consolar, e começou a caminhar em direção à grande torre negra que marcava a entrada do campo.

"Dê tempo ao tempo."

A Hauptstraße estava transformada em estaleiro por causa da construção da nova rampa dos comboios. Um fedor a excrementos invadiu o ar, sobrepondo-se ao odor enjoativo a churrasco que tudo permeava.

"Puf! Que pivete!"

"São os blocos das latrinas", observou o brasileiro, apontando para os barracões à direita. "É daí que vem esse perfumezinho."

Com uma expressão enojada, Francisco estudou os barracões. Estavam alinhados a seguir à vedação e tinham um ar ainda mais miserável do que os já miseráveis edifícios de Auschwitz I. Ao menos os do *Stammlager* eram de alvenaria, enquanto estes não passavam de construções de madeira. A atenção do português desviou-se para as figuras que cirandavam por entre os barracões das latrinas. Viam-se homens, mulheres e crianças com roupas normais e todas com cabelo. Pareciam muito diferentes dos prisioneiros que vira em Auschwitz I. A única semelhança era que todos estavam muito magros.

"Isto aqui em Birkenau é diferente", observou Francisco. "Olhe para isto. Misturam homens, mulheres e crianças. E têm roupas normais."

"Esse é o campo das famílias."

Disse-o como se a expressão tudo explicasse.

"Que famílias?"

"Esse campo é dos judeus checos", esclareceu o SS brasileiro. "Vieram de Theresienstadt, o *ghetto*-modelo. As regras no campo das famílias são diferentes. Esse é o único espaço aqui no *Katzet* onde as famílias judias estão autorizadas a ficar juntas e onde os presos podem vestir roupas civis. É um lugar meio bacana, de longe o melhor de Birkenau."

"Porque não são todos os campos assim?"

Broad fez um gesto com as mãos.

"Começaram a correr na Europa essas notícias de que estamos matando judeus e não sei mais o quê. Aí a Cruz Vermelha começou a fazer perguntas, n'é? P'ra provar que está tudo normal, o Reich aceitou negociar uma visita da Cruz Vermelha Internacional a um *ghetto*. O *ghetto* escolhido foi o de Theresienstadt, que é o melhor e p'ra onde são enviados todos os *Prominenten*. Daí que os prisioneiros de Theresienstadt estejam sendo superbem tratados. No campo das famílias esses judeus têm um tratamento preferencial sobre os restantes. Até são autorizados a enviar postais p'rá família e os amigos dizendo que está tudo bem. Podem até receber encomendas. É por isso que estão aí juntos homens, mulheres e crianças e não usam uniforme de preso nem têm o cabelo cortado. Foi mesmo permitido que os *Blockältesten* sejam judeus. Se a Cruz Vermelha Internacional vier ver como estamos tratando os judeus em Auschwitz, mostramos esses."

Francisco fixou o olhar nas figuras junto à vedação do campo das famílias.

"Ou seja, é tudo propaganda."

O brasileiro continuou a caminhar, os olhos pensativos pregados ao chão.

"Mas isso não vai durar para sempre..."

Ou seja, percebeu o português, os judeus daquele campo tinham os dias contados.

XV

Apesar dos esforços de Gerda, foi com um sentimento de frustração que Levin puxou as calças e pôs fim a um momento que estava a tornar-se embaraçoso para ambos.

"Não consigo", murmurou, amargurado. "Não consigo..."

Ela agarrou-lhe as calças para as voltar a baixar.

"Deixa-me tentar outra vez", insistiu, quase implorando. "Vais ver que consegues e que..."

"Não!"

O tom e o gesto para a travar foram de tal modo terminantes que a mulher não insistiu. Se havia algo com que era preciso ter cuidado no trato com os homens era justamente o que envolvia a sua virilidade. Nada os melindrava mais, sobretudo quando as coisas corriam mal. Gerda achava que eles exageravam na importância que davam ao assunto, não via caso para tanto drama, mas essa era a natureza do sexo masculino.

"Tens a noção de que isto se passa com quase todos os homens no campo?", perguntou ela. "As minhas amigas do barracão dizem o mesmo. A alimentação é tão pobre que os maridos e os namorados perderam o interesse."

A informação animou-o, pois aquelas matérias eram de tal modo íntimas que os homens não as discutiam entre eles.

"A sério?"

"Claro, não tinhas percebido? Os homens estão todos assim. Só aqueles que por algum motivo ainda comem bem, como os *Kapos* e os *Blockältesten*, é que mantêm a vontade de... enfim, destas coisas. O mesmo se passa com as mulheres. Não sei se percebeste, mas desde que cá cheguei que não me vêm os rigores. Nada de nada. E não sou só eu. Todas as mulheres do meu barracão estão assim. A situação é tão má que as pessoas perderam a energia e o interesse nos assuntos íntimos."

A observação fazia todo o sentido. Bastava aliás olhar em redor. Nas primeiras semanas depois de ali terem chegado, e logo que se percebeu que as latrinas eram o único local onde homens e mulheres se podiam misturar longe dos olhares dos SS, aquele edifício enchera-se todos os dias de gente uma hora antes do *Appell*. Casais e namorados encontravam-se ali e, pondo uma pessoa de vigilância à porta, recolhiam-se a um canto entretidos nas suas intimidades, abstraindo-se dos olhares indiscretos e do fedor das latrinas. Com o tempo as coisas tinham mudado. A fome e a exaustão haviam produzido os seus efeitos e semanas mais tarde eram já raros os casais que acordavam cedo para se encontrarem nas latrinas.

Comprovando o raciocínio, o interior do barracão estava quase deserto, à exceção de um casal de namorados que se entretinha num canto. Havia ainda um punhado de homens e mulheres, mas estes tinham vindo apenas para se lavarem e matarem a sede. Apesar de se desnudarem diante uns dos outros, não mostravam o menor interesse no sexo oposto. E interesse em quê exatamente? Bastava olhar os corpos emaciados para perceber quão assexuados se haviam tornado. A alimentação já era pobre em Theresienstadt, mas em Birkenau estava reduzida a nada. As rações assentavam em produtos aguados, como sopas, cafés e chás. Se já vinham magros, tornavam-se esqueléticos. Só as encomendas que ocasionalmente os amigos lhes enviavam de Theresienstadt, um privilégio exclusivo do campo das famílias, impediam que morressem à fome.

Deixaram de ter energia para o sexo oposto, e mesmo que tivessem não sentiam atração. Homens e mulheres perdiam a gordura que lhes arredondava as formas e tornavam-se ossos cobertos de pele. Bastava vê-las nuas a lavarem-se nas latrinas para perder a vontade. Os seios mingados e descaídos pareciam sacos esvaziados, as pernas reduzidas a paus compridos e os ossos a espreitar por todo o corpo. Cheiravam mal, tinham os cabelos desgrenhados e piolhosos, as caras chupadas e grandes olheiras. Quem se excitaria com *aquilo?* Os dois envolveram-se num abraço, já não com a intenção que os havia atraído às latrinas, mas para sentirem o amor. Não havia coisa que mais faltasse em Birkenau que a sensação de amar e ser amado.

Saíram das latrinas. Fazia frio no exterior e os primeiros clarões do novo dia rasgavam o céu a leste. Viram dois corpos junto à vedação eletrificada, os que se haviam esgueirado à noite para se suicidarem. Bocejaram. Aquilo que tanto os horrorizara da primeira vez tornara-se uma rotina. Mesmo os cadáveres de idosos esqueléticos retirados todas as manhãs dos barracões, devido à fome ou às doenças, haviam deixado de os impressionar. Num sítio como aquele, só os que cuidavam de si próprios tinham hipóteses.

"Vou levar água ao Peter", disse Gerda, afastando-se com a tigela cheia. "Ficas?"

"O Fredy quer falar comigo."

"Sobre o Peter?"

"Provavelmente."

Ela acelerou o passo, por causa do frio e da pressa de regressar para junto do filho que ainda dormia. Tinha de o entregar no barracão da *škola* antes do *Appell*.

A atenção de Levin fixou-se na coluna de gente que passava por baixo da torre principal e se prolongava pela Hauptstraße, o caminho que conduzia aos edifícios onde as chaminés libertavam uma chama alta e rolos de fumo negro. Havia dias em que não apareciam comboios e as chaminés permaneciam adormecidas, mas nessa manhã o fumo negro rolava espesso.

As latrinas do campo das famílias situavam-se junto à Hauptstraße. Havia obras a decorrer para construir a nova plataforma férrea, mas o olhar do mágico mantinha-se preso àquelas pessoas. Homens, mulheres, velhos e crianças. Vinham agasalhados e traziam as estrelas de seis pontas pregadas à roupa. Era difícil perceber para onde se dirigiam exatamente, uma vez que a Hauptstraße se prolongava muito para além do perímetro do *Familienlager*, mas à distância teve a impressão de que se encaminhavam para os edifícios das chaminés.

Os misteriosos imóveis eram objeto de constantes observações no campo das famílias. Os veteranos do transporte de setembro insistiam que as pessoas "saíam pelas chaminés" e, embora o dissessem repetidamente, elas próprias pareciam duvidar do que diziam, como se se limitassem a papaguear o que haviam escutado a outros. Levin já tinha feito um inquérito discreto para saber se alguém estivera lá e vira o que realmente ali se passava, pois não havia maneira de verificar os factos para distinguir a verdade dos boatos. Descobrira que ninguém sabia nada de concreto. Tudo se afirmava com base no "ouvi dizer" e "todos sabem que".

O olhar do ilusionista desviou-se para a cinza que pairava à sua volta. Nunca ninguém estivera naqueles edifícios, era um facto, mas havia outros factos que não podia negar. Os deportados dos comboios passavam pelo caminho diante do campo das famílias e seguiam naquela direção. Aquela gente ia e não voltava, como se fosse engolida pela terra. Além disso, só aparecia fumo quando as pessoas se encaminhavam para ali. Nos dias em que as multidões não passavam, os edifícios das chaminés não laboravam. Por fim havia aquele cheiro enjoativo no ar, dir-se-ia de churrascada. Que carne se grelhava em Birkenau?

E a cinza. Sempre que as chaminés estavam ativas o ar enchia-se de plumas pardas. Pairavam como neve, umas vezes leves, outras intensas, empurradas para longe quando o vento soprava com força ou balouçavam devagar nos dias calmos, como folhas de outono. A cinza enchia-lhes a roupa e sujava-lhes o cabelo como caspa cinzenta. As poças de água estavam cobertas por uma camada fina, dir-se-ia prata, e o chão enlameado enchia-se de películas. Os prisioneiros e os guardas respiravam-nas a toda a hora; chegava-se a tossir cinza. A origem de tanta cinza só podiam ser as chaminés, até porque era no dia em que elas mais fumo libertavam que mais cinza havia. Que magia esconderia tanta cinza?

"Senhor Levin?"

O ilusionista girou sobre os calcanhares e viu o responsável da *škola* do campo.

"Olá, Fredy."

"Obrigado por ter vindo, senhor Levin", disse Alfred Hirsch. "Sei que daqui a pouco é o *Appell*, mas este é o único momento do dia em que podemos conversar à vontade."

"É por causa do meu filho?", quis saber Levin. "Algum problema com ele?"

"De modo nenhum. O Peter está a adaptar-se muito bem, não há nada de errado. Sei até que o senhor e a sua mulher lhe estão a dar parte das vossas rações e da comida que os vossos amigos vos enviam de Theresienstadt. Queria pedir-lhe que não o fizessem."

"Ora essa. Porque não?"

"Porque as crianças já recebem rações suplementares na *škola*. Os alemães concordaram dar-lhes refeições melhoradas. Os miúdos comem uma sopa mais nutritiva, que por vezes inclui carne. Recebem pães maiores, açúcar e mesmo doce. Chegam a dar-lhes leite. Portanto não se preocupem com o vosso filho. Consumam toda a vossa comida. Vocês precisam muito mais do que ele."

"Mas como conseguiu convencer os alemães a dar-lhes rações reforçadas?"

"Tenho quinhentas crianças à minha responsabilidade no bloco trinta e um e convido os alemães a visitarem-nos. Volta e meia vão à *škola* só para verem os miúdos e muitos afeiçoaram-se a eles. Ainda ontem tivemos a visita do *Lagerführer* Schwarzhuber e do doutor Mengele."

Fez-se um silêncio súbito entre eles. Se estava tudo bem com Peter, interrogou-se Levin, para quê aquela conversa? Aguardou que Hirsch o esclarecesse. O responsável da *škola* apontou para os deportados que passavam na Hauptstraße.

"Sabe para onde vai esta gente?"

"Daqui não se consegue ver", respondeu Levin. "Mas parece que se dirigem para os edifícios das chaminés."

"Tem consciência do que lhes vai acontecer?"

"Diz-se que sairão pelas chaminés." Hesitou. "É mesmo assim?"

Hirsch ficou um longo momento a fitá-lo, como se o dissecasse.

"O que lhe parece?"

"Sabe, eu nasci e vivi na Alemanha e sei que todas as cidades alemãs têm crematórios", observou o mágico. "Aquilo são crematórios. Não há nada de anormal em encontrá-los aqui. O campo é grande, a comida péssima, as doenças proliferam e o nível de mortalidade é alto. Os alemães preferem cremar os mortos e isso explica a atividade dos crematórios."

O seu interlocutor indicou a multidão que percorria a Hauptstraße.

"E estas pessoas?"

Levin suspirou.

"Bem, parecem caminhar em direção aos crematórios e daqui não as vemos sair", constatou. "Mas... o que está a insinuar com isso? Que as matam? Uma coisa é perseguirem e prenderem judeus, outra completamente diferente é matarem-nos desta forma tão... tão..." Não encontrou a palavra certa. "Não pode ser."

O recém-chegado respirou fundo, exalando uma baforada de vapor.

"Os boatos são verdadeiros, receio bem."

Levin ficou paralisado. Sabia que Hirsch não era uma pessoa qualquer. Sendo um judeu alemão que dominava a língua e a cultura germânicas, conseguia impressionar os SS. Só isso explicava que os tivesse convencido a deixarem um barracão do campo ser usado como *škola*, algo que o ilusionista já percebera ser um caso singular em Birkenau. Um homem como Hirsch estava especialmente bem informado. Se dizia uma coisa, de certeza não espalhava um boato.

"Tem a certeza?"

"Tenho a certeza que é possível ter nestas circunstâncias", foi a resposta. "Estes comboios chegam e, ao que me contaram, logo na plataforma fazem uma *Selektion*. Uma minoria é considerada em condições de trabalhar e vai para a direita. A maioria, que inclui obrigatoriamente os velhos, as crianças e as mulheres que não querem abandonar os filhos, é enviada para a esquerda e metida em camiões ou enviada a pé." Indicou a coluna de pessoas que passava pela Hauptstraße. "Estas são as da esquerda. Mandam-nas por este caminho e... e saem pelas chaminés."

Levin sentia-se chocado. Até então encarara os rumores sobre a matança de gente como meros boatos e, apesar de se sentir inquieto com o que via e ouvia, nunca se deixara apoquentar demasiado. Mas se uma pessoa como Alfred Hirsch dizia uma coisa daquelas...

"Nada disso aconteceu connosco", lembrou. "Chegámos à estação e depois de nos darem banho trouxeram-nos para aqui. Que eu saiba não houve nenhuma *Selektion* nem mandaram ninguém para os edifícios das chaminés. Se estão a enviar para a morte os judeus que chegam nos comboios, porque não nos fizeram o mesmo?"

O seu interlocutor encolheu os ombros.

"Não sei."

"Então como pode garantir que o boato é verdadeiro?"

O olhar de Hirsch voltou a fixar-se no seu interlocutor.

"O senhor está disposto a guardar segredo do que lhe disser?"

"Claro."

"Não contará nem à sua mulher?"

A exigência desconcertou Levin, habituado a discutir tudo com Gerda. Percebeu no entanto que estava perante uma condição. Mais do que isso, uma exigência.

"Pode ficar descansado."

Preocupado em assegurar-se de que não os ouviriam, Hirsch arrastou-o para mais longe das latrinas. O que tinha para lhe dizer não podia ser conhecido por mais ninguém.

XVI

Quando Francisco espreitou o campo à esquerda da Haupt-straße, estacou chocado. Havia corpos deitados na lama, inertes. Em volta deles deambulavam figuras esqueléticas, literalmente pele e osso, imundas de lama e excrementos, a pele acinzentada dilacerada por edemas, algumas cobertas por trapos e outras totalmente desnudadas apesar do frio, as costelas protuberantes e os malares também, os olhares mortiços com os globos oculares afundados nas órbitas, os rostos vazios, inexpressivos como máscaras, os semblantes indiferentes. Cadáveres ambulantes. Ou mortos-vivos.

"O que é *isto?*"

"*Muselmänner.*"

"Muçulmanos?!", estranhou. Era a segunda vez desde que chegara ao KL que ouvia falar em muçulmanos. "Também matam muçulmanos?"

"Muçulmanos que nada", corrigiu Broad. "Chamamos de *Muselmänner* os presos nesse último grau de fome." Indicou o que estava mais perto da vedação. "Não vê como mal se aguentam de pé? Estão esfomeados e não têm força p'ra nada. Aí, quando não aguentam mais, caem no chão e curvam-se para a frente, como muçulmanos rezando. É por isso que todo o mundo lhes chama *Muselmänner*, entendeu?"

"Existe aqui um campo só para os esfaimados?"

"Tem *Muselmänner* por todo Birkenau. Esse aí é o campo das mulheres."

A informação deixou Francisco horrorizado. Fitou as figuras esqueléticas. O campo das mulheres? Era ali que estava Tanusha? *Ali?* Naquele campo? No meio daqueles cadáveres e com aquela gente que morria de fome? Como era possível uma coisa daquelas? Em que pesadelo a haviam metido? Quase desfaleceu e, agoniado de ansiedade, sentiu que lhe faltava o ar.

"Você está legal?"

O subordinado respirou fundo.

"Não se preocupe."

Retomaram o caminho pela Hauptstraße, emparedados pelas vedações de arame farpado que delimitavam o perímetro dos vários subcampos. O caminho estava enlameado. Broad saltitava como um bailarino, tentando evitar as poças de água e manter imaculadas as botas negras reluzentes, enquanto o português, de olhos pregados aos espetros por detrás das vedações, caminhava como um sonâmbulo, indiferente ao que pisava, as botas já castanhas de sujidade e as próprias calças salpicadas de lama. Tudo o que via lhe parecia de tal modo incongruente que por momentos perguntou a si mesmo se não estaria a sonhar. Como podiam os alemães, que a Francisco pareciam tão racionais, ter concebido aquela loucura?

"Você alguma vez enxergou uma rã sendo cozida na água?"

"Uma rã?"

"Bota uma rã na água fervente", disse Broad. "O que ela vai fazer? Salta cá p'ra fora, n'é? Mas, se você a botar na água morna e depois for esquentando devagarinho, a rã não vai sair. Mesmo quando a água estiver fervendo a coitada não vai notar nada e vai ficar ali. Porquê? Ela foi se habituando ao calor gradual. Acabará cozida sem perceber."

"Os prisioneiros são as rãs?"

"As rãs somos nós. Antes da guerra o Göring disse que era impensável matar os judeus. Já com a guerra em curso, o Himmler disse a mesma coisa. Mas a situação foi esquentando devagarinho e, quase sem reparar, um passo aqui e outro ali, o impensável se tornou aceitável e acabou sendo necessário. Sabia que o plano inicial era apenas expulsar os judeus da Alemanha? Tornamos a vida deles um inferno para que eles fossem embora. Mas ninguém os queria receber. Todo mundo bancava o moralista e ninguém mexia um dedo por eles. Quando a guerra começou, as fronteiras se fecharam e não soubemos o que fazer com os caras. Então decidimos enviá--los p'rás zonas conquistadas na Polônia. Reservámos até uma parte do país só p'ra eles. O chato é que os colonos alemães começaram a chegar em massa à Polônia e precisávamos de mais terras p'ra entregar a eles. Então achámos que os judeus tinham terra a mais e, como ainda eram poucos, pensámos que podíamos alocá-los em zonas menores. Porque não nas cidades? Mas, como já lá estavam os poloneses, acabámos jogando os judeus em certos bairros. Os *ghettos*. O problema é que os *ghettos* ficaram uma bagunça. Muita gente e poucas condições. Como resolver isso? Pensámos em levá-los para Madagáscar, mas o plano não deu certo. E os judeus continuavam chegando aos *ghettos*. Já não havia espaço nem comida p'ra todos. As doenças proliferavam e eles morriam como moscas. Não podia ser. Uns ainda conseguiam trabalhar, mas outros estavam uma tristeza. Mulheres, crianças, velhos morrendo de fome. O que fazer a esses desgraçados? Era preciso uma *Endlösung der Judenfrage*, uma solução final p'rá questão judaica. P'ra quê fazê-los sofrer tanto durante tanto tempo? Morrer de fome é terrível. Se estavam morrendo, uma morte rápida seria mais humana. E aí..."

Olhando para o seu superior com uma expressão incrédula, Francisco indicou com um gesto as vedações, os fantasmas cadavéricos para lá delas, os barracões, os rolos de fumo negro que subiam sem cessar das chaminés, todo o imenso arame farpado que os cercava.

"Está a insinuar que vocês montaram tudo isto por... por..."

O *Unterscharführer* respirou fundo, ciente do absurdo da resposta.

"Também por sentimento humanitário, sim."

XVII

A fila de judeus na Hauptstraße abeirava-se do fim. O pensamento dos dois homens colados à vedação do campo das famílias, contudo, não estava naquela gente, mas no seu próprio destino. Alfred Hirsch voltou a olhar em redor para se certificar de que ninguém os escutava. Tranquilizado, apontou para o fumo negro no horizonte.

"Estou em contacto com eles."

"Os deportados?"

"Os que trabalham nos crematórios. Mas o nome *crematórios* é enganador, porque sugere que só queimam cadáveres. É ali que matam os deportados." Fez um gesto vago com a mão. "Toda esta cinza... isto é gente. Estamos a respirar seres humanos."

O olhar de Levin fixou-se nos misteriosos edifícios ao fundo da Hauptstraße cujas chaminés permaneciam tão ativas.

"Como diabo chegou à fala com os dos crematórios?"

"Isso não interessa", devolveu Hirsch com secura. Hesitou, como se reconsiderasse. "Através de uma organização clandestina de resistência chamada Kampfgruppe Auschwitz, o grupo de combate Auschwitz. Os crematórios são operados por uma unidade designada *Sonderkommando*. O *Kommando* especial. O Kampfgruppe Auschwitz e o *Sonderkommando* querem organizar uma revolta."

A revelação quase pôs Levin em sentido. Os dois judeus ficaram momentaneamente calados, pois a última palavra pronunciada por Hirsch era muito perigosa. O ilusionista baixou a voz, reduzindo-a a um sussurro.

"O que quer dizer com isso?"

"Presumo que saiba o que a palavra significa", retorquiu Hirsch. "Pegamos no que tivermos à mão, atacamos os guardas, incendiamos tudo."

Olharam mais uma vez em redor, quase receando a própria sombra.

"Mas... não é perigoso?"

Hirsch fez um gesto a indicar a multidão conduzida aos crematórios.

"Estar em Birkenau é perigoso."

"Quando digo perigoso, quero dizer suicida", esclareceu o ilusionista. "Estamos num campo alemão, rodeados por arame farpado e por SS armados até aos dentes. Vamos lutar com quê? Fisgas?"

"Já não seria mau se as tivéssemos..."

A sinceridade de Hirsch era desconcertante.

"Que hipóteses temos contra os alemães?"

"Nenhumas."

"Então estamos a falar de quê?", questionou Levin. "Considerando que nos vão deixando viver e que se levantarmos um dedo seremos chacinados, para quê revoltarmo-nos? Não é melhor apostar na possibilidade de sobreviver do que na certeza de morrer?"

"Estamos vivos hoje. E amanhã?"

Levin suspirou; o rumo da conversa não lhe agradava.

"Oiça, se fôssemos só nós, os homens, até podíamos tentar alguma coisa, não digo que não. Mas temos as mulheres e as crianças. Também os velhos. O que lhes acontecerá se nos revoltarmos?"

"Tal como nós, serão chacinados."

O mágico fez um gesto de perplexidade, como se aquela simples constatação demonstrasse que o projeto não passava de fantasia.

"Então estamos a falar de quê?"

Sentando-se no chão, como vergado pela responsabilidade da decisão, Hirsch respirou fundo.

"O senhor jura nada revelar sobre o que lhe vou contar?"

"Já lhe disse que sim."

A atenção do jovem voltou-se para o fumo que se erguia dos crematórios como se fosse atraída por um íman.

"Disseram-me que todos nós, os do campo das famílias, vamos ser mortos."

"Quem lhe disse isso?"

"Os meus contactos do Kampfgruppe Auschwitz e do *Sonderkommando*. Parece que um elemento do Kampfgruppe Auschwitz, que trabalha com os SS, teve acesso ao manifesto do nosso transporte. O manifesto dá a entender que chegará o momento em que seremos todos eliminados."

Não era uma notícia fácil de ouvir. Levin abanou a cabeça.

"Desculpe, não faz sentido", considerou. "Então trouxeram-nos de Theresienstadt para aqui, não fizeram nenhuma *Selektion* e pouparam a vida de toda a gente... para quê? Para nos matarem agora? Se era para isso, porque não nos mataram quando chegámos? Para quê tanto trabalho em manter-nos vivos se a ideia era acabar connosco?"

Hirsch coçou a nuca.

"É isso que não percebo", reconheceu. "O meu contacto no Kampfgruppe Auschwitz assegurou-me que o extermínio dos prisioneiros do campo das famílias está implícito no manifesto do nosso transporte. Contudo, o senhor tem razão. Se é para nos matar, para quê esta espera? O facto de não termos sido mortos quando chegámos e de nos terem colocado neste campo mostra que somos diferentes e nos querem poupar a vida."

"Também acho."

"Quando chegámos cá e as judias polacas viram as nossas crianças, puseram-se a gritar", lembrou Hirsch. "Na altura não percebemos, mas agora sei que só existem crianças no nosso campo e no campo dos ciganos. Todas as outras são mortas à chegada. As polacas gritavam porque os filhos delas foram mortos e porque era a primeira vez que viam crianças judias entrar no perímetro residencial de Birkenau. Os nossos filhos lembravam-lhes os delas."

"Vê? Ao aceitarem as nossas crianças, os alemães mostraram que a nossa presença será diferente. Somos especiais. E agora vamos deitar tudo a perder? Não se esqueça de que os russos já entraram na Polónia e os americanos em Itália. É só aguentarmos mais um bocadinho, Fredy. Só mais um bocadinho. Se nos revoltarmos, a morte é certa. Mas se aguentarmos é possível que escapemos. A guerra já não vai durar muito. Para quê revoltarmo-nos?"

O responsável da *škola* tinha o olhar perdido no infinito, como se vivesse um dilema.

"É difícil tomar uma decisão", admitiu. "O tipo do Kampfgruppe Auschwitz disse-me que a nossa morte está decidida e que é melhor morrermos a lutar do que abatidos como cordeiros no matadouro. Havia de o ouvir. Ele é muito convincente. E os tipos com quem contactei dos *Sonderkommandos* dizem o mesmo."

"Mas quem são exatamente esses *Sonderkommandos?*"

"São os homens do *Kommando* que trabalha nos crematórios, já lhe expliquei."

"Pois, mas o que fazem eles?"

"Desconheço os pormenores. Sei apenas que ajudam os alemães a matar os judeus e depois queimam-nos."

"Portanto são nazis..."

"Não. São judeus."

A revelação chocou Levin.

"Judeus?!"

"Exatamente como nós. Da mesma maneira que você foi selecionado para o *Kommando* das pedras e a sua mulher para o *Kommando* da limpeza das estradas, eles foram selecionados para o *Kommando* dos crematórios."

O mágico permanecia incrédulo.

"Os judeus ajudam os alemães a matar judeus?!"

"Não têm alternativa."

"Não têm alternativa como? Basta-lhes recusar."

"Se recusarem serão imediatamente mortos e os alemães vão buscar outros que façam o trabalho."

A ideia estava ainda a ser digerida por Levin.

"Matam judeus para não serem mortos?", questionou. "Quer dizer, quando isto acabar os tipos do *Sonderkommando* serão os únicos judeus a escapar..."

"Não é bem assim", corrigiu Hirsch. "Consta que ao fim de três meses a servir nos crematórios os alemães matam os homens do *Sonderkommando* e arranjam outros novos. Ninguém sobrevive."

"Estes elementos do *Sonderkommando* vão ser mortos?"

"Sim."

"Então é por isso que estão a tentar que nos revoltemos", concluiu Levin como se expusesse uma evidência. "Não está a perceber, Fredy? Esses tipos do *Sonderkommando* querem usar-nos. A ideia deles não é salvarem-nos, é salvarem-se. É por isso que tentam convencer-nos a revoltar-nos. Querem manipular-nos para servir os interesses deles, se calhar com o objetivo de criarem uma distração que lhes permita evadirem--se. É legítimo e em teoria até poderia ajudá-los se não tivéssemos as mulheres e as crianças. Mas temo-las. Para quê trocar a incerteza em relação ao nosso destino numa altura em que os Aliados estão tão próximos pela certeza da nossa morte imediata caso nos revoltemos? Não faz sentido."

Tapando a cara com as mãos, Hirsch massajou as têmporas com as pontas dos dedos; parecia perdido.

"Tem razão, tem razão", admitiu. "Mas os tipos do Kampf-gruppe Auschwitz e do *Sonderkommando* insistem que vamos ser assassinados."

"Estão a manipular-nos."

As últimas pessoas do transporte que acabara de chegar tinham já passado pelo caminho diante do campo. O responsável da *škola* permaneceu um instante calado, a ponderar os argumentos.

"Oiça, talvez tenha razão, talvez não", disse. "O mais prudente parece-me ser prepararmo-nos para lançar uma revolta."

"Mas..."

"Não estou a dizer que a vamos lançar, estou simplesmente a dizer que temos de estar prontos", apressou-se Hirsch a esclarecer. "Imagine que os alemães decidem mesmo matar-nos. O que faremos então? Mais vale prepararmo-nos e nada acontecer do que ficarmos de braços cruzados e sermos surpreendidos se a hora chegar."

"É verdade", acabou Levin por concordar. "O que tem em mente?"

"Precisamos de um plano operacional e de arranjar armas. O meu contacto do Kampfgruppe Auschwitz disse-me que talvez a rede da resistência nos possa ajudar."

"Mas o que quer de mim?"

"Preciso que ajude a roubar material, se for caso disso. Os seus talentos podem ser muito úteis."

Levin quase se riu.

"Quais talentos, Fredy? Está a chamar-me ladrão? Fala como se eu fosse um especialista na matéria, mas nunca roubei nada na vida. Não roubei e não sei roubar. Como quer que o ajude com uma coisa que não sei fazer?"

Hirsch fitou-o com intensidade.

"O senhor não é ilusionista?", lembrou. "Os mágicos têm talentos especiais. Sabem criar ilusões e distrair as atenções, são habilidosos a manipular objetos com as mãos, fazendo-os aparecer e desaparecer do campo de visão. Ou não é verdade?"

"Bem... sim."

"Esses talentos são essenciais para organizar uma coisa destas", argumentou Hirsch. "É por isso que preciso de si. Para preparar uma revolta é preciso limitar a informação a um número mínimo de pessoas e só dar detalhes a quem precisa de os conhecer. Falei de si ao meu contacto no *Sonderkommando* e ele mostrou grande interesse. Queria por isso saber se está disponível para nos ajudar."

A aceitação do pedido seria irreversível e tinha consequências importantes, coisa que nenhum dos dois ignorava. Se a conspiração fosse descoberta, e isso era bem possível, estariam perdidos. Bastaria os SS torturarem alguém e todos os conspiradores seriam denunciados. Não havia sido dessa maneira que em Praga os alemães tinham localizado os homens que mataram Heydrich? Por outro lado, o ilusionista reconhecia que era necessário estarem preparados caso os alemães decidissem mesmo acabar com os prisioneiros do campo. Se nada fosse feito, como se defenderiam? Mais do que a si próprio, devia-o a Gerda e a Peter. Não podia deixar a família à mercê dos nazis. O seu dever era contribuir para a defesa de todos, sobretudo das mulheres e das crianças. Ao impedi-los de trabalhar e de ganhar o pão que sustentava as famílias, os alemães tinham transformado os homens nuns inúteis. Pior, nuns impotentes, como constatara ainda uma hora antes. Pois chegara a hora de os homens serem homens, de assumirem as suas responsabilidades e atuarem para proteger as famílias. Como poderia recusar o pedido?

"O que quer de mim?"

Abrindo o rosto num grande sorriso aliviado, Hirsch apertou-lhe a mão com vigor e entusiasmo.

"Eu sabia, senhor Levin!", exclamou. "Sabia que podia contar consigo!"

Não se podia dizer que o mágico se sentisse satisfeito, pois ia correr um risco enorme e provavelmente punha a vida da mulher e do filho num perigo ainda maior do que já corriam pelo simples facto de estarem em Birkenau.

"Diga-me o que tenho de fazer."

"Para já, nada. Vou ver com o Kampfgruppe Auschwitz o que poderá ser feito. Se e quando precisar dos seus talentos, voltarei a contactá-lo."

"Olhe que os meus talentos podem já não ser tão grandes como isso", avisou Levin. "A manipulação de objetos, por exemplo, requer treino constante. Ora há mais de um ano que nem sequer ponho as mãos num baralho de cartas. Nessas condições, não posso garantir nada."

"Um baralho ajudaria?"

"Claro. Os baralhos permitem exercitar os dedos."

Como se fosse ele próprio o ilusionista, Hirsch tirou um objeto do bolso e estendeu-lho.

"Aqui tem."

O mágico olhou com incredulidade para as cartas.

"Onde arranjou isto?"

"O *Obersturmführer* Schwarzhuber gosta muito do barracão das crianças", revelou. "O homem tem família e revê-a nos nossos pequerruchos. Depois de os miúdos terem feito um espetáculo para os SS, perguntou-me de que precisava e eu falei-lhe em jogos. Trouxe-me este baralho e pensei que, sendo o senhor mágico, lhe poderia ser útil."

Levin pegou no baralho como quem pegava num tesouro e manobrou-o com destreza.

"Está a ver? Preciso de treino, estou enferrujado."

A observação quase arrancou uma gargalhada a Hirsch.

"Pois a mim o senhor parece-me um verdadeiro ás!"

O mágico tocou no ombro do seu interlocutor.

"Ás é você, Fredy. Olhe só para si. Está em forma." Passou a mão pelo casaco dele. "E tem belas roupas, hem? Deve ter ido ao Karstadt fazer compras." A seguir tocou-lhe nas calças. "Veja-me isto. Aposto que tem aí no bolso uma caneta e uma moeda que me possa emprestar para os treinos de destreza."

O responsável da *škola* aquiesceu.

"Está com sorte porque por acaso vim mesmo prevenido com uma caneta e uma moeda." Meteu a mão no bolso das calças para as tirar. Subitamente aflito, remexeu no bolso do casaco. "Oh, não! Roubaram-mas!"

Como em resposta, uma caneta e uma moeda de cinco *Reichsmarken* materializaram-se nesse instante nas mãos de Levin.

"Está a referir-se a isto?"

Ao reconhecer os objetos, Hirsch soltou uma gargalhada.

"Pronto, já fui enganado!", exclamou. "Diz o senhor que não sabe roubar? Caramba! Como diabo fez isso?"

"Magia."

"Pois, está a ver? Essas técnicas podem ser-nos muito úteis. Quem sabe se não conseguirá roubar uma pistola ao próprio

Obersturmführer Schwarzhuber? Isso é que daria um jeitaço! Uma pistola, umas granadas, umas..."

"Não é bem assim", corrigiu-o Levin. "O que acabei de fazer requer muita conversa para distrair a vítima e a possibilidade de lhe tocar no corpo. Só assim se consegue ir ao bolso de uma pessoa sem que ela note. Acontece que não posso dirigir-me a um alemão sempre que me apetece e muito menos tocar nele. Sem isso não é possível tirar-lhe nada."

"Tenho a certeza de que contornará o problema."

"Não se iluda", devolveu o mágico. "Um dos mais importantes instrumentos dos ilusionistas é manipular a atenção. Não basta a destreza das mãos, precisamos de total liberdade para distrair as pessoas com o paleio. E é crucial que possamos tocar-lhes, para criar sensações táteis duradouras. Se olhar durante uma fração de segundo para o Sol, o que lhe acontece quando fecha os olhos? Continua a ver o Sol, não é verdade? Isso é uma sensação visual duradoura. Com os toques no corpo criam-se sensações táteis do mesmo género. Por exemplo, se o beliscar, a dor perdurará por momentos depois do beliscão. Isso é uma sensação tátil duradoura. O truque do roubo envolve o mesmo princípio. Preciso de lhe tocar primeiro para criar uma sensação tátil duradoura que me permita meter a mão nos seus bolsos sem que sinta nada. Mas não posso tocar no corpo dos SS assim sem mais nem menos. Isso impede estes truques com eles. Os meus talentos requerem certas liberdades a que não me posso dar aqui no campo."

"Ah, que pena."

"Além do mais, os SS não são propriamente parvos", considerou. "Embora no momento não note nada, quando dez minutos depois se aperceber de que já não tem a arma, o guarda vai recapitular os encontros que teve ao longo do dia e recordar-se-á de que esteve com um prisioneiro que por acaso é mágico. Quando der por ela o SS vai encher-me de pancada até eu confessar tudo. Depois dá-me um tiro com a pistola que lhe roubei."

"Tem razão..."

O campo pareceu despertar nesse momento, pois desencadeou--se de repente movimento em redor deles. Os prisioneiros saíam dos barracões e tornou-se óbvio que a todo o instante ia come-çar o *Appell*. Despedindo-se com um aceno apressado, os dois homens separaram-se, um em direção à *škola*, o outro ao bloco doze. Levin levava muita coisa para pensar pelo caminho, a começar pelas implicações para si e para a sua família do perigoso projeto no qual acabara de se meter.

Os judeus iam revoltar-se e ele fazia parte da conspiração.

XVIII

O portão do campo das mulheres era enquadrado por uma estrutura simples; dois postes em cada lado unidos no topo por uma barra eletrificada. Um SS com uma metralhadora assente num tripé ocupava a torre de vigia, enquanto diante do portão um outro inspecionava os documentos.

"A banda já tocou, *Unterscharführer*", revelou a sentinela quando Pery Broad a questionou sobre o assunto. "O *Appell* acabou há pouco e a música só volta quando os *Kommandos* partirem para o trabalho."

O oficial virou-se para Francisco.

"Opa, já não vai dar p'ra mim", disse-lhe. "Tenho de ir direitinho ao campo dos ciganos. Mas não se preocupe. Daqui a pouco a orquestra da Alma Rosé vai tocar na saída dos *Kommandos*. Fique à vontade. Quando quiser ir embora, é só sair. O *Stammlager* está a seis quilómetros e o caminho a pé até pode ser bem bacana."

Os dois SS despediram-se com um aceno. O brasileiro afastou-se em direção ao vizinho campo dos ciganos, enquanto o português, usando o passe temporário que o *Unterscharführer* lhe entregara nessa manhã, entrou no campo das mulheres.

A primeira impressão foi que tinha chegado a um asilo de loucas. Havia muitas mulheres a cair de fome, enquanto outras, embora magríssimas, não tinham ainda descido àquele estado. A maioria não usava a farda listada de prisioneiras mas vestidos que manifestamente não encaixavam nelas; viam-se mulheres grandes com roupas de criança e mulheres pequenas com trajos enormes; dir-se-ia uma pantomima circense. Algumas andavam seminuas, os seios secos e descaídos. Todas carecas, descalças e imundas. O fedor que exalavam era nauseabundo; com toda a certeza não tomavam banho havia meses.

Sem se deter, encaminhou-se para o barracão mais próximo num passo rápido, como se fugisse delas. Viu duas de cara mergulhada numa poça de água barrenta a beber com avidez, como animais, e desviou o olhar; tanta degradação afligia. Fixou o olhar nos edifícios do campo. Metade eram de tijolo e a outra metade de madeira, mas nenhum tinha janelas e todos pareciam estábulos para cavalos. Broad havia-lhe dito que cabiam em cada barracão mil e quinhentas pessoas, número que lhe parecia incrível. Só mesmo sardinhas em lata.

"Quem manda aqui?"

Interpelou a primeira prisioneira que encontrou à porta do barracão e a mulher, ao ver o SS, encolheu-se instintivamente.

"É... é a *Blockälteste, Herr SS-Mann.*"

"Vai chamá-la."

A prisioneira desapareceu no interior do barracão, de onde vinha um cheiro indescritível, e Francisco manteve-se prudentemente à porta. Instantes volvidos, veio ter com ele uma mulher normal com aspeto aceitável; via-se que se alimentava bem. Um triângulo verde ao peito, sem nenhuma letra, indicava tratar-se de uma reclusa criminal alemã.

"Pediu para falar comigo, *Herr SS-Mann?*"

"Tenho ordens para localizar uma prisioneira internada aqui no *Frauenlager*", informou-a. "Chama-se Tanya ou Olga Tsukanova. Está neste bloco?"

"Qual o número dela, *Herr SS-Mann?*"

"Não sei. Apenas tenho o nome."

A *Blockälteste* foi falar com a ajudante, a *Califactorka*, que desapareceu de imediato no interior do barracão.

"Ela fez alguma coisa, *Herr SS-Mann?*"

"Nada que lhe diga respeito."

A resposta ríspida cumpriu o objetivo de calar a *Blockälteste*. Francisco decidira que só mentiria o estritamente necessário para não correr riscos, e isso obrigava-o a desencorajar perguntas. Quanto menos dissesse, menos riscos corria. Ambos ficaram por isso plantados à porta à espera de novidades, sem trocar uma palavra.

Volvidos dez minutos a *Califactorka* reapareceu e chamou a *Blockälteste* ao interior. Depois de a ouvir à parte, a responsável voltou para junto do SS.

"Não há aqui nenhuma Tanya nem nenhuma Olga Tsukanova, *Herr SS-Mann.*"

Passeando o olhar pela vastidão do campo das mulheres, Francisco suspirou. Havia ali umas três dezenas de barracões, cada um com mil e quinhentas prisioneiras, e procurar a noiva naquela imensidão seria difícil. Mas não podia desanimar; na verdade nunca tivera ilusões. A busca tinha apenas começado. Abandonou o primeiro barracão e encaminhou-se para o seguinte. Não sairia dali sem encontrar Tanusha.

Primeiro foi o miado prolongado dos violinos, mas depressa os restantes instrumentos responderam. A música vinha da entrada e, espreitando nessa direção, Francisco vislumbrou vários grupos de mulheres que se preparavam para sair do campo; eram os *Arbeitskommandos*. Se Tanusha se encontrava num deles, e isso era de longe o cenário mais provável pois o campo das mulheres era um campo de trabalho, tal significava que estava prestes a abandonar o perímetro. Correu até ao portão e plantou-se ao lado da sentinela para inspecionar os rostos das prisioneiras que saíam do campo.

A um sinal da *Lagerführerin*, a barreira foi levantada ao som da orquestra de Alma Rosé e os *Kommandos* começaram a marchar, liderados por uma prisioneira-chefe, em geral com triângulo verde na roupa. Os primeiros grupos cruzaram o portão para se dirigirem aos locais de trabalho que lhes estavam designados no exterior do perímetro de Birkenau. A *Lagerführerin* foi chamada por uma *Blockowa*, uma mulher SS encarregada de um bloco, e teve de abandonar o local enquanto Francisco se mantinha junto do portão, sempre a perscrutar os rostos emaciados. Não lhe pareceu que fosse muito difícil identificar Tanusha, considerando que nenhuma daquelas mulheres era minimamente atraente, à exceção de uma ou outra *Blockälteste* mais bem nutrida. A noiva facilmente sobressairia.

Ao fim de alguns minutos apercebeu-se de uma prisioneira que parara a meio do portão e o fitava intensamente com olhos azuis anormalmente grandes; era esquelética, com o ar miserável e imundo das outras, e por algum motivo parecia fixada nele. O SS português quase lhe deu ordem para se ir embora; não queria chamar as atenções e por isso não lhe convinha que ficassem especadas a olhar para ele, mas antes que dissesse alguma coisa uma *Blockowa* atuou.

"O que vem a ser isto?", perguntou a mulher SS. "Já para o *Kommando!*"

Com uma vara que trazia na mão, a *Blockowa* açoitou a prisioneira e esta caiu no chão. Com um pontapé e mais vergastadas, a SS obrigou-a a levantar-se e atirou-a para o grupo de onde tinha saído, mas a prisioneira não parava de fitar Francisco. O olhar dela perturbou-o; porque o fixava daquela maneira? Ao ver que a prisioneira parecia ainda vidrada no *SS-Mann*, a *Blockowa* correu para ela com a vara pronta a bater.

"O que vem a ser isto?", gritou. "Queres homem, é? Vais levar mais, sua puta! Ai vais, vais!"

A prisioneira encolheu-se, dobrando-se sobre si mesma e cobrindo a cabeça com os braços para se proteger dos golpes que aí vinham.

"*Nyet! Nyet!*"

Foi a voz que fez o clique. A voz. O rosto tinha umas vagas parecenças, sobretudo os olhos, embora o corpo fosse tão diferente que lhe adormecera a suspeita. A voz, no entanto, era igual. Igual.

"Espere!", ordenou Francisco, dando um passo em frente e interrompendo o castigo. "Um momento!"

A *Blockowa* suspendeu a vara no ar, pronta a vergastar a prisioneira mas sem concretizar o gesto, e olhou surpreendida para ele.

"Passa-se alguma coisa, *SS-Mann?*"

O português aproximou-se da prisioneira e inclinou-se sobre ela. Com cuidado, afastou-lhe o braço da cabeça para lhe ver a cara. Os olhos, cerrados à espera da vara e do açoite que ainda não recebera, abriram-se a medo e fitaram-no com o seu azul cristalino, primeiro na dúvida, depois com a incredulidade de quem temia ser traída pela visão. Esperava tudo menos vê-lo ali.

"Francisco?"

Era Tanusha.

A SEGUIR

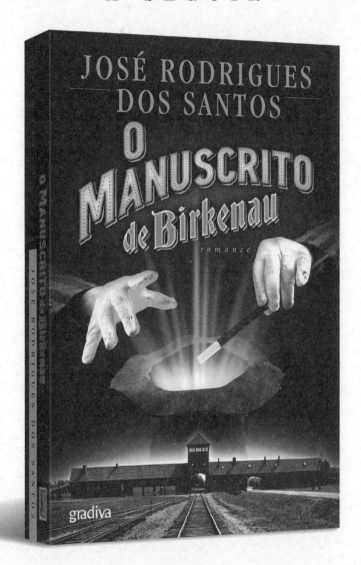

CONCLUSÃO DE

O MÁGICO de Auschwitz